特許の真髄
ESSENTIALS of Patents

- 強力で競争的なビジネスツールとして特許を強化する
- マーケティング、R&D、財務マネージャーに、強力で新しい特許戦略を吹き込む
- 製品を市場に浸透させ利益を拡大するために特許を活用する
- 最良の知的資産管理（IPAM）手法を実行する

Andy Gibbs
アンディ・ギブス
PatentCafe.com, Inc. 創設者

Bob DeMatteis
ボブ・マシウス
発明家

共著

田中義敏
東京工業大学 大学院 助教授
吉備国際大学 客員教授
ホーチミン市立法科大学 客員教授

葛和清司
葛和国際特許事務所 所長弁理士
千葉大学 特任教授

共訳

社団法人 発明協会

著作権：2003年、John Wiley & Sons, Inc., Hoboken, New Jerseyにより著作権所有。
カナダにおいて同時出版。

本刊行物のいかなる部分も、1976年米国著作権法第107条または108条のもとで許可されたものを除き、出版社の事前の書面による許諾なくして、または、米国著作権料精算センター社（住所：222 Rosewood Drive, Danvers, MA 01923、電話 978-750-8400、fax 978-750-4470）に対しもしくはウェブサイト（www.copyright.com）において適切なコピー単位当たりの料金を支払うことによる許可なくして、複写されたり、情報検索システムに保存されたり、または、いかなる形態においてもしくはいかなる方法によっても、電子的、機械的、写真複写（コピー）、記録、スキャン、もしくは他の方法で伝送されてはならない。出版社への許諾の要請は、John Wiley & Sons, Inc. のPermission Department（111 River Street, Hoboken, NJ 07030、電話 201-748-6011、fax 201-748-6008、e-mail：permcoordinator@wiley.com）に連絡されたい。

責任の限度／保証の放棄：出版社および著者はこの本の作成にあたり最大の努力を払ってきたが、この本の内容の正確さまたは完全性についての表明または保証は行わず、特に、特定の目的に対する商品性または適合性のいかなる黙示保証もこれを放棄する。販売員または書面の販売促進資料によっていかなる保証も創出され拡張されることはない。本書に含まれる助言および戦略は、あなたの状況には適さないこともある。あなたは、必要に応じて専門家に相談すべきである。特別な、偶発的な、必然的な、またはその他の損害を含むがそれらに限定されないいかなる利益の損失またはその他の商業的損害に対して、出版社も著者も責任を負わないものとする。

他の製品およびサービス、または技術的サポートに関する一般情報については、弊社の顧客サービスセンターに、米国内からは電話 800-762-2974、米国外からは電話 317-572-3993またはfax 317-572-4002にて連絡されたい。

Wileyは書籍類を種々の電子フォーマットで出版している。印刷された内容の一部は、電子本では見られない場合がある。

Wiley製品についての情報は、弊社のウェブサイトwww.wiley.comを参照されたい。

All Rights Reserved. Authorized translation from the English language edition published by John Wiley & Sons, Inc.

翻訳者はしがき

　バブル経済の崩壊以降、停滞する経済の再生に向けた各種施策が国を挙げて進められている。一方で、21世紀に突入し経済のグローバル化の進展はわが国の景気回復を待つことなく急激なスピードで進展している。国内市場においては、さらなる成長に向けて新産業の創出が叫ばれ、また、国際市場においては、急進する中国をはじめとするアジア諸国への市場進出および低賃金雇用を活用した生産体制の確立に向け、国内外でのフロンティア的活動に期待が寄せられ、その実現に向け、国家戦略の遂行、産業界による新たなチャレンジが着実に進められている。

　このような動きに伴い、新産業創出の種である技術シーズの国内外での権利化および権利行使が、わが国産業の国際競争力の向上にとってこれまで以上に重要になっており、特許戦略のあり方が企業の業績に大きく影響する局面を迎えている。まさに、特許が企業経営の重要な要素になってきたと言ってよいだろう。経営の重大事である以上、特許を所管する知的財産部の役割は、もはや発明の権利化を受身的に受注する専門家の仕事ではなくなってきたわけである。いかにして特許を経営に活かしていくか、特許を保有する企業の市場でのポジションを高めるためにはどうすればよいか、全社的な特許重視の動きをどのように醸成していくかなど、取り組むべき課題は、従来の専門家集団としてだけではなく企業活動全体へ広がり山積している。

　2002年2月の小泉総理の施政方針演説で知的財産立国を国家目標とする方針が打ち出され、その後、知的財産戦略大綱および具体的推進計画が発表され、知的財産の創出、保護、活用に向けた多くの施策が推進されている。

　現在、わが国には、約100万件の現存特許が存在する。しかしながら、そのうち、実際に市場で活用されている特許は、驚くほど少ない。2002年の知的財産活動調査（特許庁）では、特許発明の実施率27％、2003年の同調査では実施率29％と、約30％の特許しか実施されていないと推計されている。こ

特 許 の 真 髄

れにライセンスに活用されている比率を加えたとしても、約60％から70％の特許は活用されず、特許を取得したものの企業経営に役立っているといえない『休眠特許』として、特許権維持のための年金支払いの経費が財務諸表に現れている状況である。この点についても重要視され、知的財産戦略推進本部のもとで積極的な検討がなされ、その問題解決に向け信託制度を利用した休眠特許の活用の道が開かれたところである。しかしながら、一方で、休眠特許が山となってからの事後処理ではなく、そもそも休眠特許を生産せず、取得する特許の大半が企業経営に役立つものとして活用される状況を生み出すことができるとすれば、特許制度を企業の成長と強化にフルに活用しさらなる国際競争力の向上を実現できるわけであり、いかにして企業経営に役立つ特許を生産していくかという目標を忘れてはいけない。どうしたら活用率の高い特許取得が実現できるか。そのためには、単に取得済みの特許権の活用を考えるだけでなく、発明が生まれる前から事業化にいたるまでの間、特許に関する活動が企業内の各部門においてどのように絡んでくるのかといった全社の機能部門と知的財産部の特許活動との連携を明確にし、必要な行動をとっていくことが重要である。例えば、知的財産部門の活動は、各事業部または開発・製造・販売部門の方針と表裏一体の関係で機能しなければならず、単に先行技術を避けて進歩性を確保するという特許法上の議論だけで特許請求の範囲を決めていてはいけないわけである。全社を挙げた質の高い特許活動を推進することによって真に役立つ特許の取得と活用が可能になり、特許が企業の成長と強化を促していく体制ができあがるのである。

　原書『エッセンシャルズ オブ パテンツ（Essentials of Patents)』は、企業経営に特許をどのように活かしていくかという点につき、Andy GibbsとBob DeMatteisの両原著者の知識、経験を基に、特許の役割と活用法、特許品質管理の体制構築による特許戦略、最高経営責任者のための特許管理のあり方など、企業が特許重視の戦略を遂行していくための多くの示唆を与えてくれるものである。

　特に、他書にない観点として、企業内の各機能組織における特許管理がど

翻訳者はしがき

うあるべきか、具体的には、営業部門での特許管理、技術部門での特許管理、製造部門での特許管理、財務部門での特許管理、人事部門での特許管理、情報部門における特許管理などを詳細に解説するものであり、特許にかかわる活動を企業の各機能部門へ浸透させ、これを企業経営にドッキングさせる道標にもなるものである。知的財産部門の方々に加え、企業内のすべての部門のマネージャークラスの方々、社長、役員クラスの方々にも、これまでにない視点、示唆を与えるものであり、企業間競争が一層厳しさを増しかつ国境を越え生き残りが難しくなっている経済産業環境にあって、さらなる国際競争力の向上に向けた特許重視の企業風土を醸成していく上で大いに参考になるものである。

これまで特許を取得したものの、単に特許証が壁に飾られ特許年金を支払っているだけで、特許がどのように役立つのかいまだ実感できずにいる経営者、知的財産部で日常業務に追われているものの今ひとつ特許が経営に密着せず企業の成長と強化に役立っていると胸を張ることのできない自分に苛立ちを感じている諸兄方、さらには、知的財産の勉学に励んでおり将来は企業の知財部員や知財担当役員を目指している方々、是非、じっくりと『特許の真髄』を味わっていただきたい。

本翻訳書の発行にあたっては、原著書の有益性を十分にご理解いただき、原著書の発行者であるジョン・ウィリィ アンド サンズ社（John Wiley & Sons, Inc.）からの翻訳権の取得を含め、絶大なご支援とご協力をいただいた社団法人発明協会の出版関係各位に心から感謝の意を表したい。

翻訳にあたっては、共訳者である弁理士葛和清司所長率いる葛和国際特許事務所の弁理士井上洋一氏、同三橋規樹氏、技術スタッフ田原正宏氏、同武田恵枝氏、事務スタッフ岩崎千紘氏のご協力をいただいた。また、原著書を素材として一年間『特許の真髄』を勉強し翻訳の一助となった東京工業大学社会理工学研究科経営工学専攻エンジニアリング知的財産講座の及川憲之助手、山本理絵さん、加藤克彦さん、川原崇彦さんにも感謝の意を表する。

特 許 の 真 髄

『特許の真髄』を読破され、特許活動が企業経営に近い存在になり企業の成長と強化に貢献しわが国産業の国際競争力強化に大きく貢献すること、さらに、読者の皆様方をはじめ、関係諸兄のますますのご発展を、心より祈念する。

2005年5月

    翻訳者　代表
    東京工業大学　大学院　イノベーションマネジメント研究科　助教授
    吉備国際大学　知的財産マネジメント学科　客員教授
    ホーチミン市立法科大学　知的財産権法センター　客員教授
                                         田中　義敏

著者について

アンディ・ギブス氏は、インターネットを活用した世界有数の知的財産権ネットワークであるPatentCafeの創設者、兼、最高経営責任者である。彼は、7つの製造会社および専門サービス会社を設立するとともに、自動車、医療機器、エレクトロニクス、スポーツ用品、ビジネス方法、およびソフトウェアの業界において、10件に及ぶ特許あるいは特許出願を有する発明者でもある。彼のバックグラウンドは、街の起業家からフォーチュン500Mascotechの事業部担当役員まで、また、訴訟専門家としての証人からベンチャーキャピタルアドバイザーまで実に多岐にわたる。

ギブス氏は、米国特許商標庁の公衆特許諮問委員会（Public Patent Advisory Committee）の第2期目の委員として、米国商務長官ドナルド・エヴァンスによって任命されていた。この公衆特許諮問委員会というのは、種々の課題に関し米国特許商標庁へ助言をするとともに、大統領および司法委員会に対し年次報告を行う役割を持つ。

彼は知的財産権所有者協会（Intellectual Property Owners Association (www.IPO.org)）、ライセンス代表者協会（Licensing Executives Society (www.usa-canada.les.org)）、全国特許実務家協会（National Association of Patent Practitioners (www.napp.org)）および特許情報ユーザーズ・グループ（Patent Information Users Group (www.PIUG.org)）の会員でもある。ギブス氏は、*Boy Scouts of America Drafting Merit Badge Manual*、*Ironman Inventing*、*Ironman Business Plan*、*PatentCafe Invention Assessment software program and manual*など、多くの著書およびソフトウェアを著わすとともに、*Entrepreneur.com*、*Inventors' Digest*の編者としても大きく貢献してきた。

以前にシリコンバレーの製品開発デザイナーとして、National Semiconductor（ナショナル・セミコンダクター社）、Memorex（メモレッ

クス社)、ADAC Laboratories（ADAC研究所)、ISS Sperry Univac（ISSスペリー・ユニバック社)、System Industries（システム・インダストリーズ）などの顧客企業に対して、ホーム衛星テレビ受像機システム、液晶ディスプレイ装置、フラットスクリーン・カラー画面、3.5インチ・フロッピーディスク、小型電機接続器、自動車診断装置、インクジェットプリンタ、UV／オゾン浄水装置、生成有害物格納装置、半導体検査装置などを最初に手がけた開発者でもある。

彼は、また、75以上の住宅、商業および産業用の建築プロジェクトの熟練したデザイナーでもある。そして、メモレックス社、Beringer Winery（ベリンガー・ワイナリー)、Bob's Big Boy Restaurant（ボブズ・ビッグ・ボーイ・レストラン）の高い評価を得ている。

ギブス氏は、知的財産権問題について、国際的に、例えば、Derwent、UK、世界知的所有権機構、国連NGOなどのスポンサーによって開催された討論会や会議において、さらに香港、ブルガリアにおいても講演を行っている。

知的財産権の専門家としてのテレビ、ラジオ出演は、CNN/fn（シーエヌエヌ)、the Ananda Lewis Show（アナンダ・ルイス・ショー)、the Discovery Channel（ディスカバリー・チャンネル)、Morley Safer's American Business Review Series（モーリー・セイファーズ・アメリカン・ビジネス・レビュー・シリーズ)、さらに地域テレビや直営ラジオ講演に及ぶ。そして、Forbes（フォブス)、Bloomberg Washington Report（ブルンバーグ・ワシントン・レポート)、Time、National Law Journal（ナショナル・ロー・ジャーナル)、London Financial Times（ロンドン・ファイナンシャル・タイムズ)、LA Times（ロサンゼルス・タイムズ）をはじめ、世界中100以上のメディアによって引用されている。

ギブス氏は、建築学の学士号を持ち、また、マーケティングとビジネスアドミニストレーションの修士号を持つ。彼は、北カリフォルニアのwalnut orchardに、ソフトウェアの企業家の妻ステファニーと2人の息子を持つ。彼は、熱心な自転車乗りで、スノーボーダーやアウトドアのスポーツマンで

もあり、釣り用のアンティークルアーコレクターでもあり、優れた木工職人、注文gunbuilderでもある。

より詳しい情報に関しては、電子メールで彼のアドレスCEO@patentcafe.comにコンタクトするか、PatentCafe（パテントカフェ社）のウェブサイト（www.PatentCafe.com/corp）にアクセスしてほしい。

16年前になるが、**ボブ・マシウス**氏は、実現したい一つのアイデアを持っていた。彼は、そのアイデアを実行し、特許化をはかり、今日、20件の米国特許と7件の審査中の特許出願を持っている。ボブは、そのうち16件の特許について、ライセンスを実現し収益を上げている。特許権のたった3％しか発明者の収益にならないという米国特許商標庁の報告と比べてみれば、彼の業績がいかに素晴らしいものであるか理解できるだろう。ボブの発明による収益は、年間2,500万ドルを超え、巨大企業であるSears（シアーズ社）、McDonald's（マクドナルド社）、Walgreens（ウォルグリーン社）、Kroger（クロガー社）、Subway（サブウェイ社）によって活用されている。あなた方も店の印刷されたプラスチックの袋に商品を入れて運ぶときに、必ずといってよいほど、ボブの革新的発明品に触れているだろう。

ボブは、プラスチックの食料品袋の最初の開発者のひとりであり、包装産業における革新的なリーダーといえる。ボブの発明と特許は、工学や科学の進歩を狙ったものというよりは、人に優しい商品に関するものである。ボブの最も新しい創作は、M2Kのプラスチックの正方形底のプラスチックバッグであり、ファーストフードのレストランの紙袋に取って代わるものであり、新型プラスチック製バルブバッグ、Dry-sakは、紙製セメント袋と大容量食品袋に取って代わるものとして世界中の注目を浴びている。

発明者としての長年の経験の後、ボブは、別の夢を持つようになった。他の発明者たちにもどうしたら自分の夢を実現できるかを指導することである。ボブは、自ら発明し特許を取得しているのと同じくらいに教育を楽しんでいる。こうした夢から、ボブは、特許を利益に結び付ける研修会を創設した。この研修会は、発明者、革新者、アントレプレナー、ビジネスマンおよ

び企業が、自分たちのアイデアをどのように特許化し利益を生むかを学ぶ有益なものとなった。彼のトレーニングの好意的で熱心な態度は、研修の参加者の絶賛を受けている。

　ボブは、また、『From Patent to Profit』（amazon.com（アマゾン・ドット・コム社）で5つ星を獲得）というベストセラー本の著者でもある。『From Patent to Profit』は、ボブの長年の経験を綴ったものである。初めての発明者にとって、この本は、最も有益で読みやすい革新と特許に関する本の一つである。

　今日、ボブは、国際的に知られている発明者であり、著者であり、引っ張りだこのスピーカーであり、American Seminar Leaders Associationセミナーリーダーとしての認証を受けている。彼は、また、多くの大学、中小企業振興センター（Small Business Development Centers）（SBDC）、米国特許商標庁、および多くの受託図書館における貢献者であり、さらには発明や革新に関する講演者である。

序文

　今、あなたが読んでいる『特許の真髄』は、特許の開発、保護、活用およびマネジメントに関する本である。かつては地味な発明者、技術者、弁理士が、現在は、特許を武器として、企業価値の創出と株主価値の最前線に位置している。競争的なグローバル経済環境は、国際進出している企業に対してより大きなプレッシャーを負荷する。模倣品の頻発や特許権侵害事件は、単に特許ポートフォリオのコアバリューをついばむだけでなく、その企業の製品の長期的生存能力をも脅かすことになる。結果として、そのような状況は絶えず株主価値を脅かすことになる。

　技術に立脚した企業における無形資産価値は、1982年の企業時価総額の38％から、1995年[1]には62％に成長してきた。この無形資産価値の向上に特許が大きく関与していることに異論はない。

　特許が企業価値にどれだけ貢献しているかが明確でない場合には、単に技術や法務部門にとどまらず会社のすべての機能部門が、各部門において特許管理を日常の業務とすべきという見解については、いまだ、批判のあるところであろう。各部門のマネージャーは、特許がどのように技術や法務部門に影響を与えるかの一般的理解はあるものの、人事部、IT部門、マーケティング部門あるいは財務部門にどのように影響があるかについては理解していないのが現状である。より重要なことは、企業のすべての部門のキーマネージャー達が、価値創造を促進するために特許をどのように効果的に管理したらよいかを知ることである。

　本書は、企業内のすべての部門のマネージャーに特許管理の手法を提供することに加えて、トップマネジメント全員を、新しい品質管理プログラムである『特許品質管理（PQM）[2]』に導くものである。PQMへのチームアプローチを確立することによって、すべてのキーマネージャーが特許を意識した管理スタイルに導かれるとともに、企業価値の向上に効果的に貢献できるツー

特許の真髄

ルを得ることになるだろう。

2002-2003米国特許商標庁21世紀戦略計画に関するSpecial Note

　本書が刊行される時点では（原著発行2003年）、提案されている米国特許商標庁21世紀戦略計画は依然として不確実な状態にある。米国特許出願料金をこれまでになく引き上げる特許手続き法案規則によれば、21世紀戦略計画は、もともとは、2002年10月に発効する予定であった（この動きは、主要各国の特許庁によっても高額な特許出願料金によって特許出願件数を抑制するために採られている国際的な潮流といえるだろう。2002年9月には日本国特許庁も特許出願料金を200％から300％引き上げる計画が発表されている）。

　提案された料金改定はいまだ実行に移されていない。そして、電子政府、特許品質、詳細な特許権者分類などを含む21世紀戦略計画の条項は、いまだ、その計画内容および実行日について保証されていない。

　多くの機関が、米国特許商標庁によって提案された料金法案に対する代替法案を競って提案してきているが、現在のところ全く考慮されていないようである。おそらくは、予告なしで代替法案が提案されることとなろう。

　この意味するところは、新料金改定が発効されるか否かにかかわらず、現在の特許管理手法を大きく変えていかなければならないということである。

　この本が企業のキースタッフ、知的資産管理コンサルタント、特許法律事務所に対する戦略、戦術、実務について概観するものであるため、知的財産の所有者に対してこの法案が有する巨額の財政上の、競争的な、法律上のインパクトを認識することが極めて重要である。すべての読者にとって料金改定の動きをしっかりとモニターすることが重要であり、また、料金改定が特許関連手続き経費および特許活動経費の急激な増加になるという法案の影響についても認識する必要がある。もしもこの法案が2002年末または2003年初頭において実行に移されていないならば、継続中の特許に関しても大幅に引き上げられるに違いないだろう。多くの企業、産業界にとって、特許審査の遅れは、以下のことを意味する。

- 企業は侵害している競争相手に対し特許権を行使することができない。
- ベンチャーキャピタリストや投資家に自己の所有する技術を提示することが求められる企業は、特許出願後4年またはそれ以上の期間にわたり開示することができなくなる。
- 防衛的でかつ攻撃的なしっかりとした特許が発行（issue）されるまで新技術の紹介を遅らせるフォーチュン500またはグローバル2000の企業は、特定の産業分野における主要市場の窓を間違いなく失うことになるだろう。

要するに、2002年末から2003年初頭にかけて、特許戦略、戦術、そしてより重要な株主価値に重要な影響を与える特許制度の改正が行われることになるだろう。これらの提案された法改正をしっかりモニターしておくこと、そして、この改正に併せて特許管理を変革していくことが重要になる。

自認

本書は講演ではなく、会話である。それは社会の革新に関するビジネスリーダーとの会話である。そのメッセージは、マルコポーロの偉大なビジネスアドベンチャーと同じくらい古くからいわれているが、その方法論は、我々の謝意を表す個人の経験から獲得される洞察を通してのみ可能で、きわだって新鮮で賢いものである。

商業のキャプテン

資本主義とグローバル経済の活力へのあなた方のコミットメントに対して、我々は、すべての最高経営責任者すなわち商業のキャプテン、加えてICOの上級スタッフおよび知的財産の門番のすべてに感謝したい。あなた方は、人類の未来を築くために発明を創造、保護、活用する力を持つチャンピオンである。本書が*特許品質管理*を解説することに成功したのは、あなた方およびあなた方の仲間が特許中心のマネジメントを作り上げることに協力してくれたおかげである。

我々は、Cadence Design Systems, Inc.（ケイデンス・デザイン・システム

ズ社)の知財部長であるBradford Friedman(ブラッドフォード・フリードマン)氏に対し、彼が企業内弁理士として長年にわたり内部で培われたユニークな視点、助言、方向性をいただくことができ、格別の感謝と敬意を表したい。

株主

確信と発明への惜しみない資金協力と支援の約束に対し、我々は、ビジネスの何百万人もの株主とステークホルダー(利害関係者)に感謝する。革新と興隆は、あなた方が自らの財産を資本主義とアメリカの革新の未来に投資することによってのみ存在する。特許は瞬く間に新経済通貨になりつつある。そして、特許および知的資産管理に関して我々に発言した関心は、あなた方の投資を保護し成長させる重要で新しい特許管理プロセスに関して会話するグローバルビジネスリーダー達に手をさしのべる灯台である。

公の指導者

我々は、21世紀戦略計画すなわち特許庁を次の世紀に導く大胆なイニシアチブを発揮された商務次官兼米国特許商標庁長官James Rogan(ジェームス・ローガン)氏および特許局長Nicholas Godici(ニコラス・ゴディッチ)氏に格別の感謝の意を表する。

200年を超える歴史の経過を経て、今、特許庁は、経済、政治、技術、eビジネス、業績主義の迷路をくぐりながら歩んでいる。我々は、世界で最も優れた特許制度を支援する特許庁のすべての職員のたゆまぬ努力を認識しなければならない。これは、単に革新や資本主義の象徴であるだけでなく、思考し、夢を見、そして成功するという人類の最も基本的な権利の一つとしての象徴でもある。

創造者と革新者

技術者、科学者、そして発明者へ。あなた方は、抱負と失望を我々と共有してくれた。そして、あなた方の創造性が利益をもたらすためには、どのよ

うな完成されたビジネスシステムが求められるかという貴重な考えを我々に与えてくれた。我々は、不可能への挑戦に長年の月日を要することをよく心得ている。経験と努力を通じて、問題と解決策の予期があなた方の生き方になる。あなた方は、文字どおり、世界を今日現在の姿にした！ 我々が*特許品質管理*を紹介することで、あなた方の欲求や専門的知識を発明や革新まで養い、育て、活用するビジネスリーダー達に話しかけることができた。

我々が新しいビジネスマネジメントのパラダイム『特許の真髄』について話すことの手助けをしてくれたすべての方々に心より感謝する。

注
1．ブルッキングズ研究所（ワシントンDC、1999）「紛失価値を無形資産価値に関連づける研究」
2．「Patent Quality Management System」と「PQM」は、ギブスとマシウスの保有する商標とサービスマークである。

序論

　『特許の真髄』は、特許中心のマネジメントの役割を定義し、その方法論を形成するための最初の重要な仕事の一つとして、特許の背後に存在する不安や神秘を一掃してくれる。企業組織を横断するすべての機能部門から選ばれた読者達は、ビジネス、法律、財務、マーケティング、オペレーション、そして特許を、総合的に学習し、短期間でその学習成果を得るだろう。
　弁理士は、特許法は知っているが、それら特許の知識を特定の企業のビジネス戦略に適用できる者はほとんどいない。
　財務担当最高責任者（CFO）は、しばしば特許ポートフォリオの価値評価を必要とする企業の吸収合併に業務的に携わることがあるが、CFOは特許の価値評価に関する知識を十分に持っていない。
　マーケティングマネージャーは、市場調査に基づき新商品の上市を行うが、競合企業の研究開発（R&D）、特に特許戦略や特許情報を分析することの重要性をあまり理解していない。
　事実、戦略的・近代的マネージャーにとっては、特許情報は、企業戦略、株主価値の向上さらには短期的ビジネス戦略、法務戦術の重要な土台になってきている。
　こうした傾向は、米国証券取引委員会SEC規則やEnron（エンロン社）、Worldcom（ワールドコム社）などの失敗例に対する株主の批判が加わり、株主は、株式価値を保護し高めるために経営者により多くの説明責任を要求している。
　1776年、アダムスミスは*国富論*を発行した。重商主義を原則とするスミスの経済理論は、「富は金によって構成され、……商業の手段および価値を計る手段であるという金の持つ二つの機能から自然に発生する一般的な観念」であり、これが、発明や機械の時代を象徴する産業革命の火花になったのである。

特許の真髄

　事実、新しい信じられない産業革新すなわち金が特許に置き換わった新世界経済においては、あなたのビジネスは単なる歯車程度のものでしかない。経済理論と資本主義の新パラダイムといってもよいだろう。既に発行された600万件の特許（さらに毎年発行される30万件の特許）を見れば、技術を保有し、持続的な競争優位性を持ち、そして保護された成長に成功した企業が新しく発行された特許の公正なシェアを確保することは明らかである。企業の成長は、他社の攻撃に屈しない特許のポートフォリオに大きく依存している。

　増加する株主価値を保証することは、アメリカの企業においては投資を導く。われわれが新世紀に突入したことは明らかで、無形資産である特許以上に株主価値に重大な影響を与えるものはない。企業の保有する特許を適切に管理する上級マネージャーは、明日の企業リーダーとなるだろう。また、特許を適切に管理せず株主価値を危険にさらすマネージャーは、説明責任を追及され株主や政府機関による信頼を失うことになるだろう。

　アメリカ経済界が大手崩壊、SECによる調査、不正会計実務で混乱し、最高経営責任者（CEO）や財務担当最高責任者（CFO）が会社の特許や知的資産の価値を報告することの重要性に気づき始めた。誤った評価手法に対する完璧な環境、報告のための仮定、および株主価値の損失に言及している。

　アダムスミスは、資本主義的な機械の歯車を回転させるものとして、金の二つの機能を正しく認識したが、彼は、特許がキャッシュと国境を越える新しい通貨になるであろうことは予測することができなかったのだろう。

　今日、米国特許商標庁が設立されて200年を経過するが、株主によって所有されているアメリカの企業価値は、金や固定資産よりも特許や無形資産によるところが大である。事実、ハイテクにより市場をリードする企業は、その市場価値の85％以上を無形資産に依存している。20年前には業界標準であった設備、機械、在庫、その他の有形資産は、それだけでは企業価値に貢献し得ないのである。

　特許は多くの点で、特許の所有者に独占的な環境で実施する権利を付与するという、金の二つの機能以上の機能を持つものとして、商業上の主たる道

具としての金に取って代わろうとしてきている。同時に、特許は価値の指標になっている。

　特許は、企業にとっては市場シェアを守る道具であり、その価値は、特許が守る売上げや市場に対応する。特許は20年間効力を有する故、名目上の投資は20年間の回収を期待できる。周りを見渡してみてみよう。特許で保護されていなかったかされていないものを見出すのに戸惑うだろう。

　特許は、ライセンス料やロイヤリティを生み出すことによって価値を高める。より先進的な企業は、資本や資産の増加をすることなく途方もない特許ライセンス収入を実現することができる。IBM社のライセンス収入は2001年に約17億ドルに上る。これは最終の利益額に相当した。

　特許は、特許、知的財産、その他製品・サービスの非排他的な利用を可能にするというメカニズムとしてクロスライセンス契約をすることによって、物々交換の動産としても用いられる。

　現実の世界では、一方の企業が他より貪欲な場合には特許権侵害訴訟が提起される。実際のところ米国においては、ここ10年間毎年、2,800件以上の侵害事件が提起されている。訴訟には金がかかる。

　特許は、競合企業の戦略の初期指標であり、競合企業の特許活動を分析することによってビジネスと技術の方向性を把握することができるビジネス指標でもある。増加する特許活動は増加するR&D経費をも表し、将来の新製品の上市をも示唆する。しかし、どのような技術、新製品が出てくるのだろう？　熟練した技術調査員によれば、最新の特許分析ソフトを用いれば競合企業の秘密情報をも暴露することができる。

　スミスの金の二つの機能は産業革命の触媒になった。特許に立脚する新経済産業革命がこの二つの機能以上の機能をもたらす大胆さを提言したい。特許は、次のように、現実的に有効な手法として機能する。

- ●市場を守る
- ●収益を向上させる
- ●価値を創造する
- ●従業員へのインセンティブ

特許の真髄

- 競合企業のモニター
- 物々交換できる動産
- 価値評価尺度（米国証券取引委員会が新財務会計審議会規則（FASB）において報告）

　特許は、十分習熟し巧みに活用することによって強い武器になる。特許はR&Dの副産物ではもはやなく、R&Dはもはや一部門でもない。21世紀のビジネスは始まっており、R&Dは企業内の機能を超えたすべてのマネージャーにとって責任が及ぶものになっている。

　特許は、バイオ産業やインターネット産業のように全く新しい企業や産業を創出するが、同時に責任をも生じる。あるバイオ企業型の企業に対し特許権侵害事件を提起したが、これは、平均株式価値として6,500万ドルの突然の損失をもたらした。

　新しい通貨を管理するために、企業経営プロセスのシフトが必要である。創造、管理、成長、活用、利益回収に関する特許中心の見方により、所有する権利のパラダイムに基づき特許品質管理に責任を持つ上級スタッフ、部門マネージャーをおくことが必要である。

　何が危険にさらされているのか？　企業価値である。

　そして、もし企業価値が下がったら、その損失を誰が支払うか？　株主である！

　『特許の真髄』は、株主利益を目的とし、ビジネス、金、知的財産、法律、およびこれらの管理を一緒に紹介する重要なものである。そして、キャリア、会社、資本および将来価値が構築される基礎でもある。

　特許中心のビジネスは、新しい産業革命である。特許は新しい貨幣単位である。資本主義が速く柔軟で集中した利益のための特許重視の大変貌を経験しているといってもよいだろう。

　『特許の真髄』の読者は、革命を最良の形で21世紀に導く、思慮深く、戦略的で、そして明日の創造的ビジネスリーダーである。それがあなたである。

目次

翻訳者はしがき……………………………………………………… i

著者について………………………………………………………… v

序文…………………………………………………………………… ix

序論…………………………………………………………………… xv

第1章　特許：大いなる賭け、大いなる価値、大いなる責任 ………… 1

第2章　特許ライセンシング……………………………………… 21

第3章　特許戦略…………………………………………………… 53

第4章　特許戦術…………………………………………………… 75

第5章　マーケティング部門における特許管理………………… 95

第6章　エンジニアリング部門における特許管理……………… 117

第7章　製造業務での特許管理…………………………………… 141

第8章　財務部における特許管理………………………………… 157

第9章　人事部における特許管理………………………………… 187

第10章　IT部門における特許管理……………………………… 205

第11章　特許管理と企業／知財顧問…………………………… 223

第12章　CEO・ICOのための特許管理のあり方……………… 239

組織名索引………………………………………………………… 255

xix

特　許　の　真　髄

事項索引…………………………………………………………………259

第1章

特許：大いなる賭け、大いなる価値、大いなる責任

~本章を読んでわかること~

- 特許とは何か、特許にはどのような種類があるか、また特許はどのように保護されるのか
- 提案された2003年米国特許商標庁ルールを含め、特許出願はどのように行うのか
- 株主としての価値、マーケットポジションおよびライセンス収益の点からみた企業にとっての特許の価値

　アメリカの特許の歴史には、実にさまざまなことがあった。米国特許制度は、1790年、ジョージ・ワシントン大統領令によって創設された。彼の狙いは、急速に発展している国の革新と産業発展にさらに拍車をかけることだった。当時、それがアメリカの将来における経済的強さの礎になろうとは思ってもいなかったが、このとき、アメリカは、世界で最もダイナミックで発明的な国になることを運命づけられた。まさに、この2世紀以上も前に確立された特許制度こそが、21世紀へと続く米国のダイナミックな繁栄の基礎になっている。

　あらゆる産業は特許権を基にして生まれてきた。エジソン社、ウェスティンハウス社、シンガーミシン社、リーバイス・ジーンズ社、ゼネラル・エレクトリック社などは、特許による保護によって成功した企業のごく一部にす

ぎない。今日でも列車に使われているプルマン式ブレーキは、100年以上も前にウェスティンハウス社が開発したオリジナルそのものである。あなたの会社やそこでの仕事も、新しい特許製品の創作に直接つながっていくチャンスはいくらでもある。

今日、新製品や従来製品の機能を高めたさまざまな製品が発明されている。ひと昔前の大量生産用の製造ラインが解体され、多種多様な革新的なニッチ製品を製造するためのラインに取って代わられていく。このようなニッチ製品を守る最善の方法が、特許保護である。

特許のビジネス上の重要性が増大してきたことにより、今日、これまでになく特許が重要視されている。ここ15年間、特許権侵害訴訟で1億ドル以上、中には10億ドル近い賠償を命じる判決例がある（ポラロイド社vsイーストマン・コダック社、*16 USPQ2d 1481, 1483（1990）*で、ポラロイドは損害賠償909,457,567ドルの支払いを命じられた）。多くの伸長著しい産業分野や技術分野では、この数年間だけで特許価値が20倍から50倍に膨れ上がっている。これらの企業における株価変動の多くは、特許価値の増減と連動している。

単純にいって、企業にとって特許化した発明を製品化したりライセンスすることは、新製品上市を保護し、新しい利益を獲得し、将来を保証する上で、時間的にもコスト的にもメリットのある方法である。あなたやあなたの会社が米国における特許革命の一翼を担っているのなら、これは朗報といえよう。

特許を保有することはまた相応の責任を伴うものである。"価値のない特許を欲しがる者はいないが、誰もが価値ある特許を一つでも欲しがるものである。"との格言は、まさにそのことを意味している。すなわち、価値ある特許は資産であると同時にその分の責任も負うことになる。あなたの会社の特許が高い価値のものであれば、その特許をめぐって侵害者に対する攻撃のため、あるいは新規性や有効性を立証するための防衛のためなど、最終的に裁判で争うことにもなろう。

特許は、これまでコンピュータ産業やインターネットの陰の原動力となってきた。また、特許によって、アメリカの技術革命は保護され、将来にわたる繁栄を確実なものとしてきた。現代においては、悪名高きエンロン社の崩

第1章　特許：大いなる賭け、大いなる価値、大いなる責任

壊、加熱する国際競争、世界の知的財産政策の変化などのビジネス状況の変化は、企業のあらゆる部門の役職者に対し、これまでにないハイレベルの責任——すなわち株主の利益を最大にするために特許を管理し、発展させ、活用する責任——を要求することになる。

　ここで、特許、発明のプロセス、そしてどのようにしてパテント・クウォリティ・マネージメント（特許品質管理：PQM）に貢献するかについて学んでいくこととする。おそらく、あなたの会社の特許法務実務は、社内または社外の弁護士、弁理士が行っているであろう。したがって、まず、特許に関する専門用語、手順および諸々の複雑な事柄に慣れるためにこの本を使っていただきたい。そうすれば、新製品や改良品の売上げを守るために価値ある特許を生み出す、という企業目標にもっと効果的に貢献できるようになるであろう。

特許とは？

　特許とは、本来、その発明が完全に公開される代償として、合衆国政府から発明者に与えられる独占権である。特許が付与されると、その発明の詳細を完全に開示する公報が発行されるから、その分野での通常の技術を有する他人が、特許発明によって得られた成果を複製することが可能となるが、同時に特許権者は、その発明の製造、販売、使用、輸入から他人を排除する独占権を保有することになる。この概念を重んじたアメリカ憲法制定者たちは、合衆国憲法の中に発明者に権利を付与する条項を作った。

　　　議会は、一定期間、著者および発明者にその著作物および発明に対する排他権を保証することにより、科学と有用な技術の進歩を推進する……権原を持つ（合衆国憲法第1条第8項）

　この数十年の間に、発明者に与えられる独占権の期間は変化してきたが、現在は特許出願の日から20年間となっている。特許期間の満了により特許権者は独占権を失い、その発明は誰でも製造し、販売し、輸出することができる公のものとなる。

　あるエンジニアリングの開発や技術的な発明が特許性ありとされるために

は多くの要件があるが、最も基本的な要件は、発明が(1)新規であり、(2)有用であり、(3)その分野における通常の知識を有する者（いわゆる「当業者」）にとって自明でない、ことである。

この章では、発明の流れについて概観するが、発明についてのビジネス、すなわち、企業利益を最大にし、株主としての価値を高めることを目的として、特許権者が発明を適切に活用するのに採用される戦略的思考と戦術的実施に重点を置きたい。

消極的権利

合衆国政府より特許が付与されると、発明者には、他者による発明品の製造、使用、販売、合衆国への輸入を排除する権利が与えられる。言い換えれば、特許権者は特許権によって、発明の製造、使用、販売、輸入の権利を得るのではなく、特許の存続期間中、他人がそれらの行為を実施することを排除する権利を得るのである。

特許は、他人による発明の実施を妨げるために用いられることから、合法的独占と呼ばれることがある。

特許の種類と存続期間

特許には、次に挙げる基本的な3種類がある。
1. 特許（Utility patents：直訳すれば実用特許だが、いわゆる「特許」のこと）は、新しく有用なプロセス、装置、生産物、システム（または使用方法）、ソフトウェアやインターネットの方法論、組成物、またはそれらの改良を発明あるいは発見した者に対して付与される。特許の権利期間は特許付与の日から始まり、最初の特許出願の日から20年の期間をもって終了する。
2. デザイン特許（Design patents）は、生産物のための新規で、創作的で、装飾的なデザインを考案した者に付与される。デザイン特許の権利期間は、付与の日から14年をもって終了する。
3. 植物特許（Plant patents）は、識別性のある新規な植物品種を発明ま

たは発見し、無性的に増殖させた者に対して付与される。植物特許の権利期間は付与の日から始まり、最初の出願日から20年の期間をもって終了する。

特許保護の形態

　特許は製品についてのものと思われがちだが、特許が保護できる形態には、他にもいろいろある。特にPQMチームのメンバーなど、これまでほとんど特許に接したことのない人が、いろいろな形態による保護について知ることは重要である。いろいろな形態の特許に対する意識が高まれば、PQMチームが特許化の機会を見極めることができるようになり、自社の製品ラインを侵害から守るための企業としての能力も向上させることができる。

　いろいろな形態の特許保護を表現するためにこれから用いる用語は、法律上の用語ではなく、発明者、科学者、技術者、弁理士、審査官を問わず、特許業界全体で使われる一般的な用語である。あなたがそれらの用語に慣れれば、あなた自身やあなたの企業の発明のポテンシャルは大いに広がることとなろう。

プロダクト特許

　この特許は、物理的な物そのものについての特許であるから、通常容易に特定できる。例えば、電球、ペーパークリップ、ねずみ取りなどは皆有名な例である。プロダクト特許の対象には、デバイス、装置、または関連製品のすべてが含まれる。プロダクトに特定の独創的で新規で有用な構成要素が用いられる場合、そのプロダクト全体も独創的なものとなり、プロダクト特許とみなされる。デバイス特許や装置特許といわれることもあるが、簡単に説明するには、プロダクト特許という一つのカテゴリーに分類するのがよいだろう。

使用方法特許あるいはシステム特許

　これらの特許は製造現場の人にはなじみ深い特許である。どんなビジネス

特 許 の 真 髄

においても実際に製品を売っている企業であれば、特に利害があるはずの特許である。しかしながら残念なことに、優れた方法や製品を創り出している企業や技術者でも、その多くはこの形態の特許保護に不慣れである。システム特許によって操業時間を短縮したり、生産性を改善したりすることもできる。生産性について考えるときに、「生産性が収入を生む」という古典的な経済の大原則を思い起こすべきである。この考えからいって、システム特許は、消費者向け製品だけでなく、工業用製品の売上げを守るための価値ある資産になり得る。システム特許は、大きく2つの方法に分けられる。

1. *製品が使用される方法*

　例えば、レーザー読取装置でバーコードを読み取ること、あるいはディスペンサーラックに取り付けられた食料品用のプラスチック袋が、前の袋を使うと自動的に次の袋の口が開くこと。

2. *従業員の業務運営に関係する方法*

　例えば、マシンオペレーターが、各設備操作に対するコンピュータ化された統計的プロセス制御を用いる方法、あるいは時間の投資を最大限に活用できる新人教育訓練方法。

　双方とも、時間を短縮することができるものである。生産高を増やし、顧客満足を改善し、品質を改良し、利益を増やすことができる。消費者がさっとすぐに使えるような製品ラインを作ろうと企業が努力するとき、優れたシステム特許を開発することによって、企業の製品ラインの狙いがさらに明確になり、その後も数限りないチャンスが続くことになる。このような点から、システム特許は、単独で最も重要な企業資産となり得る。

　既に一般に使用されている製品や部品は特許にならないことは誰でも知っている。しかし、そのようなものであっても、新規で、有用で、かつ独創的な方法で使用されるときは特許が可能となる。構成要素の一つあるいはすべてが従来技術であっても、それらを組み合わせて用いることが新規で独創的であれば差し支えない。効率性、有効性、エンドユーザーの利便性の点から考えることがシステム特許の観点となる。

　PQMチームがシステム特許に関してさらに考えるようになれば、企業の

マーケットポジションは改善され、企業に強い競争力を与えることになるであろう。システムを開発し特許化することが、製品ラインにとってだけでなく社内の各部門にとっても、重要でかつ影響力があるということをすべての部門が理解するようになることが、21世紀におけるPQMチームの焦点となるべき課題である。

プロセス特許（方法特許）

プロセス特許は、一般的に製造プロセスに関する特許で、典型的には、生産性の改善や、欠陥の削減や、品質向上に関する特許のことをいう。これらの特許は、技術部門と同様、製造部門にとっても最も重要である。プロセス特許の最適例の一つとして、フランスのパスツールによる1873年の特許、U.S. Patent No. 135,245が挙げられる。それは、低温殺菌法として現在知られている、食品滅菌法の基礎を明らかにしたものである。このように重要なプロセス特許が経済に与える影響は、容易に理解できるところである。

プロセスの開発によって、製品ラインが非常にありふれたものになり、仕様変更や改良の余地がないほど絞り込まれてしまったら、その製品ラインは、もっと変化に柔軟でトレンドにも対応できる製品群によって、マーケットシェアを奪われ続けることになるだろう。

プロセス特許はまた、別の危機にも威力を発揮する。ときとして企業は、ある製造プロセスを厳重に保護したtrade secret（トレードシークレット）として維持していることがあるが、ひとたび他人がそのトレードシークレットをも取り込んだ発明について特許出願をしてしまうと、その企業は、トレードシークレットによる権益を失ってしまうことになる。すなわち、トレードシークレットを持つ企業がどんなに前から用いていたプロセスだったとしても、その新しい特許権者からライセンスを受けなければならないことになってしまうのである。実際、この種の訴訟についていくつかの判例がある。このようなシナリオによる企業、企業経営および株主へのマイナスの影響は、非常に大きなものとなってしまう。これを防ぐ最善の方法は、他人が出願する前にプロセス特許を出願することである。そうすれば、立場は逆転し、プ

特許の真髄

ロセス特許をライセンスする側になることができる。

顧客主導型、革新指向型企業にシフトするには、費用対効果の高い製造プロセスが不可欠である。

改良特許

*改良特許*は、現存する製品、システムまたはプロセスに対してなされる改良であって、新しく改良を重ねたものであれば何度目の改良でもよい。改良特許は、簡単なところでは、従来より水はけのよいタイヤの新しい溝模様などであり、複雑なものでは、ハベル天体望遠鏡の倍率や解像度の改良方法などである。

改良特許はまた、システム特許にもみられる。例えば、1980年代終わりの自動開口食品用袋は、1966年に発明された先行技術である「Tシャツ型バッグ」を改良したものである。改良によって、従来製品に置き換わる新しい製品ができれば、改良特許はまた、プロダクト特許ともいうこともできる。ある意味、改良特許をどのように分類するかは、実際のところ重要ではない。重要なのは、このようなチャンスにPQMチームが行動を起こし、特許によって企業や株主の資産を保護できるかどうかである。

顧客指向の企業なら、常に顧客のニーズに基づいたイノベーションに向け

IN THE REAL WORLD

正しい改良こそブレークスルーとなり得る

多くのブレークスルーとなる機会は、既存の製品への改良特許の結果であるということは、経験豊富な発明者や製品開発者にとって周知の事実である。プロダクト特許によって保護された新製品上市は販売を開始させるが、その後の改良特許は通常ブレークスルーの機会を創造し、売上げを急上昇させる。

第1章　特許：大いなる賭け、大いなる価値、大いなる責任

て努力を続けるべきである。総合品質管理（Total Quality Management：TQM）によって、現行品の製造プロセスを改良することは、さらなる品質の向上と改良製品を生み出すことになる。その優れた品質とともに、生産高、顧客満足による売上げおよび品質を改善する努力がなされると、プロセス、システムまたは製品に積み重ねた改良がなされ、企業の収益性を前進させることができる。現在の市場での地位に甘んじていてはいけない。あなたが製品やプロセスを改良しないなら、競合者が改良することになる。あなたが改良を保護しないなら、競合者がひそかに特許化することになる。事業を継続するために、誰が誰に対してロイヤリティを支払うことになるのか、あなた自身が考えるべきである。

機械特許

いくつかの部品が組み合わさって用いられることにより、ある種の製造機械となるものは、*機械特許*といわれる。例としてはベーグルの真ん中に穴を開けるために回転軸にパン生地を巻きつける機械や、飲料品産業で使用される高速瓶詰め機械である。

機械特許はたいていが、機械製造業の企業によるものである。これらの特許は、プロセス特許を伴うことがよくある。全体が特許化されている機械のパーツとして、その機械の個々の発明的要素をいくつか有していることもまたよくある。機械特許は、*装置特許*ともいわれるが、このようなことが、この分野の用語をさらに曖昧にさせている。

組成物

化学組成物の特許は、種々のタイプのプラスチックに付与される特許のように、本質的に科学的なものに対して認められる特許である。新しい組成物についての伸長著しい分野としては、遺伝子工学および生物工学の分野が挙げられる。組成物は、化学組成物とも呼ばれる。あなたが特許組成物を開発しているとすれば、おそらくあなたは化学系、医薬系の企業か、または主要大学で働く科学者である。

特 許 の 真 髄

ソフトウェア特許

　ソフトウェア特許は、コンピュータやインターネット関連の数多くの特許を意味するだけはない。この特許には、もちろんソフトウェアそのものも含まれるし、ワンタッチスクリーンのようなコンピュータアプリケーションや、安全なクレジットカード取り引きのためのインターネットアプリケーションとその処理方法といったものもある。

　さらに有名なソフトウェア特許の一つに、ゼロックス社が発明し、それを用いてアップル・コンピュータ社がマウスアプリケーションを創り出した特許がある。それは改良特許ともいえるもので、パソコンが巨額の富を生み出すようになるきっかけとなった。今日マウスは、すべてのデスクトップパソコンに標準的な入力装置の一つとして装備されている。

　企業に関連する領域の一つとして、企業内の業務のために開発、使用されるソフトウェアがある。その開発コンセプトについて先行特許調査をしなければ、他社特許を侵害することになるかもしれない。あるいは、企業がその内容を特許化しないで内部のトレードシークレットのままにしていたり、ただ単に特許化を怠っていたりすると、そのコンセプトは第三者の特許になってしまうかも知れない。

特許による独占と独占禁止（反トラスト）

　特許法は、特許権者に独占的権利を付与するために制定されたものである。ひとたび特許になれば、特許権者は、第三者がその特許に抵触する製品を販売、製造、輸入もしくは使用することを妨げることができる。

　これとは逆に、独占禁止法は、一企業が特定の市場もしくは業界を不正に独占することを防ぐために制定されたものである。したがって、独占禁止法は、場合によっては特許法と対立することがある。特許権をライセンスすることなく、侵害者を"不当に"締め出そうとすることに対する、特許権者への反トラストに基づくクレーム数の増大に伴い、このジレンマは、連邦取引委員会と米国商務省（DOC）において、熱い論議の的となりつつある。

　これまで特許権者は、発明を侵害する企業を見つけようとしてきた。侵害

第1章　特許：大いなる賭け、大いなる価値、大いなる責任

が見つかると、交渉の結果、たいてい侵害した企業はその特許についてライセンスを許諾してもらい、製造者の売上げに対する合意したロイヤリティを特許権者に支払うのが常であった。しかし時代は変わり、*CSU社vsゼロックス社*における最近の訴訟では、特許権の主張や、特許または技術許諾の拒否が、反トラストにはあたらないことが明らかになった。

にもかかわらず論議は続き、2002年半ばまで、連邦取引委員会（FTC）と司法省反トラスト局（DOJ）は「知識基盤経済における競争と知的財産法および政策」と称する公聴会を共催した。これらの公聴会では、「特許は反トラストに対する防御にすべきでない」から、「特許権者の独占権は絶対的であり、合衆国憲法の定める基本原則は、特許権者がその権利を利用することにある」、あるいは「競合他者に対する独占的優位性」にいたるまで幅広い議論が展開された。

このように、特許によって特許権者は独占権を与えられるという現状の一方で、主要なマネージャーや知財弁護士は、特許と反トラストが対立する中で進展している新しい法律の制定に常に注視していることが重要である。

特許となる条件とは何か？

合衆国政府が特許を与える要件として、特許法は、対象となる物が(1)新規で、(2)有用で、そして(3)当業者にとって非自明であること、を挙げている。

過去の発明を振り返ってみると、多くの発明について有用性は比較的簡単に判断できる。例えば、もしホイットニーの綿繰り機がなければリーバイス・ジーンズの値段は法外なものになっていただろう。私たちは、有用性が自明な改良されたライトバルブ、マジックテープ、Zip-Loc（ジップロック）など、多くの発明の有用性を当たり前に思ってしまっている。たぶんに有用性の認められない製品または方法の特許出願は、特許庁で拒絶される。例えば、永久機関は、実際に機能することが特許庁に対して証明されてこなかったので特許を受けることができない。

特許された発明は、*実施できる*ものでなければならない。つまり出願にかかるクレーム（特許請求の範囲）のとおりに機能しなければならない。例え

特許の真髄

ば正方形のタイヤを発明したとしても、有用性もなく、実施もできないとみなされるであろう。生産物の改良に関するプロセスの特許でも、クレームに記載のように実行できないなら有効ではない。

発明は、*新規*でなければならない。以下のような発明は、特許を受けることができない。

- 以前に、既に世界のどこかで所定の時期に知られていたり、特許されているもの。
- 以前に、既に世界のどこかで記事として記載され、出版されたもの。
- あなたの発明と先行特許（または公知の物、方法など）との差異が、当業者にとって既に自明であるもの。例えば、発明を違ったものにするた

TIPS & TECHNIQUES

先願主義を考える

　米国は現在先発明主義を採用する世界でただ一つの国である。したがって、先願主義に変更するよう国際的に政治的、法制的な圧力が米国にかかっている。この先願主義は、特許出願に押された日付印が特許庁への駆け込みの勝者を決定し、正当な発明者として認知するというものである。

　ところが米国は必ずしも常に先発明主義を採用している訳ではなかったことを明記することは興味に値する。事実、アレクサンダー・グラハム・ベルは特許庁への書類提出が数時間の差でエリシャ・グレイを打ち負かしたといわれ、歴史上の最も熱い特許紛争を巻き起こしており、これはときには1876年の電話特許の陰謀などと呼ばれている。

　現在、米国は先願主義に回帰しようとしている。我々の知る限り、この変革は特許戦略を大きく変更させるであろうから、読者諸兄にあっては特許制度のいかなる変化にもついていけるように米国特許商標庁のwww.uspto.gov, "News and Notices" にときどきアクセスすることが大事である。

第1章　特許：大いなる賭け、大いなる価値、大いなる責任

めに、単にサイズや色を変えただけでは、おそらく特許を受けることはできない。
● 米国特許出願の1年以上前に販売に供されたもの、または使用されたもの。

この最後の項目は、米国（カナダやメキシコでも）でいわゆる1年条項（one-year rule）または1年販売制約（one-year-on-sale bar）と呼ばれている。真の発明者なら、最初の発明の開示や、最初の販売の申し出から一年以内には出願できるだろう、という考えによるものである。

先発明

米国は、最初に出願した者ではなく、最初に発明した者を正当な発明者としている、世界でただ1つの国である。つまりこれは、真の発明者だけが特許権者として認められることを意味している。発明者が現に取り組んでおり、権利取得を放棄していない発明、発見は、それより後の同じ発見に対して優先する。

もし2人の人が同じ対象について特許権を付与されたとしたら、先に発見していたことを証明できたものの特許が有効となる。つまり、出願や特許付与の順序は問題にならない。

発明者であることの証明

法的に発明者であることを証明するために、次の3つの基準が用いられる。
1. *最初の着想日*は、発明事項を明瞭に示す発明開示の署名によって定められる。これは普通、発明の主題が描かれた図面や、どのように発明が作用するかを適切に説明した明細書で行われる。そのような明細書などが完成したらすぐにその開示に対し、その内容や日付を証明することができる関係者によって署名がなされるべきである。この署名者としては、配偶者またはビジネスパートナーではなく、発明の成果により何も得るものがない第三者がよいであろう。発明者日誌は、一般的に最初の着想日を定めるのに用いられ、科学日誌と呼ばれることもある。

特 許 の 真 髄

2. 次に発明は*実施*されなければならない。換言すれば、実際にそのとおりに作用することが示されなければならない。これには、日誌に十分な説明を記載したり、CADによる図を作ったり、あるいは実際に動く試作品を造ればよい。もしこのステップが踏まれていなければ、出願日が実施の日とみなされてしまう。
3. 発明は、その開発中に*放棄*されてしまってはならない。放棄されると、最初の着想の日や実際の発明の完成の日が無効になってしまう。換言すれば、新しい着想や発明を開発しているとき、発明者は不断の努力を続けなければならない。

特許出願

特許出願の手続きは、あなたの会社の弁護士または特許弁理士がほとんど行っているであろう。したがって、このセクションはその手続きを習得するためではなく、その様子を理解することに主眼がある。法務戦略やビジネス戦略には、特許出願の完成度やタイミングに関係するものがある。したがっ

IN THE REAL WORLD

先出願によって上位（先願）のポジションが得られる

現実社会であなたの権利や先発明の地位を守るには、着想および実施化後はできるだけ早く特許出願をすることが肝要である。最初に出願した発明者は優位な立場となり、有効な特許の保有者としてまず認知される。このため先発明についての挙証責任を負わされる2番目に出願した発明者は、劣位の地位にあるといえる。インターフェアランス（抵触審査）はそう頻繁に行われるものではないものの、劣位の者は自己防御のためにより負担がかかる傾向にある。

て、PQMチームのすべてのメンバーが、新しい出願毎に討議し、合意することが重要である。

　米国の特許出願は、仮特許出願、または仮ではない正規の特許出願のいずれかの方法によって、特許商標庁長官宛に書面をもって出願される。ひとたびいずれかの出願が米国特許商標庁に受理されると、製品やパンフレットなどに「特許出願中」または「特許出願済み」と記載することができる。出願中の特許について偽って記載すると、その発明者あるいは出願人に対しかなりの罰金が課されることになる。

　今日、米国特許商標庁によって特許出願が受理されたことを証明するために、出願には速達郵便を使うのが一般的である。米国郵政公社は米国政府機関であり、米国特許商標庁の代理受理機関として有効に機能している。特許出願を出願人本人が速達郵便サービスによって郵送してしまえば、法的にその日に米国特許商標庁に受理されたとみなされ、特許出願中と記載することができる。

正規の特許出願（非仮出願）

　正規の特許出願（非仮出願）によって初めて審査が開始され、この審査次第で、特許を受けることができることになる。非仮出願のことを通常特許出願と呼ぶこともあり、最低限、以下のことを含まなければならない。

- 発明についての十分な記述または説明とみなされる完全な*明細書*と、少なくとも一つのクレーム。
- 発明がどのように機能するかを十分に描写するのに必要な*図面*。写真は植物特許の出願以外ではほとんど使われない。
- 最初で唯一の発明者であることを述べた*発明者の宣誓書*。一人以上の発明者が発明の創作に関与している場合は、全員の宣誓書が必要となる。
- しかるべき*出願料*。

仮特許出願

　仮特許出願、すなわちProvisional Patent Application（PPA）は通常の正

規の特許出願（非仮出願）を簡単にしたものである。その名称は仮の特許のための出願という意味にもとれるが、実際のところ仮特許出願書は、特許の仮出願として非常に正確に記述されている。PPAは決して正規の特許にはなり得ない。PPAによって出願日を確保することはできるが、審査が行われることはない。PPAは、一年間米国特許商標庁によって保管される。もし、対応する通常の非仮出願を追加しなければ、この仮出願は放棄されることになる。

　仮出願は、より一般的になってきている。なぜなら、仮の願書を最初の公への公開前に出願すれば、国際出願の権利を持つことになるからである。PPAには、ほかにも戦略的かつ戦術的な使い方があるが、それは後の章でさらに詳しく述べることにして、仮出願は、まず以下のことを含んでいなけ

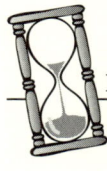

PROPOSED 2003 PATENT OFFICE RULES

特許出願プロセスの4つのステップ

　当初提案された21世紀戦略計画はここに示す4つの独立したステップを要する特許のプロセスを規定している。この法制は提案された形で進行していないが、修正されたプログラムが進行する場合には我々はこの顕著な変化を指摘してきた。内部のプロセスをすばやく準備し変化させ、これらの変化を有効に利用することが重要である。
①認可された専門調査機関から他（第三者）の特許先行技術調査情報を入手すること
②調査後18ヶ月以内に、特許を出願し、出願料も納めること
③特許審査には、あらためて別に審査請求を提出し、審査請求料を支払うこと
④特許の発行、特許料の納付から12ヶ月間、その特許は第三者による異議申し立て（現在の再審査請求のようなもの）の対象となり、第三者はその特許の正当性に異議を申し立てることができること

第1章　特許：大いなる賭け、大いなる価値、大いなる責任

ればならない。
- 発明者の名前や他の書誌事項を記載した、仮出願としての出願とわかる*カバーシート*
- 特許請求の範囲の記載はなくても、発明事項については最低限、十分に記述している*明細書*
- 必要な*図面*（たいていは添付されている）
- 応分の*出願料金*

出願人と特許権者
　特許出願あるいは特許の権利を所有したり、販売したり、譲渡することができるのは、真の発明者だけである。個人、会社、法人または、共同経営者のいずれも、特許権を所有できる。発明者は、他に譲渡した場合は除いて、特許が付与されると自動的に、特許権を所有することができる。発明者の権利の移転は、特許の譲渡によって行われる。特許（または出願）の譲渡は、法律上必要な訳ではないが、米国特許商標庁に登録することもできる。
　会社に勤務し、業務時間内にその実施を目的に会社のビジネスに関係するものを発明した場合には、次の2つの理由で報酬を要求することができない。すなわち、(1)雇用の継続が、正当な発明の補償とみなされ、(2)発明はおそらく仕事環境の中で見出されたもので、そうでなければ発明されなかったと考えられるためである。
　もし発明が、入社前に思いついたものでありながら特許付与され、その新しい会社の実施のために特許登録されているとすれば、新しい雇用者への補償金の請求は、正当な要求である。しかし、できれば雇用後ではなく雇用前に、補償について同意を取りつけておくのが賢明であろう。
　合衆国法の規定によれば、会社に雇用され、会社とは関係のない別分野でのアイデアが特許となり、その開発が会社の時間または会社の費用によるものでなければ、雇用者はどのような権利も請求することができない。

特許の真髄

企業における特許

　新しいアイデアは、たいてい、個人や数人の小さなグループが考えついたシーズに始まる。しかし、特許は企業内のあらゆる部門に影響するので、実際の特許としての開発や商業的な活用については、遅かれ早かれ、他組織の責任者が主要な役割を担うことになる。企業内の体制上真っ先に必要になることの一つは、すばやくチームを編成し、新しいプロジェクトを立ち上げることである。幸い、今どきのTQMの構造は、ほとんどがチームによる開発、特にトップダウン式のチーム開発に適している。これがうまく合致したチームは、製品化までの時間を劇的にスピードアップすることができる。

　企業体制は、いくつかの会社と同様に破綻する可能性がある。悪い経営スタイル（例えば専制的だったり、裁量権が与えられない管理スタイル）だと、真のチーム協力が培われる時間は得にくいだろう。もしあらゆることが、たった一人の承認によって決まるとなると、進捗は遅くなってしまう。

　もちろん、特許は無形固定資産とされており、新財務会計基準審議会（FASB）の元で、財務報告や企業無形資産としての特許の評価が、さらに

IN THE REAL WORLD

独占禁止に挑まれる特許権

　1994年、ゼロックス社の機械修理サービス会社であるCSU社は、ゼロックス社が、自社のコピー機とプリンター修理の市場を独占し、または独占しようとしていることから、シャーマン反トラスト議定書15U.S.C. 2条を侵しているとして、訴訟を起こした。ゼロックス社はその訴えに対し、相手方の特許侵害を理由に反訴に出た。地裁は、「ゼロックス社が特許された部品の販売やライセンスを一方的に拒むことは、独占禁止法上の違法な排他的行為にはあたらない」として、CSU社による独占禁止の訴えを退けた。

注目されている。
　財務報告と特許の評価については、第8章で詳細に述べる。

企業全体に関わる特許

　特許は、ますます株主価値の創出と増大に貢献し、競争力のあるマーケティングポジションの確立の助けとなり、重要なライセンス収入源となってきている。いずれ、あまねく組織のマネジャーはますます特許と接触することになるであろうし、特許絡みの経営上の決定がますます必要となるだろう。

　これまで、特許とはどのようなもので、どのような役割を果たすかということの基本を述べてきたが、これからも同様に、基本を理解するというスタンスに立ち、本書『特許の真髄（Essentials of Patents）』では、特許ビジネスにおける要点を説明していく。特許の価値は、一朝一夕に生まれるものではない。それは、計画されて初めて生まれる価値である（あるいは、少なくともそうあるべきである）。すべての組織にわたる特許戦略、特許戦術、そして特許管理は特許品質管理（Patent Quality Management）を達成する上で重要な要因である。

　特許は、他者を特許の範囲に該当する製造、利用、そして製品の販売から排除する権利に基づくパワフルなツールである。それ故特許は、会社の売上げと財産を守る基盤になることができる。この基盤は、さらなる歳入を生む一般的な手段でもある。特に、自社特許のライセンスアウトや他者からのライセンスインによって、会社の売上げが増大することもある。

第2章

特許ライセンシング

~本章を読んでわかること~

- ライセンシングの本質、ライセンス取得を試みる人々、ライセンシングが企業収益に与える影響
- ライセンスインの良い点・悪い点、その理論的解釈と基本
- ライセンスアウトの良い点・悪い点、その理論的解釈と基本

　ライセンシングは、多くの企業にとって、収益を生み出す魅力的な手段である。IBM社においては、ライセンシング収益が年間17億ドルにも上る。「ライセンシング」という言葉が持つ重みは、年間1億ドル以上ものロイヤリティ収入を得ているスタンフォード大学にとっても同じである。

　「ライセンシング」とは、いわば収益手段であるが、多くの企業は、ライセンシングにより、市場参入時期を早め、経費を削減している。それがライセンスイン、ライセンスアウト、クロスライセンスのいずれによるものであれ、企業はライセンシングにより大幅に収益を上げるチャンスを生み出すことが可能となる。

　最近の書籍や出版物の影響から、有意義な収益手段として、企業が、自社のポートフォリオの中から、古い特許や、忘れられていた特許をライセンスする、という考え方が広まってきている。こうした考えはもっともらしいものではあるのだが、ライセンスによる特許の秘められた価値の再利用に関す

特 許 の 真 髄

るアドバイス本の大半が、ライセンスの要点の理解に役立つというよりも、ただマネジメントの上っ面をなめるにとどまっている感が否めなかった。

本章では、第一線の企業経営者に向けて、技術ライセンスの考え方をご紹介しよう。さらに、マーケティング、R&D、財務、その他組織内の機能的マネジメントグループにも応用できるようなライセンスモデルに関するシナリオにも重点をおいて展開していく。部門レベルで知的財産戦術や戦略を実行するためのツールがなければ、技術ライセンスはいかにも流行りのマネジメントディスカッションにすぎない。

古い未使用特許に積もった埃を払い、そこから重要な価値を引き出すやり方を支持する人々がいうには、要は、あなたの会社でも、実施に値しないと判断した特許をガレージセールに出せば、富を築くことができるのである。しかし、本当に陰に隠れていた、非常に価値の高い特許を発見するような場合は別として、マネジメントプラクティスとしては、ライセンスを事後では

TIPS & TECHNIQUES

特許ライセンスにおけるインターネットの活用

他者へライセンスしたい技術を持つ企業は、他者に対してライセンス可能な特許を宣伝する必要がある。インターネットは、あなたの技術に関する利用可能情報を宣伝するのに、最も効率良く、広範な媒体である。このうち、全般的なライセンスのリストを提供している、最も有名な商業ウェブサイトは次の4つである。

2XFR™ (www.2XFR.com)＊　　PLX SYSTEMS™ (www.pl-x.com)＊
yet2.com (www.yet2.com)　　Patex.com (www.patex.com)

＊これらのサイトは、あなたのライセンス可能な特許のカスタマイズ・バージョンを提供することができ、あなたの企業イメージやウェブサイト事業にぴったりだろう。

なく事前のプロセスとして位置づけることに重点が置かれるべきである。
　ライセンスを企業目標として定める場合には、さまざまなライセンス評価やインターネット上の特許リストデータベースツールに対して意志ある決断をすることで、将来にわたるより一貫したライセンス収入がもたらされ、企業は定めた目標を達成できるだろう。

ライセンスとは？

　ライセンスとは協定であり、契約である。ある特許に対する権利を得た所有者は、ライセンス契約を用いて、それらの権利を実施権者（ライセンシー）へ譲渡できる。ライセンシーは、特許請求の範囲の発明事項に基づく、製品の製造、販売、販売使用の申し込み、そして輸入の権利の一部または全部の譲受者となる。もしあなたの会社が特許を所有していれば、ライセンサー、すなわち特許権の譲渡人であるということになる。個人、企業、法人、もしくはその他の法的機関であれ、いずれもライセンス契約の当事者になることができる。

　一般的に、ライセンスとは、特許請求の範囲に該当する製品の製造、製造委託、使用、販売および販売に関するライセンシーからの申し出に対して、これを書面にて許諾するものである。また、ライセンスの実施にあたり、ライセンシーが遵守しなければならない項目と条件も定められている。

　ライセンスの主な項目や条件としては、一般的に以下のものが挙げられる。
- ロイヤリティの支払額
- 製造および販売記録の保持
- 独占条項（地域的、産業・技術・販売流通ルートについて）
- 製品への特許番号の表示
- 保険の維持
- 自社販売時における規定
- 破産時における規定
- 契約期間

ライセンス契約の詳細規定にて、以下のような項目が含まれることもある。

特 許 の 真 髄

- 最低品質基準
- 最低販売数量
- 最低ロイヤリティ支払額
- 下請け契約に関する権利
- サブライセンスに関する権利
- 商標権、著作権、トレードシークレットの使用

　ライセンス契約は、組織の要望に応じて調整される。ライセンス契約は、両当事者が明確に理解できるように、曖昧な表現は避け、慎重に作成されなければならない。

　知的財産（IP）ライセンスとは、通常いくつかの知的財産権の許諾であり、商標権、著作権、トレードシークレット、顧客リスト、または発行特許や係属中の特許出願に基づく権利となり得る。ライセンス契約の履行に際し、対象となる特許が発行されていることは要件ではない。多くの場合、その発行まで待たずに、特許出願中に知的財産をライセンスするのが賢明とされている。時として、市場での先行優位性を持つことが、特許そのものよりも重要になる場合もある。

ライセンスのタイプ

　技術ライセンスには、ありとあらゆる規模や形態があり、個々のライセンスは、ライセンシーとライセンサー間によって異なる目的を達成するために策定されている。技術部長、企業弁護士、ビジネス開発部長や財務部長が日常的に扱うライセンスの中には、技術移転契約、発明ライセンスやクロスライセンス、ライセンスイン、またはライセンスアウトの契約、独占および非独占的ライセンス、そしてライセンスオプション等がある。

株主価値の増加

　どのようなライセンス契約であっても、その根本的な目標とは、株主価値の増加であるに違いない。ライセンスは、侵害警告に対する防御や対抗手段として防御的に、あるいは企業同士が対立的に競合するのではなく、互いの

利益のために各々の技術をクロスライセンスするときのように相互的に、また、あるいは特許権者が、その特許を侵害している企業から収益を回収したり、企業がさらなる技術を手に入れたいときには積極的に、いずれかの手段として用いられる。

こうしたいずれの場合においても、ライセンスをした結果、(1)収益が増加し、(2)損失や損失リスクが減少し、(3)マーケットポジションやマーケットチャンスが向上するのが理想的である。

時として、企業は、訴訟の決着や、新興ビジネスやマーケット情報への対応、その他さまざまな要因から、早急にライセンスしなければならないような事態に陥ることもある。しかし、企業においては、多くの効果的なライセンスプログラムが計画されている。そのようなライセンス計画は、たいてい、企業のライセンス戦略の具体策として策定される。

ライセンスの原動力

技術ライセンスは偶然の産物ではない。最近の技術ライセンス動向によく注目していれば、技術ライセンスについて書かれた膨大な量の文献情報があることに気づくのはたやすい。このような本や文献では、ライセンスとは何か、なぜライセンスに価値があるのかが解説されており、中には、ライセンス技術評価の理論や複雑さを、計算や統計的評価法を用いて深く掘り下げたものまである。また、他の文献にいたっては、詳細な法的事項、ライセンス契約条件、交渉戦術、国際的な考慮事項に限定して記されているものまである。

しかし、残念ながらそうした出版物の大半が、株主の利益のためにライセンシーとライセンサー間の業務提携を築くことがライセンス本来の目的であることを見失っている。

このような考え方は、昨今のマネジメント理論を反映しているが、ライセンスについて教えるというよりもむしろ説教じみていて、ライセンスについてほとんど知識のない中間管理職層を置き去りにしている。それ故に、このような文献は、彼ら中間管理職層がライセンス計画を理解し、立案し、そし

特許の真髄

IN THE REAL WORLD

コスト削減のためのライセンスイン、お金づくりのためのライセンスアウト

　ローテク企業でさえ、ライセンシングチャンスによって利益を得ることは可能である。近年、企業アプリケーション開発業者の間で、カスタムソフトウェア開発プロジェクトについての議論がなされてきた。桃、ナッツ、プルーン、りんごやその他の果樹を栽培、販売する果樹農園であったクライアント企業が、あるソフトウェア企業にやや複雑なワークフローシステムと、在庫樹木管理システムの開発を依頼した。そのソフトウェア企業にとっては、そのような要望は明らかに珍しいものであったが、実際のところ、その業界内では珍しいシステムではなかったのである。より簡単にシステムを修正できる同様のソフトウェアパッケージが、米国中の他の果樹園で使われていたが、そのクライアントである果樹農園は、外部に目を向けようとしなかった。そうして、2年以上の年月と7万ドルをかけて、その果樹農園はソフトウェアを手に入れたのである。

　もし、そのクライアント企業が既に他の果樹園で使用されていたカスタムソフトウェアのライセンスインに目を向けていれば、米国森林管理部門（カスタマイズコストのみで無料）や、合衆国やカナダ中の園芸苗木場や他の果樹農園によって開発されたソフトウェアも含めて、50以上の選択肢があったことだろう。そうすれば、5万ドル以上の費用と、さらに重要な点として、18ヶ月に及ぶ不必要な開発時間を節約することができたのである。

　一方、いざソフトウェアを手に入れたとして、クライアントである果樹農園がその手に入れたソフトウェアパッケージのライセンスアウトを検討してもらおうと、他の養成場を探していたりするだろうか。ひょっとしたら、1ヶ所当たり1万5千ドルから2万ドルなら他の養成場にライセンスを売ることができるかもしれないが、クライアントは他の養成場には興味がないに違いない！　たとえそれが情報技術（IT）部門ででも、ライセンスインやライセンスアウトを検討すれば株主価値を後押しすることができる。

> 特許品質管理とライセンシングに対する積極的な取り組みがあれば、株主価値に非常に上向きなプラス効果を与えることができたことだろう。この企業の株主でなくて何よりである。

て完了するための備えとしては不親切なものである。

　なお悪いことに、PQMが、より些少な、価値あるライセンスをいくつか含むライセンスチャンスを探し出すよう、あらゆるマネージャーに対してその意欲をかき立てる故に、その暗黙の目標が、技術移転マネージャーを、たった一つのキラーライセンス（何年も競合者の語り草になるようなビッグな取引）の追求へと奮い立たせるのである。より防御的なポートフォリオと同様に、複数の小さなライセンスを徐々に積み重ねることによって、数少ない大物ライセンスの取得に比べ、より安定した収益基盤が供給されるのである。

　誰が、どうやってライセンスを運用するのか――？　このライセンスに関する最も重要なカギとなるポイントについては、これまでほとんど議論がなされてこなかった。この後、あらゆる部門マネージャーが皆有能な技術ライセンス専門家になれるよう、いくつかの常識的ツールを示していきたい。

誰がライセンスを運用するのか？

　伝統的に、技術ライセンスは企業弁護士や、エンジニアリングあるいはマーケティング部門の部長によって運用されてきた。PQMシステムの下では、特許や技術ライセンスの運用は、IT、財務、マーケティング、法務、製造の部門長に任されることが期待される。

　マーケティング部門は、製品ラインを充実させるために、新規の販売チャンスや製品、技術を追求している。財務部門長は、獲得しようとする企業の技術ポートフォリオのうち、そのわずか半分にしか魅力がないものならば、効率的に取得原価を減らすために、使えそうにない特許は即座にライセンス収入へと変えるか、売却するよう、ライセンスへの取り組みに着手すべきである。

特 許 の 真 髄

製造部門長が、別業種の企業が優れたワークフロープロセスの改善ソフトウェアを活用していることをかぎつけたなら、ひょっとしてその企業用にカスタマイズされたソフトウェアのコピーをライセンスしてもらえれば、オリジナルのソフトウェアを開発する場合にかかるコストのほんの一部で、高い生産効率を実現できるかもしれない。

もし各部門長が、実績のある技術や製品のライセンスという近道や、また同様に自社独自の技術に競合しないライセンシーを探し始めたなら、月例の特許品質会議（Patent Quality Meeting）で考察するようPQMチームに推薦

TIPS & TECHNIQUES

ライセンシングプランの創出

いかに効果的なライセンシング戦略であっても、その根本は、明確な目標を立てることにある。ライセンシング戦略は、企業が以下の一つ以上に狙いを定めた目標を達成しようとする強い欲求に従って運用されるべきである。

- マーケットシェアの増加
- 競争的ポジションの強化
- 製造能力の増加
- 生産コストの削減
- 新規市場への参入
- 開発コストの削減
- 上場までの時間の短縮
- 製品ラインの拡張
- 成熟した技術への投資
- 小規模R&Dグループへのテコ入れ
- 製品販売後までのR&Dコストの大部分の延長
- 全体的なポートフォリオの強化

するだろう。

誰がライセンスを行うのか？

　普通、一部門長の独断で、技術をライセンスすることはできない。実際に、特許や技術が同定されると、ライセンス交渉はたいてい、企業弁護士あるいは特許弁護士の承認によるライセンス契約をまとめるプロセスとなる。

　本章の別項にて、ライセンスに見合う技術か否かを判断する際に、注意すべき多くの精査点について述べてある。それを参照すれば、各部門長が、獲得すべき技術についてざっと適正評価を行い、PQM会議にて準備したプレゼンテーションを行うことができるはずである。チームがライセンスするとの合意にいたれば、ともにライセンス契約の締結に向ける法務部門の尽力は、一段と迅速で無駄のないものとなるだろう。

ライセンスイン

　ライセンスインとは、自社外で開発された特許や技術を自社内で活用するため、その使用をライセンスするプロセスである。

ライセンスインの必要性

　企業が既存技術をライセンスするのには、多種多様かつもっともな事情がある。その大半は、金銭、すなわち収益性に直接関わっている。

　PQMシステムの一部として、責任ある企業の経営幹部であれば誰でも、その企業の規模の大小にかかわらず、現在の製品ラインの拡大、生産高や収益性の改善、生産コストの低減や新しいマーケットチャンスをもたらす新しいアイデアや発明のライセンスインを常に追求すべきである。

　確かに、いかなる企業にも、製品や技術の問題に対するすべての解決策があるなどという思い込みは間違いである。とはいえ、既に述べたように、いわゆる「自社外技術排斥（NIH）」症候群といわれる危険な病に冒されている会社も実際あるのである。

　ある企業が、すべてに対する解決策が自社にあると思い込むことは、競合

特許の真髄

他者に最善の技術ライセンスを奪われるように自らし向けていることに等しい。古今を通じて、このような好例はいくつもある。例えば、IBM社のパーソナルコンピュータ開発への対応は、信じられないほど遅いものであった。これは大失敗であった。アップル・コンピュータ社は、安価なPCの開発に対するIBM社のやる気のなさに付け込み、IBM社が参入しなかった事業に投資したのである。その後、アップル・コンピュータ社は自社のソフトウェアを他社にライセンスすることを拒んだせいで、今度は自身がビル・ゲイツとマイクロソフト社に業界参入への門戸を開放してしまったのである。

これは、目先の利かなさ、企業の無責任さ、あるいは単なるエゴ、もしくは無知のなせるところだろうか？　おそらくは、当たらずとも遠からずといったところだろうが、これらの例はどれも、迅速に行動し、長期的な技術や市場での優位性のためにライセンスインやライセンスアウトしなかった結果を教えてくれる。

ライセンスは業務全般において、どの程度の価値があるのだろうか？　図2.1と2.2に示されるように、ライセンスは、市場化までの時間、経費削減、収益の早期化に劇的な影響を与える。間違いなく、ライセンスとは、特許に基づいた株主価値の構築に取り組むあらゆる組織が、絶えず果たすべき業務の要なのである。

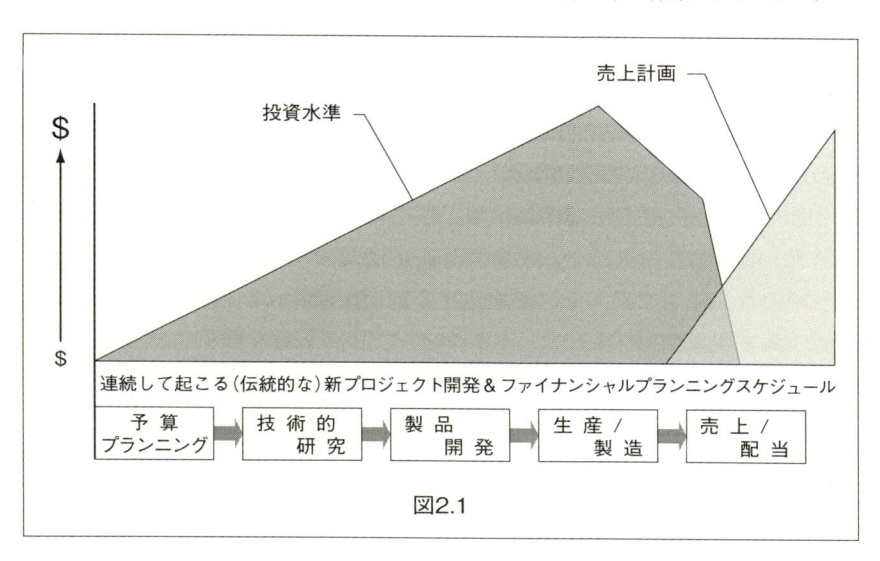

第2章　特許ライセンシング

図2.1

連続して起こる(伝統的な)新プロジェクト開発＆ファイナンシャルプランニングスケジュール

売上計画
投資水準

予算プランニング → 技術的研究 → 製品開発 → 生産/製造 → 売上/配当

図2.2

加速された新プロジェクト開発＆ファイナンシャルプランニングスケジュール

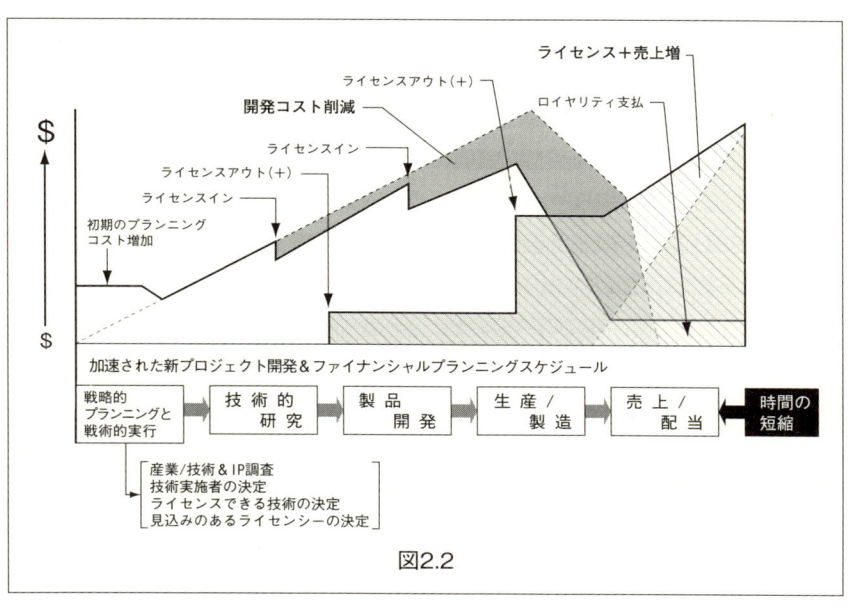

ライセンス＋売上増
ロイヤリティ支払
ライセンスアウト(+)
開発コスト削減
ライセンスイン
ライセンスアウト(+)
ライセンスイン
初期のプランニングコスト増加

戦略的プランニングと戦術的実行 → 技術的研究 → 製品開発 → 生産/製造 → 売上/配当 → **時間の短縮**

産業/技術＆IP調査
技術実施者の決定
ライセンスできる技術の決定
見込みのあるライセンシーの決定

初期コストとR&Dコストの削減

　事業参入の足がかりとして何千何百、あるいは何百万ドルを費やすことになっても、ライセンスインは必ずや喜ばしい費用対効果を生むだろう。新技術の開発に必要なR&Dコストは、たいてい百万ドルに達し、とりわけバイオテクノロジー分野では、その額は何億万ドルにも上る。おまけにその支出の結果、必ずしも当てになる成果が得られるわけではないのである。

　ライセンスインの最も重要な利点、それはおそらくR&Dにかかる時間の節約にある。コカ・コーラ社、ヘルツ社、フォード社など今日の一流ブランドネームが示すように、市場に１番手として先行するということは、２番手、３番手に比べ、非常に大きな価値をもたらすことである。市場に先行できる大きなチャンスを目前にして、待つ必要など全くないのだ。

　今日の競争ビジネス社会において、大企業がチャンスを活かせない最大の理由は、利己主義、言い換えれば、自社外技術排斥（NIH）によるものである。

　その一方で、多くの企業は、非利己経営主義システム、つまり、顧客、会社、株主のために正しいことをし、その障害となる個人的嗜好を排除したマネジメントシステムが採用されてきている。

大部分のR&Dコストの製品販売後までの保留

　ライセンスがR&Dプロセスを加速化させると同時にR&Dコストを削減することができる仕組みについては既に述べてきたが、ライセンスインにはもう一つ、重要な財務上の利益がある。ロイヤリティは通常、ライセンス技術に基づく製品の売上げに応じて支払われるものである。つまり、キャッシュフローや予算管理上、ライセンスされたR&Dの進展に関連する費用は、その販売が開始されるまでは発生しないことが明らかである。要するに、R&Dにかかる全コストが、将来的に製品販売が実現化されるまで保留されるのである。

　そんなことを考えてみれば、たとえ大幅な費用を強いられたとしても、ライセンスインによって、企業がとてつもない数の製品や技術を開発できるこ

とがお分かりになるだろう。

ブレイクスルーチャンス

多大な利益が、新しい技術の導入、改良、そしてその成熟に集中している。発明業界における共通認識として、重大なブレイクスルーチャンスは、たいてい創業直後、ときには数年後、その製品が製品ライフサイクルの中間点にさしかかろうというときに訪れるものとされている。例えば、パソコンの売上げは、幅広い層に対応できる、他企業のソフトウェアが発明されて初めて、飛躍的に増大したのである。

残りのサイクル後半期における製品の改良においては、その製品がたとえ

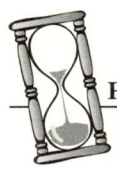

PROPOSED 2003 PATENT OFFICE RULES

特許料の急騰が、ライセンシングのケースをサポートする

21世紀戦略的プランに基づき、特許出願と審査にかかる料金は、特許の書面と手続き処理に関連した法定料金をやすやすと超えることになる。あるバイオテクノロジー企業は、現行料金が21世紀プランに基づいて提案された料金に比べ、どのくらいになるのかを知るために、無作為に出願準備中の特許出願について査定を行った。

その結果、一特許にかかる費用は、現行料金では5千ドル以下なのに対し、提案された米国特許料金において、なんと20万ドルを超えたのである。この額はまさに予算に対して20倍以上であり、特許とならない技術についての検討を免れる企業はないだろう。

特許コストの急騰に伴い、現行特許料の一部において、既存技術のライセンスインを検討することがさらに重要となってくる。いずれにせよ、よく構成されたライセンス契約が、特許権の所有と同等の価値を持つことになるだろう。

特許の真髄

マーケットシェアを占めていたとしても、次世代製品に向けて新しい息吹を吹き込む責任がある。例えば、Crest（クレスト社）は、練り歯磨き粉にフッ化物を添加することにより、一躍市場トップへと躍り出たのである。

　また別の例では、プラスチック製買物袋の販売は、かつては紙製袋の競合代替品として、わずかな成功を収めるにすぎなかったが、セルフオープン機能が発明されてラックへの搭載ができるようになると、プラスチック製買物袋は、年間売上げ500億袋という買物袋産業の頂点をつかんだのである。製品の分野にかかわらず、ある製品が成熟し、ブレイクスルーチャンスのカギとなる改良がなされたときに初めて、真のブレイクスルーチャンスが訪れるのである。

マーケットシェアの増加

　ビジネスの基本原則として、製品寿命を通じ、あらゆる品質、性能、価格における絶え間ない改善が重要である。それらにより、企業は最高ではさらなるマーケットシェアの獲得、最低でもシェアの減退を防ぐことができる。マーケットシェアの増加においてはタイミングこそが最重要点であり、単純な改良発明や付随する特許であってもライセンスインすることにより、現存の製品ラインを急速に、コスト的にも効率の良いラインへと強化することができるのである。

　おそらくは、マーケットシェアを維持しようと努力し続けてきた大手企業には、非常に大きなライセンスインチャンスが存在しているだろう。その最たる影響要因の一つとして、より老舗の大手企業は、製品の将来性やその改良にではなく、後発品にその努力を傾注するのみであるという傾向にある。このような企業は、追従するにはおよそ時代遅れである自明のものにしか目を向けず、進歩ということからは目を背けている。またそうすることで、巻き返しを図り、トップの座を追いかけているのである。このような防御的志向の企業でさえも、自社外の技術をライセンスインし、マーケットシェアを伸ばす重要なチャンスは存在しているのである。

第2章　特許ライセンシング

競争的地位の強化

　製造者が、わずかな種類の製品を多数の小売販売ルートに乗せようとした場合、大手の小売バイヤーによって、絶えずその製造供給元を縮小させられてしまうという困難が伴う。この社会的慣行は、将来的に当面続くだろう。

　優先的に選ばれる供給者となるためには、大口発注や独占的な棚割りに対応する完全な製品ラインがカギとなる。

　ライセンスインは、従来総合供給業者に不可欠とされてきた相当かつ素早い投資や資金なしに、貧弱な製品ラインに奥行きと幅をもたせ、すばやく増強するためのカギとなり得る。一供給業者はバイヤーに供給できる製品量の多さに応じてバイヤーにとってより有益な取引相手となり得、よって自らの地位を確保するため、さらなる競争力を強化できるようになるのである。

生産コストの削減

　生産方法論やトレーニング方法論同様、製法特許をライセンスインすることによっても、生産コストの削減を図ることができる。廃棄物や、非稼動時間、作業のやり直しを削減するために特許化された方法論は、生産コストの削減に影響を与える。十分に成熟した業界において、製造コストは新たに急成長しているドル箱市場を生き抜くための重要な要素となる。他者が開発した確かな技術が手に入るのなら、今すぐにでもライセンスインして、利用すべきなのだ。競合者に先んじて、その技術工程を習熟しない手があるだろうか。

　企業が長く生き残る上で、継続的な製造プロセスの改善やコストの削減ほど重要なことはない。これこそまさに品質管理の要であり、実のところ、PQMの要なのである。

製品ラインの拡大

　ライセンシングとはまた、製品ラインを容易に拡大するための方法でもある。企業とは、主力製品の分野には概して強いものであるが、現行製品ラインを拡張する新製品や利益については、ときには他分野や他業界の企業や個

特 許 の 真 髄

人発明家のほうが、実行性のあるコンセプトを持っている場合もあるだろう。おまけに、彼らのコンセプトを実行すれば、主力製品ラインが拡大され、それら主力製品は同じ顧客を対象として販売されることが多いため、彼らのそうしたコンセプトを実行するこうしたチャンスも、わりと容易にあるのだ。

実証済み製品への投資

　新製品や新技術とはすべて、ある程度の投資リスクや技術的リスクと引き換えに得られた成果であるといえる。故に、技術的リスクを軽減、あるいは最小限にするためには、その機能、コスト、生産可能性、性能を既に実証されている製品や技術を、関連ノウハウ毎ライセンスで獲得してしまうのが唯一の方法である、というのは当然のことである。ロイヤリティとして支払われる製品1個当たりの加算コストも、既に実証済みの技術のライセンスインによって得られた技術的な利益や実績の比ではないはずである。

小規模な社内エンジニアリンググループへのてこ入れ

　小さな企業ほどエンジニアリング部門は小さく、たとえR&D部門があったとしても、非常にその規模が限られたものになりがちである。そのような会社にとっては、莫大なR&Dコストなど、及びもつかないことはいうまでもない。技術のライセンスインによれば、大掛かりな人員や、R&Dコストの増加に伴ってリスクが増えることもなく、小さなエンジニアリング部門をダイナミックな新製品マネジメントグループへと作り変えることができるだろう。

工場生産性の強化

　製造部門長は、企業のリターン・オン・アセット（資産収益率）（ROA）に重要な影響を与え得る立場にある。稼動していない機械にもコストがかかるということは、製造部長が誰よりもよく分かっている。

　新製品や新製品ラインの生産性を、最適処理能力ともいわれる100％まで増加させることが、アメリカ企業にとっての共通の目標である。しかし残念

ながら、これは企業のあるべき姿ではない故に、ことがうまく立ち行かなくなるのである。最大もしくは最適処理能力で作業するなどということは現実的なやり方ではなく、現実には、何かトラブルが起きれば製品の供給を途絶えさせることにもなりかねない危険性をはらんでいる。例えば、営業部門が、最大処理率ならば生産がなんとか見込めるような大口注文を獲得した場合、ちょうどそのとき製造部門がその製造に必要不可欠な部品Xを切らしていたとしたら、その大口注文はなくなり、世間での会社の評判に傷がつくことにもなりかねない。だから、持続的かつ途切れない供給を保証できる余剰生産能力を持つことが、より現実的なやり方なのである。

　徐々に生産プロセスが改善されるにつれ、生産高はさらに高まり、生産能力もさらに増大する。それにひきかえ、絶えず最大限の処理能力で稼動している工場は、資源に余裕がほとんどないために、新しいチャンスが来てもそれを活かすことができないのである。

　余剰能力があれば、生産性を高めるために新製品をライセンスインしても、その損失は非常に小さい。多大な設備投資や、諸経費や労働員の増加が必要となることもほとんどない。さらに、現在の設備を少し改善すれば、新製品の生産を新しいプロフィット・センターへと展開することができる。そうした努力によって予算資源が確保されれば、原材料の購入力が増大し、それに伴い製品ラインのバランスにプラスの影響力が生まれるだろう。

　同様に、来る日も来る日も同じ製品を生産する製造作業に携わっている従業員の中には、新しいプロジェクトやチャンスの開発に意欲的な人もいるだろう。それに、出世手段として新しいプロジェクトを引き受けたがる連中というのも常にいるものだ。

特許侵害の回避

　ライセンスインによって、企業は特許侵害を避けることもできるだろう。いうまでもなく、特許侵害は、侵害者にとって非常に大きな損害となる場合が多い。被告側としてはたいてい、第一に侵害特許の無効化を要求するため、特許侵害訴訟においては、提訴する側よりも被告側として提訴されるほうが、

よりずっと多くの費用がかかる。2002年における訴訟費用の平均は、120万ドルを超える額に上った。全訴訟中、約70％が特許権者の勝訴に終わっている。仮に複数の特許を侵害した場合、侵害当事者の負担は相当大きくなるだろう。一例として、ある2つの特許を無効にするためにかかるコストは、訴訟費用平均額の2倍となる240万ドルになるだけでなく、訴訟の勝算は全訴訟における平均である30％から約9％まで低下するのである。

　さらに悪いことに、もしある企業が故意に特許を侵害している場合には、意図的な侵害行為であるとみなされる。そのような意図的な侵害行為により、法廷で有罪となった企業は、通常の三倍の賠償額と訴訟費用を支払う義務を負うこととなる。そのような訴訟において、特許権者は売上げの損失を主張するだろう。もし特許権者が主張する売上げ損失額が年間何百万ドルにも及んだ場合、特許権者に対する損害は、容易に何千万、あるいは何億ドルにも上り得るだろう。最近の判決記録によって、特許侵害訴訟の基盤が整ってきた。もしあなたが特許権者ならば、これは朗報である。しかし、もし特許権者に対して防御する側なら、その逆である。

　企業活動の促進を考えれば、故意に特許を侵害し続けることは、株主に対する重大な背任行為となる可能性がある。このような行動は、たとえどのような犠牲を払ってでも避けるべきである。もし、あなたの会社がそのようなケースに巻き込まれたなら、「特許においては他者を侵害するのではなく、ともに提携すべきである」という確固たる説得が必要となろう。

スクリーニング：デューディリジェンス

　ライセンスする可能性がある技術を識別する役割にある各部門長は、PQMチームにおける再審査のため、そのライセンス可能技術を提示する前に、まず必須注意事項（デューディリジェンス項目）をチェックすべきである。発行済特許や係属中の特許をライセンスインする前に考慮すべきデューディリジェンス項目として、以下が挙げられる。

● **発行済特許か、係属中の特許か**

　　もしライセンスを望む特許が発行済特許であれば、その特許範囲を容易

に確認することができる。もしそれが係属中の特許である場合は、その特許明細書の内容を再検討し、特許となり得る範囲が十分に保護されるか否かを判断する必要がある。市場への先行性の利点から、新規機会のライセンスインに最適なタイミングは、一般に特許の発行前とされている。特許の発行までライセンスインを待てば、このような市場先行性におけるライセンシーの地位は危うくなり、他の先行ライセンシーに比べ不利な立場となり得る。

● *特許請求の範囲（クレーム）の広さ*

　安定かつ広範なクレームは、競合者がそのクレーム範囲を避けて創作することが困難な、有益な技術を生む。クレーム解析には弁理士の専門的知識が要されるが、一部門長であっても、容易にその特許クレーム範囲を回避できるか否かを判断する初期解析を行うことはできる。その特許クレーム範囲が回避できないものである場合、その技術は、推進すべき、優れた特許候補と考えてよい。

● *特許中のクレーム数と特許の数*

　多数のクレーム（例えば、製品、ある重要な改良、使用方法、製造プロセスを網羅しているクレーム）を有する特許をライセンシングすると、ライセンスインされた側の立場は、非常に強化される。多数の特許をライセンシングする場合にも、またこれと同様のことがいえる。一つやある程度のクレームを有する特許であれば、そのクレーム範囲を回避して他の特許を創作することが可能かもしれないが、多数のクレームや特許を回避しての創作は非常に困難なものとなるからである。

● *製造コストへの効果*

　価格弾力性は、新製品や改良製品にとって常にデリケートな問題となる。製造コストが増加した場合、顧客は製品の値上げに快く、そしていくらくらいまでならば応じてくれるだろうか。ライセンスインの理由が収益性の改善にあるなら、こうした顧客の試練を必ずパスできるような製品を切望しているに違いない。

特 許 の 真 髄

- **立ち上げコスト**

　既存の生産機械の構成を変更し、新たな技術革新を生み出すには、どれくらいのコストがかかるのか。あるいは、全く新しい生産設備が必要となるのか。いずれにせよ、技術革新のためのプロジェクトの正当性を示すためには、まず投資利益率（ROI）を満足させなければならない。

- **参入可能かつ持久力ある市場**

　あなたの会社は、今ある市場に乗じることができる立場にあるのか、それとも、市場における完全に異なる、または新しい販売努力が必要とされるのだろうか。従来の製品ラインに付属し、既存販売員によって既存の顧客向けに販売される製品であれば、市場に参入するのははるかにたやすい。そうでない場合、あなたの会社にはそのような製品を売り出す手段があるだろうか。その製品は、長期傾向的な性質のものか、それともむしろ短期的流行にすぎないものか。ライセンスインは、たいてい市場における長期的計画の部類に入る。

- **独占的ライセンスか、非独占的ライセンスか**

　あなたは投資をどのように保護しているだろうか。大方の場合、投資に対する収益性と十分な投資利益率（ROI）の確保が望ましい。ライセンスを望むその技術について、独占的なライセンスが得られるだろうか。特許存続期間中の独占的利用ができない場合には、ある程度他の独占的な対価が充てられるだろう。よって、独占的ライセンスが必ずしも有利とは限らないということを、心に留めておくべきである。ほかには、短期間の独占的ライセンスを得て、短期間で市場に先行し、急成長するというやり方もあるだろう。このライセンス期間は、あらゆる要因に左右されるが、短くて1年、長くて3年から5年といったところだろう。または、独占的対価として、ある一定の業績や販売の水準を規定し、それに見合うようライセンシーの数を限定するといった要求をするのも一案である。このような制限は急激な価格低下の防止に役立つことが多く、この制限により、ライセンシーの数は、契約期間を通じてわずか2、3人となり、多くても10人程度になるだろう。

第2章　特許ライセンシング

● *恵国待遇*
　一般的に、新規発明を売り出すにあたり、最も多額の費用と努力を費やしている第一ライセンシーに対し、恵国待遇が与えられる。この恵国待遇は、市場での試験販売や生産や販売の増加のための初期独占期間にも反映されやすい。また、恵国待遇には、ライセンス料やロイヤリティ料率の値引きが含まれることも多い。ときには、サブライセンス権など他の要素が含まれ得る場合もあるだろう。

● *ライセンス契約の期間*
　ライセンスインする際の契約期間は、特許権の存続期間中とすべきである。したがって、ライセンス契約の契約期間は、ライセンスされた特許権の権利存続期間に基づくことになる。長期的な目的の下にライセンスインするのであれば、十分な権利期間が必要となるだろう。おまけにもし、その製品について商標登録したいのであれば、市場における製品の存在を確立するために、さらにゆとりある時間が必要となるだろう。

● *外国特許*
　もしあなたがその発明を世界中に売り込む立場にあり、その発明について外国特許権が保護されている場合、それらの外国特許権についても同様に取得することが可能だろうか。あまり海外展開していない小企業にとって、これら外国における販売運営をより大規模な事業体へとライセンスすることは、ことさら魅力的なことだろう。そのようなケースで、もしライセンサーの財政が限られていれば、有利なライセンス契約やロイヤリティ料率と引き換えに、ライセンシーが外国出願や手続き処理にかかる費用の支払いを肩代わりすることもあるかもしれない。

　考察すべき事項はほかにもいくつかある。例えば、投資に見合うだけの十分な販売量があるか、あるいは、それが既存の製品を超えるに足りる改善であり、かつ顧客がわずかばかりの値上げに快く応じてくれるものであるのか、あるいは、そのブランド・ロイヤリティが競合他者の大変な努力をもくじくほど強力なものであるのか、そのどちらであるかを知っているかなどの点についても同じように考察すべきである。もし後者の事例である場合には、顧

客にブランドを切り換えさせるためには、何か目立った進歩性が必要とされるだろう。ロイヤリティ料率やライセンス料もまた重要な考察事項であり、かつこれらは製品分野における価格弾力性に影響する可能性がある。法外なロイヤリティ料率やライセンス料により、その発明品が桁外れな高値となってしまうこともある。

　あなたや、あなたの会社の顧問弁護士は、新技術をライセンスインする際にも、他の特許を侵害しないことに確信を持ちたいと思っている。この正当性の立証には、あなたによる調査が不可欠であり、ライセンシーはライセンス契約において、そのライセンスの正当性を保証しなければならない。

　最後に、もしあなたの会社が自ら計画したものの、新規プロジェクトとして運営するには、現時点において進行中のものがあまりに多かったり、その新規プロジェクトに取り組むスタッフが足りなかったりすれば、新たなチャンスを考える力もないだろう。

ライセンスアウト

ライセンスアウトする理由

　何よりもまず、ライセンスアウトにより、収入や利益を生み出すことができる。ライセンスアウトによって、さらなる投資や売上げを要することなく、企業のポートフォリオの価値を高め、株主価値を増加させることができる。それどころか、ときには、競合他者の利益の分配にいくらかあずかることで、これらポートフォリオや株主価値を高めることもできれば、自社の勢力範囲外の市場から利益が得られることもあるのである。

　自社技術のライセンスアウトはまた、製品ラインの長期的な存続や安定、ときには生き残りの可能性にすら影響を与え得るのである。

自社技術の業界標準化

　業界において、競合する特許技術がいくつかある場合、その中で最も競合者に対し利用可能とされている技術が、業界標準となる可能性が高い。つまり、他者へのライセンスアウトを拒むと、裏目に出る恐れがあるのである。

第 2 章　特許ライセンシング

　業界には、このような状況に陥ってしまったちょうど良い例がいくつかある。VCR市場においては、VHSが劣っていたにもかかわらず、VHSがBetaに対し勝利を収めた。Betaの開発者であるソニーは、他者へのライセンスを拒絶したために、ライセンスによる棚ぼた利益を逸したのである。

　もう一つ、より最近では、アップル・コンピュータ社がそのソフトウェアやオペレーション・システム（OS）技術の他者へのライセンスを拒んだ例がある。その決断 —— 他者へのライセンス拒否 —— により、多くの競合他者や、さらに悪いことには、競合技術に対しても、業界参入への門戸が開かれてしまったのである。アップル・コンピュータ社は、マイクロソフト社、ヒューレット・パッカード社やコンパック社によって開発された技術の猛攻に持ちこたえることができなかった。こうした企業が開発した製品は、通称IBM製品のクローンと称され、より通俗的には、普及版PCと称された。アップル・コンピュータ社は、これらの製品より優れているにせよ、これらとは別の技術となってしまったのである。

　一方、ゼロックス社は、普通紙複写技術をライセンスしなかったことで、数十億・数百億ドル規模の業界における長者帝国を築き上げた。その戦略とは、他のすべての製造業者に対し、コート紙を使用する劣等複写技術からの交代を拘束するものであった。そうした製造業者の中には、Savin（セービン社）やリコーに加えて、3M社も含まれていた（おそらくここまでが、ソニーがBeta技術の開発の際に誤って真似た戦略モデルであったのだろう）。しかし、大きな違いは、ゼロックス社が業界においてその地位を防御することができ、かつ彼らが非常に攻撃的なマーケッターであったことである。ゼロックス社のようなマーケティング努力をするところはほかになかった。ゼロックス社はかつて誰も参入していなかった分野に企業戦士を送り込み、彼らはより強大な敵に対峙することで、マーケティング戦争に勝利したのである。これに比べて、ソニーは、フィルム業界ではより優れた技術が選ばれるだろうと思い込んでいたので、VCRテープ市場を独占できると考えていた。しかし、ソニーは、マーケティング努力をサポートするためのマーケティングプランを持ち合わせなかったために、惨めにもその思惑は失敗に終わったのである。

特許の真髄

 とはいえ、やはり今日において製品ラインを標準化するのに最善の方法とは、ライセンスアウトであるに違いない。競合他者からのわずかなパーセントのロイヤリティこそ、株主が享受するのと同じような、素晴らしい境遇をもたらすのである。

ターゲットとなるライセンシーの選択

 ターゲットとなるライセンシーには、既にいくつかの候補があるだろう。ターゲットとなるのは、友好的な競合者や、あなたの会社と競合しない関連分野の企業、あるいはあなたの会社がカバーしていない外国市場における企業であるだろう。ライセンシー候補を評価する際には、以下に掲げる9つの要素が有用である。

1. *品質*

 その企業の現行製品ラインは、予想されるライセンス製品と同等の品質であるだろうか。特許化される改良品というものは、通常、より高度な品

IN THE REAL WORLD

ビジネスモデルとしてのライセンス

 Rambus Inc.（ランバス社）（ナスダック店頭株式市場（Nasdaq）ではRMBS）のようないくつかの企業に見られるビジネスモデルとは、収益の100％を、実際の製品製造からではなく、特許ライセンスによって得るというものである。ランバス社は、他の半導体メーカーにとってスケーラブル・バンド幅、メモリ、特定用途向け集積回路（エーシック）（ASIC）デバイスの生産に不可欠な先進チップ接続技術を開発し、その技術をライセンスしている。世界のリーディング半導体メーカーのうち25社が、ランバス社の技術をライセンスしており、ランバス社のライセンスによる年間収益は1億ドルにも上る。

質を要する、優れた製品である。タイメックス社レベルの品質の時計を製造している会社が、いつでもすぐにロレックス社レベルの品質の製品を売り出せるものではない。ライセンスアウトに見合ったふさわしい品質を提供できる会社こそ、ターゲットとして望むべきである。この問題は、パスツールの低温殺菌法のように、新しい発明があらゆるすべての生産者に普遍的に用いることができる場合には、当てはまらないだろう。例えば、この低温殺菌法が、最高級のビールやワイン製造企業や、日用品であるミルクやチーズ等の乳製品製造所に対してライセンスアウトされたとしても、全く見当違いだからである。

2. *販売哲学*

あなたがライセンスしようとする特許が、市場を創り出すために、積極的な販売マーケティングを必要とするような新製品である場合、ライセンシーとしては、積極的で挑戦的な販売戦略を用い、新しい市場を創り出すためのチャンスを活用するような企業がふさわしい。市場創出とは裏腹に、ライセンスする特許が簡単な改良や、製品ラインの拡張に要するものであれば、防御的な販売戦略を持つライセンシーと組むほうが、うまくいくだろう。しかし、防御的な戦略を持つ企業というのは、既存の事業やマーケットシェアを守ることにその努力の大半を費やす傾向がある。また、新しいコンセプトや製品の拡張についても、マーケッターとして劣りがちである。そのような企業はこうした問題点を自覚し、積極的に販売力を鍛えようとしているだろうか。ライセンシーとしての販売能力は、ハングリー精神に長け、挑戦的かつ積極的に新しい市場を開拓する機会を模索しているか否かによって判断することができる。もし、防御的に既存のマーケットシェアを増やすことにしか関心がないような企業なら、このような心構えはありそうもない。たいていは、黒白はっきりつけることができる。何らかの新製品の上市や、製品ラインの拡張における販売哲学とは、成功に向けた積極的で、熱心かつ熱狂的なものでなければならない。

3. *隙間産業か、それとも大量販売業者か*

この要素は、販売哲学と一致する。ライセンシー候補者は、ニッチ市場

を切り拓き、維持する経験に富んでいるか。そのニッチ市場は、あなたの会社のマーケティング勢力圏外であるか。ニッチ市場における有力かつ進歩的な業界リーダーであるか。それとも、ニッチ市場を支配してはいるが、現在マーケットシェアを失いつつあり、あなたの発明によって市場を取り戻そうとしているのか。この場合、その企業はたいてい良いライセンシー候補者ではない。

4. *過去の業績*

　新製品の売出しや製品ラインの拡張における、ライセンシーのここ最近の成功実績について評価してみよう。過去5年から10年、もしくはそれ以上の間、全く成功実績がない企業は、ライセンシーとして疑問視すべきである。ここ最近の新製品の開拓分野における成功実績が全くないという事実からは、たいてい、そうした企業が現状に満足しているということが読み取れる。最近の成功実績というのは、その企業が再び成功するチャンスも高いことを示しているのである。

5. *販売促進能力*

　販売哲学における適正能力は、販売促進能力にかかっている。販売促進能力として、マーケティング時のサポートとなるパンフレットや見返り証券の準備や、広告費用、見本市への参加が挙げられる。もし、ライセンシーが、現役の社員によっては、こうした販売促進における努力を引き受けることができないなら、実行力のあるプロジェクトリーダーを雇ってみるのも一案である。

6. *時間と人材力*

　そのライセンシーは目下、他にもいくつか進行中の新規プロジェクトを担っているだろうか。そのライセンシーには、それらのプロジェクトを調整し、動かしていける人材資源が組織内にあるだろうか。彼らは、あなたのプロジェクトを直ちに引き受けることができるだろうか。

7. *良い連携*

　もしライセンシーが、あなたの発明によって新しい市場を創り出そうとすると仮定して、そのライセンシー候補者の販売チームは、潜在的顧客に

関するトップレベルマネジメントの点において、上手く連携しているだろうか。変更をなすための決定というものは、バイヤーの役目ではなく、トップがなすものである。また、あなたのライセンシーは、実際にその技術の使用を完成するために必要とされる価値あるフィードバックを得るために行うテストマーケットにおいて進んでエンドユーザーとの仕事を計画してくれるだろうか。

8. *財政*

そのライセンシーには、新製品の売出しや製品ラインの拡張に伴って新製品を追加するのに必要な資力があるだろうか。特に製品開発の早い段階においては、十分な金銭的資源が、求められるのである。

9. *全力投球*

あなたのライセンスする新発明が製品特許なら、ライセンシーの尽力こそが新製品の売出しや製品ライン拡張の際に求められる重要な無形資産となる。ライセンシーは、製品の売出しのためにあらゆる手を尽くすよう、全力投球しなければならない。これは、相当の努力なくしてなせる技ではない。

もし、あなたのライセンスする新発明が新たな方法やシステム、あるいはビジネス方法論であるのならば、その導入に対するライセンシーの尽力があればほかには何も要らず、あなたはただそれらが正確に実行されるのを確かめるだけでよい。もしそうでない場合には、ライセンシーが後であなたのライセンス発明を放棄してしまう可能性が高い。

侵害と法的解決

ライセンスインとライセンスアウトは、ときにさまざまな法的問題、場合によっては訴訟を引き起こすことがある。このような事態は、できればあらかじめ回避するのが望ましい。

願わくは友好的なやり方で他者へライセンスするのが望ましいのだが、特許侵害に関する訴訟沙汰は、一般化してきている。企業に侵害されているある技術をライセンスアウトする意図があった場合、通知書や最終的には訴訟

が、ライセンシングを成し遂げる手段としてしばしば用いられている。

　侵害が発生した場合、最善のライセンス戦略は、次の点を考察することにより決せられる。

● *自らの技術が戦略を展開する*

　　自らの技術の開発、製造、マーケティングについて計画を立てているだろうか。あるいは、ライセンスアウトは自らの意志によるものだろうか。

● *侵害企業の規模と総数*

　　侵害企業が1、2社の大企業である場合と、2、3社の中小企業である場合とでは、対応する戦略も異なる。

　　侵害訴訟を遂行する際には、財政を考慮しなければならない。ときとして、あなたの技術を侵害している中小企業と決着するほうが、巨額の資金を有する大企業との高額訴訟に巻き込まれるよりも、はるかにコスト的に効率の良い戦略となることもある。

● *あなたの特許の範囲と完全性*

　　侵害されているクレームは強靭なクレームであるのか。その侵害はクレームの文言どおりの内容にかかるものであるのか、それとも均等論の部類に入るものであるのか。均等論が述べるところの侵害要件では、「実質的に同じ手段を用いた、実質的に同じ方法により、実質的に同じ結果を生じる場合、侵害となる」のである。審査手続きを通じて特許審査官の綿密な精査によって裏付けされる文言上の侵害こそ、もつべき最善の立場である。

● *侵害に伴う費用*

　　その侵害は、あまり重要ではないのか、それとも非常に重要なものなのか。その侵害にかかる年間売上額は、2万ドルなのか、または2,000万ドルなのか。これは、潜在的訴訟を検討する際に、その訴訟に売上げの損失を含むかどうかを見分けるために重要な点である。

　　また、法令によると、出訴期限は6年とされている。数年後、侵害された売上高が相当な額となれば、侵害訴訟を起こすことはさらに価値のあることとなるだろう。また同様に、侵害企業が現在既に、市場における満足

な地位を築いているのであれば、即座に決着したほうがその企業にとっても、より価値があるだろう。

最後に、侵害当事者が、数年前から特許侵害の警告通知を受けていた場合、通常の三倍の賠償は免れないだろう。そして、これは会社役員や株主にとって、非常に深刻な事態となるに違いない。

● 侵害者の財務状態

侵害企業は、自らを防御できるか。彼らは高額訴訟を避けるため、速やかな解決を望むだろうか。特許を無効にするためのコストは、通常約120万ドル以上となることを覚えておくとよい。

● あなたの財務状態

あなたの企業には、特許侵害訴訟を起こすための余力はあるだろうか。もしそんな余力がなくとも、弁護士は快く成功報酬制で、訴訟を代理してくれるだろうか。あなたの特許の範囲やその完全性が十分であり、かつ侵害されている被害総額が相当の額になるなら、完全報酬制の弁護士を工面することも、難しくはないはずである。実質金額の返済の可能性があり、特許権者にとって有利に制定されている侵害特許裁定額がより高率であれば、大方の弁護士の実体として、勝算が期待できる訴訟については快く引き受けるだろう。

特許侵害が必ずしも悪いニュースではないことを、心に留めておいて欲しい。特許侵害は非常にプラスの成果となることが多く、前述のごとく、ライセンス収入のための宝庫になることさえあるのだから。

ライセンスのパッケージ化

製品開発者が新製品を設計する際、彼らは心の中に顧客を思い浮かべている。製品の特徴や利点はすべて、それら製品が供給される市場の需要や要求に合うように設計されたものなのである。

ライセンスアウトするための技術を用意する際にも、これに劣らぬ注意が必要となる。この数年間にわたって、特許権者がライセンス用技術をリストアップする手助けを業とする会社の急激な台頭を目の当たりにしてきたが、

特許の真髄

　その成果は惨憺たるものであった。取引の流れや売上げを生み出すべき技術移転市場における失敗の理由とは、それらの技術がすべて、信じ難いほど検索能力に劣るデータベースに詰め込まれていることである。組織化されていないデータ構造の中から、ライセンス可能な技術を見つけ出そうとする行為は、まるで、塗料、家庭用品、文房具、ソーダ、道具、靴、子供服がすべて同じ棚に詰め込まれているウォルマートで、電球を見つけようとするのに似ている。
　ライセンス用技術のパッケージングの際には、以下の職務にも注意を払うことが求められる。

- ライセンシーがライセンスを検索したり、検討したりする際に使うと予想される用語を用いて、そのライセンス技術を説明すること。
- 技術価値の明確化に役立つキーポイントを取り入れること。これらキーとなるポイントとしては、当該特許が侵害申立を克服したという事実や、いくつかの派生特許（一部継続特許、分割特許等）があるという事実が挙げられるだろう。
- 特別な技術に対するマーケットや製品の適用性を説明すること。実際の適用性の記載なしに、ただ技術それ自体だけをリスト化することは、その技術が製品開発や販売努力にとってどれだけの利益があるかをライセンシーが理解するためには、ほとんど役に立たない。
- 24時間営業代理店として活躍する、正確かつ簡単に操作できるウェブサイトを作ること。そのようなウェブサイトの有名な例として、ゼネラル・エレクトリック社の技術移転に関するサイトGE Services Network（www.GEPatents.com.）がある。
- ブランド化された技術取引をライセンスインすること。2XFR™（www.2XFR.com/branded.asp）のような特許取引ウェブサイトは、最良の技術交換ツールと、論理的で検索可能なデータ構造を企業のウェブサイトの中に組み込み、オンライン技術取引の開発と維持にかかるコストの一端を見て取ることができる。

第 2 章　特許ライセンシング

クロスライセンス
　アメリカ式競争ビジネス社会において、協力的ビジネスが徐々に勢力を増してきている。協力的なビジネス開発は国際的にはありふれたものだが、アメリカ的なビジネス方法においては、幾分異質なものである。クロスライセンスは、協力的な努力によって完成される。率直に言うと、それはまた、競合的な観点から見ても、意味のあることが多い。第一、与えられた分野において、一企業や一団体が、あらゆる最高技術や最良製品を発明しようとするなど現実的にあり得ないことであり、競合他者は、優れた価値も持つ他のコンセプトを開発するようになるに違いない。発明のさまざまな面をカバーする特許化された技術により、あなたは、両者にとって有利なクロスライセンス関係を築くことができる。

第3章

特許戦略

~本章を読んでわかること~

- 特許の開発・保護・活用を含む特許戦略開発の重要性
- 企業特許戦略のゴールと目標の設定
- 仮特許出願（PPA）のしくみ
- 共同開発契約（JDA）のしくみ
- 特許調査の手順

　企業の特許戦略は全体を総括的に見ることから始まる。基本的に、特許権者がどのように特許を開発・保護・活用するかは、その特許戦略にかかっている。さらに具体的には、特許戦略としては、次のようなものを挙げることができる。
- 現在の製品ラインの保護
- マーケットシェアの保守
- 製品ラインの拡張
- 新製品の販売チャンス
- ライセンスの供与
- ポートフォリオの拡大
- 株主価値の構築

特許戦略ほどに、直接投資、資産分配、将来への期待、組織内の方針の開

特許の真髄

発にこれほど役立つしくみはほかにはない。戦略は、特許価値の最大化を目的とした戦術を決める手助けにもなる。

特許戦略を持つことの重要性

　特許戦略を策定しようとするとき、PQMチームは多くの問題に取り組むことになる。特許戦略は、もはやエンジニアと弁理士だけが関わるものではない。明確な特許戦略を立案するためには、企業におけるマーケティング、IT、販売、エンジニアリング、人事、製造、そして法律といったあらゆる部署が、各々の観点から考え、参画することが重要である。ビジネス、法律、金融の立場から、企業ポジション争い、特許ライセンス戦略、外国特許出願の指針となる戦略、長期的財源の対象などの論点が挙げられ、そこから、特許出願の決定時期、出願すべき特許の数、財務的な目的と予算の制約、特許計画などさらに多くの戦略が策定される。

　特許のマネジメントには、非常に多くのさまざまな戦略が関連している。特許の開発とマネジメントはゲームではないが、それは国家間の戦争ゲームにも匹敵するほど取り組み甲斐がある。

　一般的にいって、今日使用されている企業戦略には次の4つがある。

　(1)城と堀の論理、(2)大樹である特許を育み、森を切る、(3)ショットガンアプローチ、(4)随時出願。

　一度、企業が一つの戦略テーマに集中してしまえば、細々としたさらに複雑な方法へと発展させていくことができる。

城と堀の論理

　これは、企業が技術という城を建て、それを特許という堀によって保護するという戦略である。この理論は、資金のある新興企業、あるいは既存の事業形態の中での新製品開発に最適な戦略で、新しいチャンスについてあらゆる角度から特許化することを目的としている。典型的なものとして、製品、製品の種々の各種特性、製品の種々の使用方法、製品を製造する工程と機械、ときには組成がその対象になる。ソフトウェアやインターネットアプリケー

ションの場合には、ソフトウェア関連特許だけでなく、著作権、商標もその戦略の対象となるかもしれない。城と堀の戦略を採用している企業の例として、Gemstar-TV Guide International Inc.（ジェムスターティービー・ガイド・インターナショナル社）（ナスダック：GMST）がある。この企業は、将来、対話型テレビ、インターネット、コンピュータを一体化するための将来のコア技術と位置づけた技術について、200の特許を持っている。競合会社のiSurfTV（アイサーフティービー社）は80の係属中の特許出願を持っていて、自社技術の城を築くために、ベンチャーファンドによって得た1億ドル以上を費やした。

　ある特許の一つのクレームについては、設計によって抵触を回避できるかもしれないが、多様な特許の多数のクレームについては、このような回避は非常に難しくなる。このアプローチは、箱の中のコブラといわれることがある。かまれずに内側に到達できても、遅かれ早かれ、一匹あるいはさらに多くの蛇に攻撃されるのである！

大樹である特許を育み、森を切る
　企業の特許予算は、あらゆる国であらゆる発明を特許化できるほど無制限なものではない。このような場合、企業は何を特許にするかよりも、何を特許にしないかを決めることに多くの時間を費やすことになる。
　もしコア技術を特許にしなければ、競合会社が将来その技術を発見して特許にするかもしれないし、本来の発明者がその発明を実践できなくなる恐れがある。つまり、もし自分自身が、自分の発明を特許にしなければ、他の誰かが特許にしてしまうかもしれないのである。
　IBM社が10年以上にわたって採用し、成功してきた方法で、たとえ自社では特許化しない技術であっても、他の企業がそれを特許化するのを防ぐことができる一つの方法がある。それは、森の中で最も大きく、最も強い木（自分のコア発明）を選び、次に、森の他のすべての木を切り取るのである。そうすれば自分の一番強い木、その一本だけが残る。言い換えれば、その他の概念、派生技術、代替物、技術論文などあらゆるものを、防御のために公開

特 許 の 真 髄

すれば、どの企業も自分のコア技術に近い技術を特許にすることができなくなる。言い換えると、確かに自分はそれを特許にすることができないが、また他の誰も、それを特許にはできないのである。他のあり得る方法や技術すべてが一度公開されれば、それらは先行技術となり、他の発明者や発明の特許化を阻むことになるのである。

　IBM社、ヒューレット・パッカード社、そしてゼロックス社は、自社オンラインの技術文献書庫を自社で構築している数少ない企業の例である。自社出版物には、法的に適切な技術様式と開示条件を満たすことができるものもあるが、この利用しやすい戦略を求めているほとんどの企業が、膨大な技術公開データベースの構築に必要な資金を持っていない。

　独自の情報開示プログラムを構築しようとする代わりに、www.IP.comや、1書類当たり約100ドルで自分の技術公報を発行してくれる比較的新しい企業の活用を考えることである。平均1万ドルかかる特許費用と比べれば、これは費用対効果の良い戦略である。

ショットガンアプローチ

　開発費に恵まれた大きなR&D部門には、このアプローチも好適である。このような部門では、多くの特許のうちたった一つでも大当たりすれば、戦略的に成功だと考える。概して、この考えは正しい。1970年代と1980年代に、Mobil Chemical（モービル・ケミカル社）のエチレンパッケージング部門では、この戦略哲学を採用していた。食品用プラスチック袋とその製造システムに関する数多くの特許を出願した。それらの特許の大部分は取るに足らないもので、容易に設計回避できたり、商業的価値の小さいものであった。しかしながら、食品用プラスチック袋に使用された「応力緩和V字型の切り込み」を対象とした特許のうちの一つが、工業全体で使用される標準的な製造特性となった。応力緩和V字型の切り込みは、薄いプラスチック袋には重要な特徴であり、この切り込みがなければ、（使用時に）持ち手の付け根で破れてしまっていた。モービル社のライセンスと特許侵害訴訟には長い時間が費やされたが、何億ドルもの収益を得ることができたのである。

ショットガンアプローチの抱える問題点は明らかである。それは、このアプローチには、非常に多くの財源と、優秀な創造性に富んだ人材、そして運を必要とすることである。そのため、企業が、投資と活動に対して、より特定のターゲットと、より決定的な成果に集中し始めるにつれ、このアプローチ方法は主流ではなくなりつつある。

随時出願

　これはおそらく、中小企業で最も一般的なアプローチ方法である。たいていは、製品群を新開発したり改良したときに、それらをさまざまな角度から保護するために用いられる。このアプローチ方法では、比較的費用を抑えやすく、もし企業の市場が合衆国あるいは北アメリカだけなら、実行性のある

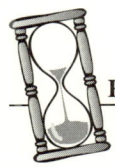

PROPOSED 2003 PATENT OFFICE RULES

特許予算への多大なる影響

　この本を書いている現在において（原著発行2003年）、21世紀戦略計画の下での特許関係手数料および法案は、まだ決定されていない。しかしながら、新しい規定と料金（2002年10月施行）によって、特許戦略が大きく影響を受けることは確実である。

　新規定の下においては、一つの出願に必要な印紙代は、弁理士費用を除いても１万ドルに達する場合もあり、予算はこれまでにない打撃を受けることとなる。

　この料金の急激な値上げによって、特許ライセンスが戦略リストの上位に上がってくるかもしれない。発行された特許が発明者から前金で低額あるいは無償でライセンスインされるのであれば、企業にとっても特許獲得費用は急落し、新しい料金構造が実施される前より低くさえなるのである。

　特許弁護士は21世紀戦略計画法の最終案を手に入れ、自分の企業の特許戦略に必要な変革を推進すべきである。

特許の真髄

戦略と戦術がいくつかある。

ゴールと目的の設定

チームでの取り組み

　特許戦略によって、PQMシステムが企業内部全体に浸透する。それによって部門間のチームでの取り組みの原則が築かれ、質の高い特許を生み出すことになる。そのため、PQMシステムは、企業の特許に関する目標を実現するための手段となる。

　新たなチャンスを創出し、発明し、そして権利化するには、何よりもチームとしての取り組みが重要である。チームでの取り組みは、新製品の上市、既存製品の改良、新しい製造方法と工程、ライセンスの授受に及ぶ。部門間で迅速にコミュニケーションができれば、変更や、改良、そして新しい工程によって望んだ結果を得られるか否かを直ちに判断することができ、問題解決の最良のアプローチを取捨選択し、決定する手助けとなる。

　チームでの取り組みにより、膨大な時間と金銭を節約できる。今日のビジネスの風潮において成功するために大切なのは、迅速であること、フレキシブルであること、そして集中である。チームでの取り組みが、発明を推進させるための最良の方法である。

　確かに、新しいコンセプトのほとんどは、単なる個々のひらめきや、たった一人の創作から始まるが、最初のひらめきを特許となり得るコンセプトへ変えるには、チームでの取り組みが必要である。企業のあらゆる部門におけるすべての個々の社員全員が、新しい発明のコンセプトを思いつき、提案する能力を有している。新しい製品の開発は、もはや製品開発部門だけの責務ではない。製造における改善は、もはや技術部門に限定されるものではない。結局のところ、製品開発者はマーケッターではなく、技術者はマシンオペレーターではなく、それぞれのスキルと専門知識の分野特有の技術について、貴重な改善に貢献することができる。改善に貢献するこれらの人材すべてが、PQMを作り上げるのである。

　コンセプトは、部門レベルで、個々の社員によって発表されると、すぐに

他の部門からもクロス評価され、最良のコンセプトが見極められ、実行されることとなる。すなわちPQMシステムによって、部門別チームとクロス評価方法を確立することができるのである。幸いにも、新しいPQMシステムは、既存のTQMに上乗せすることができる。それ故、比較的短い期間で効果を発揮し、速やかに結果を出し始めることができる。

特許は競争力を与える

　新しい技術や製品を立ち上げているか、既存製品群の保護や展開を行っているか、または次世代を創造することによって未来に向かっているかにかかわらず、特許は、会社に競争力を与えることができる。ライバルを、粗悪品しか作れなくしたり、代替技術しか使えないという不利な状況に追い込むことは、企業の賢明な特許戦略の一つである。このアプローチは、アメリカにおける競争ビジネス環境のまさに中核をなすものである。

株主財産の増加

　株主の財産を増やす義務も、企業の責務である。特許は、次の3つの方法でこれを果たすことができる。(1)製品の販売によって、企業にさらに利益を与えることができる。(2)ライセンスアウトし、さらに企業収入を生み出すことができる。ライセンス収入で毎年17億ドル以上の利益を得ているIBM社が、そのモデルである。(3)2002年の新財務会計基準審議会（FASB）規定142条により、企業の無形資産の計上方法が変更された。無形資産は、CFOに特許ポートフォリオを分類して報告するための機会を与え、株主価値にかなり直接的なインパクトを与える。

製品ライフサイクルの延長

　特許によって製品のライフサイクルは延びるが、それには主に次の2つの方法がある。(1)製品のライフサイクルの潜在的な寿命をかなりコントロールすることになる、基本製品における特許による保護を持つこと、および(2)特許化可能な新しい改良を生み出すことになる、製品のこれからの数多くの

特許の真髄

チャンスをコントロールすることによって、さらに製品寿命を延ばすこと、である。

　最も大きな成功例は、ジップロック袋である。ジップロック袋のオリジナルコンセプトが発明され、特許化されたのは、1960年代の中頃であった。それは、対になった雌雄のレール状の開閉部を合体させることにより、袋を閉じるというものであった。この企業は、その後12年から15年にわたり、その市場を発展させた。模倣品の合衆国への輸入を差し止め、市場においての独自の方法を築いたのである。1970年代の終わり、輸入業者は、安いジップロックスタイルの模倣品によって、米国市場を狙おうとしていた。しかしながら、ちょうどこの時期ジップロックは、オリジナルのシングルレールバージョンよりずっと簡単に閉められるダブルレールバージョンを導入した。その結果、簡単に閉められるダブルレールバージョンがほぼ同じ価格だったため、誰もシングルレールバージョンを買わなくなってしまったのである。その結果、ジップロックはさらに17年間（1970年代の終わりの特許存続期間まで）製品寿命を延ばすこととなったのである。ジップロックは、1992年までダブルレール特許は譲渡せず、期限の満了まで3年を残して、ジップロック商標も合わせて5,400万ドルでDow（ダウ社）に売却したのである。特許によって、製品ライフサイクルに劇的な影響が与えられ、かつ特許という保護によって、ジップロックという商標がトップブランドとして確立されたことは容易に理解できる。ダウ社への特許の売却は、今日ではバーゲン価格ともいうべき格安でなされたが、当時にしてみれば、双方にとってよい取引だったのである。

国内保護と国際保護

　戦略上の検討事項の一つに、国際特許出願をするか否かという問題がある。その際に、企業が検討すべき重要な事項が二つある。海外市場への進出と特許製品の売上げ予測である。いうまでもなく、強力な国際販売拠点と、国際的にも十分売れる可能性のある製品が企業にあれば、出願する価値がある。ただ、国際的な出願手続きには費用がかかるので、十分な財源が必要である。

　多くの新しい発明は、海外では高い売上げが見込めないかもしれない。こ

のような場合には、海外における高い特許費用と販売の可能性を、秤にかけなければならない。また米国が、世界経済のおよそ30％を占め、特許保護を最も重要とする国であることも忘れてはならない。

　海外市場における販売力が十分でない場合、企業は海外では特許化しないことにするかもしれない。別の選択として、その市場の開発に関心のありそうな海外パートナーを探すという手もある。これらのパートナーが、それぞれの国で特許化にかかる費用を払うこともある。この投資と引き換えに、特許化された技術を、その海外市場に限り、ライセンスする相手を完全に限定するかまたは部分的に限定するというやり方で、海外パートナーへライセンスするということもあり得るのである。

防衛特許
　ある企業の既存製品ラインや技術開発に競合する代替技術の特許化が、その企業にとって価値のある場合がある。この技術には、既存技術の改良または少し劣ったような技術もあれば、企業がこれまで多額の投資を行った既存の技術を脅かすような優れた技術でもあり得る。

委員会によって決定されるポリシー
　戦略は、一人の個人によって決定されるのではなく、すべての部門が注意深く検討した上で、PQMチームによって決定されなければならない。遂行される戦略は、財源、現在と将来の販売上のポジションと機会、改良品や新製品を新たに開発するエンジニアリング力、そしてもちろん、計画された戦略を実行するための人財を考慮したものでなければならない。委員会による、マネジメントに対する中途半端な取り組みとは異なり、PQMは、技術、金融、市場、法的な専門性を要求される。

先発明主義の利用
　注記：原著発行時においては、米国特許制度を先発明主義から先願主義へ変更するという立法府の噂やそのための現実的な動きがあった。法律の変更

61

特許の真髄

は、特許戦略に重大なインパクトを与えるため、*最高法務責任者（chief legal officer）や特許弁護士は、PQMチームに先発明主義に関する最新情報を常に知らせることが重要である。*

　新しいコンセプトを開発するとき、米国における何人も、自らに有利になるよう、先発明主義を利用することができる。企業の多くの発明者、製品開発者そしてエンジニアは、常にこの重要な原則を念頭に置いてきた。

　先願主義によって、特許出願の権利を失うことなく、秘密裏に技術を開発することができる。発明が、仮出願あるいは非仮特許出願前に秘密にされている限り、世界中に出願する権利も維持される。

　新しい技術が開発され、完成するまでには、数ヶ月あるいは数年かかるかもしれない。この間に、さまざまな方法が試されたり断念され、その中でより有効なものが遂行されることになる。先発明主義によるメリットは、主に時間とお金を節約できることにある。試行したり、結局後で断念した方法すべてについて出願したとすると、時間と金銭を浪費することになる。断念した技術について出願したとしても、その特許は価値のないものになるか、あるいは放棄することになる。先発明主義を利用することによって、あまり有効でない技術については出願せず、有効な技術についてのみ特許出願するということができる。

記録保存

　先発明主義を有効に活用するためには、記録の証明と補助的な紙ベースでの経過記録を含む、優れた記録保存が要求される。記録保存として最もよいのは、科学日誌とも呼ばれる発明者の日誌のような日々の経過記録である。この日誌が技術屋っぽい名称だからといって、エンジニアだけに使用される日誌であると考えるべきではない。実際、マーケティング、財務、情報技術、人事そして製造部門のマネージャーにも日誌をつけることが要求されるべきである。

　典型的に、日々の活動の記録保存は、最初の着想の日付と発明がどのように具体的に実施されるかを示した文書が記された最初の発明の開示から始ま

る。企業のPQMポリシーによれば、これらの記録は、通常スケジュールの内容を証明する署名が必要となる。このスケジュールは、毎日あるいは、毎週、必要に応じてなされたものでよい。

　日々の経過記録と記録の維持に加え、すべての図、試作品、原料リスト、製品テスト結果、調査結果は、継続的に紙面として残し続けるべきである。企業の戦略にかかわらず、後になって請求された場合のために、これらの記録を安全な場所に保管しておくのが賢明である。安全な保管場所としては、万が一に備え、耐火金庫でもよいし、適切に保管されていれば、最低限、ダンボールでもよい。後日必要となるかもしれない書類を作成しておくことによって、費用がかかる訴訟やインターフェアランスの手続きを避けることができる。

ワン・イヤー・オン・セール規則の有利な利用

　開発した技術を、世界中において用いる予定がないのであれば、より一般的にはワン・イヤー・ルールと呼ばれている一年販売猶予法を利用して、特許出願に関連した費用を先送りにすることができる。この戦略によって、一年を限度として、テスト販売によって発明物を試すことができる。いったん、製品あるいは発明の対象が公に発表あるいは販売されてしまうと、国際出願の権利はなくなるが、最初の公衆への開示後1年以前に出願されれば、北アメリカでの出願、すなわち合衆国、カナダ、メキシコへの特許出願は保護される。

　さらに、あまり重要ではないと思われた既存製品の改良が、改良製品の発売数ヶ月後になって重要になることがある。このような時に、ワン・イヤー・ルールを適用することができ、公衆への開示から1年以内に1つ以上の特許出願をすれば、その改良発明を保護することができるのである。ワン・イヤー・ルールは、特許戦略の重要な役割を果たすことができる。

仮出願の利用

　非常に簡略化され、より速く、簡単に記載することができる仮特許出願

特許の真髄

（PPA）は、極めて便利なツールになりつつある。PPAは、外部に特許出願中ということをアピールするためや、国際出願の権利を保護するための、中間ステップとして用いてもよい。この出願の主な利点は、スピーディに出願できる点にある。非仮出願において最も時間がかかるのは、たいてい、法上要求される事項の記載である。当該事項を記載するのは、ほとんどの場合、企業の顧問弁護士である。PPAの出願によって、数週間または数ヶ月の時間を節約することができる。PPAによって、優先日が定まり、すべての特許の権利が保護され、弁理士はその後でクレームを書くことができるのである。

　正式な非仮出願は、仮出願から一年以内に出願する。待つことにはいくつか利点がある。すなわち仮出願は、

(1)　法的に公開の対象ではないので、発明事項は秘密のままである。
(2)　1年以内に非仮出願による多額の支出を遅らせることによって、費用の分散に役立つ。
(3)　開発者に、販売エリアを完全にテストさせることができる。
(4)　場合によっては、市場の反応を踏まえた代替技術開発を続けることができる。

単に特許出願中のメッセージを載せるためだけで、出願後放棄するつもりで出願したものや、発明事項が比較的狭い範囲のものであれば、PPA出願後に追って非仮出願を行えば、特許出願中の期間を延長することができる。このような戦略は、とりわけ有効なものとはいい難いが、稀に用いられることがある。もし、米国における今の先発明主義が先願主義に変更されれば、PPAは、早く先出願するための最も利用しやすい方法となり得る。

　これとは別に、仮出願は費用が安いので、大企業には、全技術開発においてPPA出願をすることが、一般的になってきているところもある。それは、PPAを出願している12ヶ月間に、企業は、どの出願について、通常の特許出願をするか、どのPPAについて公に公開された先行技術として放棄するかを選択することができるからである。これは、公に技術公開することの代替的な手段でもある。なぜなら、公開後には元に戻すことはできない防衛的

な公への情報開示とは異なり、PPAによって、PQMチームは最大一年という時間を手に入れて、それぞれの特許出願についてのベストアプローチを決定することができるからである。

PPAと製品開発戦略

　新製品の開発と同時進行するための特許戦略の一つは、新しい発見がなされる度に、PPAを出願することである。この方策が格段に費用対効果に優れたアプローチになり得るのは、発見が種々なされ、それらの発見が、最終的にどのような結果をもたらすかが明らかでない場合である。これは、単一製品の改良発明の場合にも、効果的な戦略になり得る。

　よく知られているとおり、新製品開発は、開発とそれに伴う試験の度に、変更されていく性質のものである。たいていの変更には、いくつかの特徴、要素や工程があり、その結果、数多くの発見が生まれ、その発見の有効性を確認することになる。このプロセスを達成する典型的な方法は、各部署間の再評価、あるいは製品テストである。試作品を作り、それをまずは組織内、そして公平な集団でテストしなければならないため、発明評価には時間がかかる。大方の試験の間には、新製品の機能的な問題を発見することとなる。その結果、さらに改良・修正を行ったり、ときには完全に放棄してしまうこともある。

　PPAは正式な出願の簡略形態であるため、より速く、より安く出願準備ができる。出願料は200ドル未満で、そしてクレームが要らないので、願書作成のための弁護士費用も非仮特許出願より遙かに少なくてすむ。有効性確認試験中またはその前に、新しい発見についてのPPAを出願したとしても、優先日は、速やかに確保される。もし、有効性確認試験中に関連する特徴や要素が、予想されたように機能しなかったり、デザイン変更が必要になった場合には、PPAを放棄しなければならなくなっても、そのことによる損失はそれほど大きくない。また同じように、新しい発明事項、あるいは新しい改良についてのPPAを新たに出願することが簡単になる。

　戦略としては、いくつかのPPAを一つもしくはいくつかの非仮出願にま

とめてもいいし、分けたまま個別に出願することもできる。米国では、特許審査官によって分割される多様な発明事項を含んだ出願がしやすくなっている。しかしながら国際的には、特許出願は、より統合されたものになる傾向にあるから、出願が分割されることはない。したがって、個々のPPAについてまとめて非仮出願とするのは、最もよいやり方といえる。

発明の機会は、多くの場合、既存の製品あるいは工程の改良から生じる。典型的には、これは、問題の存在を確認し、いくつかの解決方法を開発することから始まる。通常、問題を解決する最もよい方法は、実際に試すことである。PPAを早くに出願することによって優先出願日が確保でき、製品テストをスピードアップさせることもできる。また、国際出願の権利を消失することなく、改良を公に開示して試験することによって、機能や、消費者の反応を確認することができる。

試験の間に、その解決策が期待したようにならなかったり、非常にコストがかかることが明らかになったりすることも多い。このような役に立たないPPAを放棄することは、取るに足らないことである。新たにPPAを出願して、次の解決策の保護を図り、その解決策を迅速に展開すればよい。

TIPS & TECHNIQUES

特許出願中は警告

多くのPPA出願による有益な抑止力は、新製品への「特許出願中」という告知によって発揮される。例えば、自分が7つのPPAを出願したとすると、製品に「7つの米国特許出願中」と製品に記載することができるのである。この記載はその企業の真剣さを表すとともに、いくつかの特許の発行を期待していることを、産業界に対して効果的に警告することになる。

第3章　特許戦略

共同開発契約

　新製品開発やチャンスを活かす手段として一般的になっているのが、共同開発契約（JDA）による提携である。共同開発先に興味を持たせるためには、保護対象となるものを持つべきである。

　共同開発先は、紙製品からの切り替えを狙う大きなプラスチック樹脂企業のような、市場拡大に頼る原料供給先のこともある。また、自分の商品の製造元であったり、自国内から海外への販売拡大を願う、拡大志向の下請け業者のこともある。

　新しい技術革新の開発時に共同開発することには、とても大きな利益がある。主な役割は、キャッシュフローを維持できるようになることである。また、原料仕様書、費用対効果の高い製造工程、市場データ、ニュースリリース、あるいは販売交渉まで、あらゆることが、R&D活動の向上に寄与するかもしれない。共同開発先が適切であれば、新しい技術革新が、直ちに目に見えてくることもある一方で、四苦八苦しながら、数年にわたり徐々に進展する場合もある。

　特許による保護は、共同開発契約を考えるときのポイントである。特許保護の範囲によって、提携できるか否かが決まる。何よりもまず重要となるのは特許による保護である。何らかの保護を持たずに組むことは、あり得ることではあるが、稀なことである。共同開発先は、たいてい、国内あるいは世

IN THE REAL WORLD

たゆまぬ改良特許

　最初の特許が企業に多くの収益をもたらすことは稀である。しかし代わりに、後の改良がブレイクスルーチャンスになることがある。このようなシンプルな改良を特許化しないのでは本末転倒である。

特　許　の　真　髄

界中にある彼らの市場範囲において、しっかりと特許によって保護されていることを望む。つまり、製品、使用方法もしくは製造工程にかかわらず、新しい技術革新を網羅している多数の発行あるいは出願中の特許が望まれる。

　必ずしも発行特許である必要はない。実際、経験を積んだ有能な調査担当やIT担当は、何が新しいかを見分け、特許が発行されているかいないかにかかわらず、発明事項の範囲を評価することができる。今、目の前にチャンスがあるのに、なぜ、特許発行を待つ必要があるのか？　それはナンセンスなことである。革新的な企業との開発協力を非常に望んでいる共同開発先は、革新的な企業が、馬券を買うのを待ちすぎて、みすみすそのレースを逃したりはしないことをわかっている。積極的な共同開発先であれば、新しいチャンスを探そうとし、瞬時に時間と財源を進んで投資するのである。

非仮出願の利用

　非仮出願は、先に対応する仮出願を出願しているか否かにかかわらず、出願することができる。ときには、最初から非仮出願をすることが有利な場合もある。

　開発している技術が、ソフトウェアのように寿命が短いと考えられる場合、最も早いタイミングで、永続的な非仮出願をすることが賢明である。非仮出願は、特許審査官によって審査され、早く発行され得る。上述の場合には、仮出願から始めるのは、得策ではない。仮出願は、米国特許商標庁によって審査されず、追って非仮出願を提出しなければならないし、それによって特許発行が遅れることになる。

　仮出願の有無にかかわらず、新製品あるいは新技術が上市され、競合他社が、特許の最終的なクレームに抵触する類似品を製造し始めた場合には、永続的な非仮出願を迅速に行うことが望ましい。

PCT出願の使用

　特許協力条約（PCT）は、世界の先進国のほとんどをカバーしている。PCT出願が、標準的な非仮出願に先行して出願されるタイミングは、主と

して2回ある。
1. 技術が、より直接的に海外市場に影響する場合、先にPCT出願をすることは意味がある。この方法においては、ほとんどの主要な国々、あるいは世界各国をも指定することができる。
2. 財務上の策略としては、PCTを、一種の金銭管理手段として出願することがある。PCT条約により、出願直後か、もしくは1年以内に、加盟国のいずれかの国に国際特許出願を行うことができるが、PCT手続きによって、海外におけるさらに高い出願料の支払い期限を、1年半遅らせることができる。

特許調査

特許調査は、適切に使えば、強力なビジネス開発手段やエンジニアリング開発手段になる。特許調査によって次のようなことを行い得る。
- 新たになされた発明が、新規であるか否か、そして開発へのさらなる投資を保証するか否かを決めること
- 競合他社が目指している技術開発の方向性を見極め、可能な場合には、R&D投資の相対的レベルを確認すること
- 特許侵害の可能性がある者を特定すること
- 自社特許のライセンス先候補を発掘すること

エンジニアリングにより大きな焦点をおくのであれば、特許調査を行い、技術者にとって関心のある特定の技術における特許公報を調べることによって、技術者や製品開発者は、過去に他の発明者が開発した（そして失敗した）技術へのさまざまなアプローチを速やかに得ることができる。法的な観点から見れば、特許調査は、新しい発明の初期調査とその特許性の評価において、重要な要素となる。

特許調査と新規性

発明の新規性は、米国特許として発行されるにあたっての、基本的な要件である。特許調査は、発明の新規性を証明してくれる一番の近道の一つであ

る。いずれの先行技術も発明の新規性を阻害しないまでも、何らか影響を及ぼすが、逆に関連した先行技術がないということは、新規性があることを確信させることになる。発明が最初に開示された後、しばらくの間の特許調査は、特許性の証明に向けられることとなる。最初の調査において、自己の現有する発明の特許性が、先行技術の存在によって否定された場合であっても、その調査によって啓発された発明者による現在の製品デザインに対する設計による抵触の回避、改良、その他の要因によって、最終的には特許につながることもある。

特許調査とクレーム

　発行された特許のクレームの範囲は、可能な限り広くし、技術範囲を最大限網羅するようにするべきである。しかしながらまた、広すぎず、狭すぎないクレームも重要である。特許調査は、クレーム範囲を定める助けとなる、関連技術あるいは先行技術が存在するか否かの決定に役立つ。

　その意思決定プロセスにおいては、特許弁護士が重要な役割を果たす。しかし、各グループの専門弁護士の役割も考慮すべきである。クレームにはその時々において利益がなければならない。すなわち、より優れた機能、改良工程、あるいはさらなる経費削減か否かなど、ある種の経済的利点に通常関係しているのである。そのため、自分のチームの専門家（例えばマーケティング、製造、エンジニアリング）は、進めるか否かの決定に有効な専門的見地を与えなければならない。

　より優れた特許調査員は、実際的な概念を表す言葉を駆使して、クレームに用いられている文言を直接調査することができる。企業の中には、特許戦略として、業界の調査員にすぐ見つかってしまう文言を意図的に使用しないというところもある。こうすることによって、気づかずに侵害した者に対して特許権を行使しない限りは、特許出願や発行された特許を隠すことができるのである。例えば、ケーブル用の電気プラグを製造している企業は、「成型された、多伝導性のブレードワイヤー転移装置」として発明を記載してもよいのである。あいまいな言葉遣いで発明を記載したクレームを精査するこ

第3章　特許戦略

とによって、侵害者を見つけたり、特許の機会を得ることができるのである。

特許調査とライセンシング

　特許ライセンスから収入を得ようとする企業は、ライセンシーを見つけなければならない。他の企業から唐突にライセンス契約を求められることを、ただ待ち望んでさえいればいいのであろうか？　これでは、とてもライセンシーの目途はつけられない。オンラインの特許調査ツールを使用している企業は、特定の技術においてとても活動的な企業を調べたり、特許侵害の可能性のある企業を確認することによって、ライセンシーとなる可能性がある企業を見つけることができる。特許権者にとって、侵害者は格好のライセンシーになるといってもよい。

特許調査、解析、そして動向

　最近販売され始めている全く新しい特許解析ツールは、調査だけでなく調査結果の解析が考慮されている。その結果、研究者は、競合会社の技術や特定分野の特許動向に関する、より多くの情報を発見でき、ほかにも時期、技術、競合、用語などの要因について、数の制限を受けることなく解析することができる。

　解析する特許データは、どのようにして見つけるのであろうか？　特許データベースの調査によって、通常膨大なデータが収集でき、それから、デスクトップコンピュータやインターネットを用いた分析工程に移る。調査できる特許データベースは、米国特許商標庁、ヨーロッパ特許庁などの、ほとんどの主要な特許庁から利用できるし、少数ながら商業的特許データプロバイダーからも利用できる。

　今まで、1回の検索でグローバルな特許調査をすることは不可能であった。（各々のデータベースにそれぞれアクセスしなければならなかった）。しかし、www.IPSearchEngine.comによって、単一の検索データベース内に最大の特許データが収集され、特許データ調査の精度、妥当性、広範性の向上に役立っている。

特許の真髄

　特許解析ツールによって機能は異なるので、ツールの解析力が特許戦略に適用できるか否か、あるいはどのように適用できるか知るために、すべてのツールを精査することが重要である。

　企業が提供している特許解析ツールには、www.wisdomain.com、www.winslab.com、そして、パテントカフェ社によるhttp://ERP.patentcafe.comがある。IPサーチエンジンはウェブベースであり（コンピューターにソフトウェアをインストールするよりむしろ）、その利点は、解析のために特許をダウンロードする必要がなく、また、解析をリアルタイムで行うことができることである。

誰が調査を行うのか？

　特許調査はほとんど誰にでもできるが、ある程度の法的、技術的なスキルと経験が、特許調査のさまざまなレベルに応じて必要となる。例えば、特許性や侵害の調査は、プロフェッショナルな特許調査員、あるいは弁理士によっ

IN THE REAL WORLD

侵害調査

　徹底的な特許調査によって、新しい発見が既に特許となっているものに侵害しないか、あるいは既存の特許を侵害することにならないか否かを迅速に確認することができる。別の特許を侵害すること（侵害の誘導ともいわれる）は、単純な特許侵害と同様の法的な結末をもたらす。したがって、かかる調査は、自社にとって特に重要である。

　自社が一つあるいはそれ以上の特許を侵害することになる技術のために、時間と資金を使うことは悲惨なことである。訴訟の悪夢だけでなく、さらに重要なことに、自分の技術を全くライセンスアウトできなくなることにもなりかねないのである。

第3章　特許戦略

て行われるべきである。対照的に、技術者による予備的な特許調査は、彼ら自身によるある新しい発見が特許になるか否かを決めるには十分といってよい。

　技術や最新技術の調査は、企業の技術者、特許調査員、もしくは特許法のプロフェッショナルによって行われる。つまり調査の目的によって、調査すべき人が決まるのである。例えば、技術者が、最新技術、——すなわち競合企業が追求しているかもしれないコア技術——について知りたい場合には、特許弁護士が行うより多くの技術的な情報を特許調査から集めるであろう。侵害の可能性を示唆するようなクレーム用語を探す弁理士の場合は、間違いなく全く異なった目的を持っており、法的なクレーム用語を調査しているのである。

　PQMチームによって構築された特許戦略には、すべての部門にとっての明確な目的を含むこととなる。戦略は、いったん策定され、着手されたとしても、発明的な新しい発見、法改正や販売チャンスによって、多少の変更を受け得る。PQMチームは決定することができるが、別の重要な要素によって、戦略が影響を受けるかもしれない。それは、あたかも賢明な将軍が、戦時において戦略を立てるが如く、幾多の戦いを勝ち抜くためには、日々の戦術が非常に重要なのである。これらの将軍が用いる戦術と同様に、特許戦術は、戦略をさらに展開するために用いる備蓄兵器なのである。

第4章

特許戦術

~本章を読んでわかること~

- より効率的な特許活動を創造するための特許戦術
- 特許の発行を遅くするための特別な技術 ── なぜ、そしてどのようにそれを行うか
- 特許の発行を速くするための特別な技術 ── なぜ、そしてどのようにそれを行うか
- 特許出願費用を据え置くための方法
- 長い期間、発明の秘密を保つための方法
- あなたの競争相手の特許戦術を阻止するための方法
- 特許請求の範囲の戦術

　特許戦略を確立することは重要で、そのことは結果的に知的財産計画に関する意思決定を促す長期目標を設定することになる。では、今何をすべきであろうか？

　戦術の策定に尽きる。戦略を行動に移すことは同時に特許戦術が必要である。この章ではそれぞれのエンジニアや財務担当者を特許戦術者にするつもりはない。むしろ、特許戦術を味わう読者が、よりよい情報を得、より効率的で、より価値のあるPQMプレーヤーになることを意図する。可能な戦術を識別することであなたのチームのすべてのメンバーは、特許弁護士では決

して提案することができない戦術や、競争相手があなたの会社に使ってくるかもしれない初期の戦術を、机上に提案することができる。

　私たちはこれらの戦術を実行することを提案しているわけではない。戦術は、戦時においても同様であるが、常に望みどおりの結果を生み出すわけではない。戦術は各戦術の攻撃的な意味や否定的な意味を理解している年配のビジネススタッフ、法律スタッフによってのみ実行されるべきである。しかしながら実社会での特許戦略、競争的ポジショニングリスクの低減といった現実的な局面においては、さまざまな戦術を心に描き、どのようにして、また、なぜそれらを使うのか、あるいはそれらが使われるのかを理解しておくことが重要である。あなたの特許弁護士と一緒に、PQMチームは特許戦術のすべてまたはいくつかを会社の兵力として導くべきかどうかを決断するであろう。

　いくつかの戦術ではある特許をほかの特許よりも素早く発行せしめることが意図される。別の戦術では特許の発行を遅らせたり、隠したりすることが意図され、競争相手にその発見を困難にさせる。以下の戦術はすべてではないが、あなたが遭遇しそうなより実用的なものをカバーするものである。

- 特許の発行を遅らせる
- 特許の発行をスピードアップする
- 特許出願の費用を抑制する
- 発明をより長く秘密のままにしておく
- 競争相手の特許戦略を妨害する
- クレーム戦術を用いる

　米国出願および国際出願は絶えず変化しているので、これらの法律を特定のビジネスに有利に用いる方法も変わり続けるであろう。社内弁護士および特許弁護士は理想的にはこれらの変化についていくべきである。しかし法律の専門家たちは、しばしばビジネス戦術に関係する重要な法改正を見落とすことがある。PQMチームのすべてのメンバーは用心深く法律の改正、新しい特許戦術の可能性、そして新しい情報にチームの注意を向けさせなければならない。ここに特許戦術のなぜ、どのように、という本質的な全体像があ

る。

特許発行を遅らせる

　特許出願の手続き処理や発行（米国においては、特許が発行（issue）されて当該特許が有効となる。）を遅らせるのには多くの理由がある。すばやく特許の発行を行うのは必ずしも最高の戦術ではない。

　一度特許が発行されると、それは公開されて公共の文書になる（特許出願は既に発行されているかどうかにかかわらず出願後18ヶ月で公開される）。そのとき競争相手は、何が特許化されたかを知り、もし彼らができると信じたならば発明の周辺をデザインしようと試みる。特許の発行を遅らせることは、発明や発明事項の基礎を成すものを長い間秘密に保っておくのに役立つかもしれない。特許が公開されないままでいるのが長くなればなるほど、発行された時点で誰かがあなたの特許を侵害している見込みが高くなる。また侵害している会社は、侵害している製品へのその会社の投資が増えるにつれて、ライセンシーになることを余儀なくされる。

　もし、新しい製品が市場に売り出されていて、それに特許出願中と記されているならば、どんなものでも、それは特許される可能性がある物に対する侵害の、強力な抑止力になるかもしれない。侵害を冒すことは、当事者にとって極端にコストがかかる。なぜならいったん特許が発行されると、技術をライセンスするか、販売や製造の中止を余儀なくされるからである。そのようなケースは損害が多くなる上、株主の信頼を損なう。さらに悪いことに、発行された特許発明を知ることにより、侵害者が故意の侵害者として攻撃されやすくなり、三倍補償の責を負う。

　特許発行を遅らせることは、一つまたはそれ以上の一部継続（CIP）出願を提出して、手続き処理の時間を延ばし、特許請求の範囲を改善しようと試みたり、弁護士費用の支払いを先送りにすることによりキャッシュフローを維持したり、または出願の拒絶が明らかなときや、保護範囲の迂回が簡単なときに特許出願中の期間を延ばすような場合をも含むとしてよいであろう。

分割出願

よく使われる一つの戦術は複数の関連した発明事項を含んでいる一つの特許出願を出願することである。これを行うことの利点は以下のとおりである。

- 特許出願費用を先送りする
- 同じ優先日に多くの特許を徐々に出願する
- 特許性のある事項の発行を遅らせる

特許の出願は、そこにいくつの発明事項が含まれていようと、単一の特許出願費用を払えばよいことになっている。

審査官が出願の最初の審査をするとき、あなたは"二以上の発明"または"関連性のない発明事項"を含むということに基づく拒絶理由を受け取ることがある。審査官は複数の"発明事項"を引用し、そしてあなたはどの発明事項について審査してもらうかの決断をすることになる。

このことは出願の内容を二つ以上の特許出願に分ける分割出願に相当する行為である。あなたが複数の発明事項を含む出願を出願すると、発明事項はあなたが選んだ順番に、特許審査官によって審査されるので、出願の審査時間が延びることになる。もし三つまたは四つの異なった事項と考えられると、審査手続きが完了するまでに２、３年かかるかもしれない。ただ発行の時期

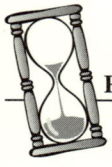

PROPOSED 2003 PATENT OFFICE RULES

資金に対する多大なる影響

21世紀の戦略計画においては、CIP出願または分割出願に対して、重いペナルティが課される。他の出願のクレームと区別できないクレームに関して出願を行った場合、先出願１件につき10,000ドルの課徴金が課されることとなるのである。したがって、はるかに高額な料金と特許保護期間の延長を目論むかまたは特許の発行を遅らせる複数の特許の損益について、特許弁護士、CFOおよびPQMチームとともに、十分に検討する必要がある。

第4章　特許戦術

がいつかということによって特許の存続期間が延長することを意味するものではない。なぜなら審査期間は出願日から一定の期間で制限されるからである。しかしながら、上記のやり方は発行を遅らせ、キャッシュフローを維持することにはなる。

　分割特許出願を作るには二つの一般的なアプローチがある。一つは(1)製品、(2)その製造方法、(3)使用方法、の発明事項を含ませてクレームする方法である。この場合通常三つの発明事項相互の関係いかんによって二つまたは三つの出願に分割できるであろう。本願発明のみに特有な事項は一つの出願に一緒にとどめておいてよい。より広い範囲を持ち他の応用分野に適用できる発明事項であれば分割されることになる。

　二番目のアプローチは発明に関する複数の発明構成要素を単純に含ませておくことである。例えば、新しいプラスチックのバッグの、(1)引き裂く方向を示すミシン目、(2)強い取っ手、(3)self-opening法の使い方、(4)くっつかないようにするための通気、である。すべては単独に特許になり得る事項であり、分割し得る事項である。この例はミシン目の方向やself-opening法のためのいろいろなスタイルのバッグの異なる用途をそれぞれ組合せることによりさらに数多くのものを含ませることもできるであろう。

　この形態は分割出願の審査につなぐために使われ、継続出願（CPA）請求と呼ばれている。

欠落部分

　このテーマは通常特許出願（非仮出願）に関する。欠落部分のある特許出願は時間の節約と優先日の確保に役立つ一方で、その代わりに典型的に次のような遅延をもたらす。
- 出願料の支払いを遅らせる
- 出願の準備ができていない情報を遅らせる
- 18ヶ月公開を遅らせる

出願に付随する部分を有するか有さないかでもまた審査期間を延ばすことがあり得る。欠落部分には、典型的には、一つまたは複数の構成要素、例え

ば発明者の供述、宣誓、図面、植物特許の場合の写真などが含まれる。

　例えば仮特許出願の満了日のように、特定の決定的な日に出願する場合に、オリジナルの文書への発明者のサインが間に合わないときは発明者のサインなしで行われるかもしれない。特許庁は欠落部分について知らせ、そしてそれは、後日提出されることになる。これによって、審査は90日まで遅れることになる。

期間の延長

　特許出願や審査段階で共通して用いられる戦術は、応答の延長を特許庁に請求することである。特許庁からのオフィスアクションを受け取った際、応答期間は90日である。この期間の延長の請求は、料金を払うことによって可能となる。これは37 CFR 1.136(a)に規定されている期間延長請願書（petition for Extension of Time）と名づけられている書面を提出することにより達成される。5ヶ月まで延長を要求することができる。ただし、2,000ドルまたはそれ以上の費用が発生し得る。

発行の遅延

　出願にかかるクレームがされると発明者は許可通知を受け取る。この通知を受け取ってから、発明者または所有者（譲受人）は米国特許商標庁に発行料を払う。この支払いは最大90日間に行えばよいから、発行を遅らせることができる。発行料が支払われると、通常約3ヶ月後に特許が発行されるが、6ヶ月程度までかかることもある。この間に関連する発明事項についてのCIP出願をすることが望ましいこともあり得る。

部分継続出願

　一つ以上の特許出願が係属中に、特許による保護の範囲を拡大し得る、新しくかつ関連性のある発明事項が見出されることもあり得る。この発明事項が新たに見出されたか、またはその時点において異なる様式で理解されたものである場合、それはおそらく最初の特許出願に含まれていないであろう。

それ故、新しい主題の事項の特許保護を必要とし、そして元の出願の優先日を維持する、新しい事項を記載したCIP出願が出願される。

それは少し信じられないように思えるかもしれないが、新しい概念を発展させたとき、本当の発明事項をいつも理解することは常に容易なわけではない。私たちはシンプルさの観点から考える傾向がある。物質の発明とどのようにしてそれらがシステムまたは他の構成要素と関連して使われるかは同様ではない。CIP出願を行うことは新しい発明事項をカバーするための一般的な管理手法である。

新しい発明事項についてCIP出願することは、仮出願であろうと、通常の出願であろうと新しい特許出願をすることの代わりになる。新しい出願を出願することの利益は新しい発明事項についての新しい優先日が確立されるということである。それ故に特許による保護期間が延びる。新しい出願を出願するかまたはCIP出願するかの選択に影響を与える要因の一つは、公開がなされているか否かである。公開がなされている場合、CIPは出願を行う権利の保護およびワン・イヤー・ルールを避けるために必須であり得る。そうでない場合には、新たな出願を行った場合の、後の優先日を取得することのデメリットを考慮しなければならない。発行を遅らせるためには、継続出願（CPA）請求の送付を行えばよい。

PPAを再出願する

新しい製品を思いついたとき、開発が遅れている、ごまかし、または単純にオリジナルの予想より時間がかかっている場合には、PPAを出願する。多くの人がエキサイティングなPPAを再出願するのは危険かもしれないと考えるため、これは、一般的ではない戦術である。開発のはじめの段階で発明事項が一般に公開されなければ、あなたの権利は犠牲にならないかもしれない。この議論には二つの側面がある。

まず、PPAが再出願されたとき、最初のPPAの優先日が失われる。しかしながらPPAを再出願することは、紙面上の証拠を残すことに貢献し得る。それ故、先発明権を強化するかもしれない。PPAを再出願することはキャッ

シュフローを保存するかまたは特許保護なしでおそらく通常とは異なる公開を防ぐために、緊急時においてのみ用いられるべき戦術であり、正規の特許出願に間に合わせることが不可能な場合にのみ行われるべきである。

出願を再発行する

　最初の特許の付与から2年以内に特許権者は再発行出願を行うこともできる。そして、公開されたが、以前にクレームされなかった事項について、最初の特許請求の範囲を広げることを試みる。特許請求の範囲はその後広げられないかもしれない。そのようなケースでは、範囲の幅を明らかにする言葉を加えるような新しい特許請求の範囲を加えることが、再審査における要求となる。新しい特許請求の範囲は出願で議論されている発明事項に直接的な関連性を有するものでなければならない。

　もし審査官が新しい特許請求の範囲または新しい説明に同意すれば、結果として再発行特許が与えられる。新しい特許の期間は、20年の期間に制限され、これは最初の特許出願の出願日を起算日とする。

裁判所における特許審判

　審査官が、特許請求の範囲が正当なものであると確信できないことがあるが、これは当事者間の意見の違い、関連する技術の理解の不十分さ、または特許法の解釈の仕方による意見の違いによることが多い。例えば、出願人が、審査官が関連性のあるものとして引用したものに同意しかねる場合があるかもしれない。

　そのような局面では、最終拒絶が招来され、審判部による出願の審査が必要となる場合がある。請求に応じて、審査官は審判部に審判請求書を送ることとなる。

　審判部によって審査が行われた特許出願のうち、約33％は発明者の意見を支持し、約67％は審査官の意見を支持している。これらの数値は見込みのない確率ではない。そして、特許弁護士は、審査官による最終拒絶の本質を理解するための、そして法廷におけるあなたの勝ち目を決定する、これらの手

続きにおける十分な経験を有している。例えば、最終拒絶が審査官の均等論の用い方の引用の誤りである場合には、拒絶が覆る可能性は高いものとなる。

特許の発行をスピードアップする

特許出願の提出後、あなたが特許庁から最初のオフィスアクションを受け取るには通常6ヶ月から9ヶ月かかる。これは時々発行をはかどらせるために特許出願の審査をスピードアップさせるのに都合がいいことがある。競争相手が技術を使い始めている場合や、発展させている技術の侵害を予期している場合に、特に価値がある。寿命が短い技術、例えば多くのソフトのアプリケーションではあなたはこの戦術を、保護やあなたの技術の短い寿命を延ばすために使える。

特許出願の審査の結果が基となっている、出願中の、ライセンス契約の可能性を有している場合には、それは価値のある道具になり得る。取り得る、広がりのあるコースは二つある。一つは適切な行政手続きに基づくものであり、他方は早期審査請願書である。

行政手続き

特許の発行を早く行うためには、複数の常識的なことがある。
- 迅速に出願する。いったん発明事項を理解したら、通常、正規の特許出願をすぐに行う
- 分割出願にする必要がない発明事項についてのみに、特許出願を限定する。既に述べたように、これは出願過程において時間と複雑さを加える
- 審査官のために特許調査を行う
- オフィスアクションに迅速に応答する。ほとんどの発明者と特許弁護士は、与えられた90日の応答期間を最後まで費やす傾向がある。オフィスアクションを受けた後迅速に応答することによって、数ヶ月単位の時間を節約できる

このようなアプローチの合計によって、文字どおり、特許出願中の期間を減じることができる。応答は、すべて証明し得る手段によって送達するべき

である。速達郵便、UPS、Federal Express等がよく、または可能な場合には、個人的に持参するのがいい。

早期審査請願書

　もし発明家が生命の危機に瀕していたり、または発明が国民の関心と密接な関係がある重要な飛躍的な進歩を有するものである場合、会社は早期審査請願書を出願してもよい。申請が認められると、かかる出願は他のすべての出願に優先し、そして審査手続きが早く処理される。以下の基準を満たす発明には、優先権が提供される。
- テロリズムを妨げる
- 物質的な改良または環境を高める
- エネルギーの発達または保護に貢献する
- エイズや癌の治療に関連する

　このルールの目的はこれらの発明をこれらが必要な人々の手が最も早く手に入れるのを助けるためである。これらのタイプの重要な申請に関連する付加的な費用はかからない。

　出願を特別にする申請には、前に引用されたもののほかに通常の料金を払うものもある。(1.17(h)で述べられている)。これらの例外は以下の条件の下に特許を付与される。
- 製造予定者が、製造のための十分な資本と設備を有しているか、または特許が付与された場合、十分な資本と設備を利用できるようになること。
- 製造予定者が、特定の特許が付与されなければ、製造する予定がないか、または現在の製造量を増やす意思を有さないこと。
- 製造予定者が、発明品を十分量製造する義務を、アメリカまたはその属国において負い、それをクレームが認諾されるかまたは特許が発行されて、資本が保護されるようになった後速やかに行うこと。

　申請書を提出する際、出願者、または譲受人は、注意深くそして完全な先行技術の調査に関する陳述書を同時に提出するか、または関連する先行技術における十分な知識を有していることが必要である。出願人は最も密接に関

連した関連事項がクレームに包含されていると考える引用文献のコピーを提供しなければならない。早期審査請願書（708.02）は、37 Code of Federal Regulations（CFR）、Section 1.102 Advancement of Examinationにその規定が設けられている。

18ヶ月後の公開を促進させる

　戦術的利点により、特許出願の公開を遅らせる理由を見てきたが、早期公開を望む場合があるのはなぜであろうか。

　特許出願は、出願日における先行技術である。これが意味することは、特許出願が遅滞なく、早期に公開されれば、それは先行技術として競争相手の公開された特許出願を有効に排除する公開された発明になるということである。

　前章で議論した一つの特許戦略は"特許の森を切る"であった。換言すれば、問題となっている革新のうち、最良の態様について特許出願を行い、他のすべての可能性があるものについては公開し、それらを特許できないように、核となるべき特許から切り離すということである。PPA出願の費用は小さいために、会社は、一つの発明を変化させたものまたは違った形での具

TIPS & TECHNIQUES

　ライセンシーがライセンス契約を結ぶことをためらう要因に、特許によって保護範囲が狭くなる危険性がある。この場合には、早期審査請願書を提出するのが最良の方策である。審査官をして、十分に広い範囲の特許を認定せしめることが困難となった場合には、特許弁護士とともに、自ら特許庁を訪問して発明の価値の説明をするのが最もよい。ライセンス契約を希望する者が存在すること自体によって、発明の価値と有利な点を十分に証明することができる。

体化した、多くの、50または60にさえ及ぶ、PPAについて、後にいずれのPPAを仮出願でない形態の出願とすべきかを決断できる。残りのPPAのうち、会社が維持しないと決めたものは、早い段階で公開することができ、それによって先行技術になり、他社がコア技術の周辺を特許化するのを防ぐ。

特許出願の費用を抑制する

　これまでに議論された特許審査や発行の過程を速くしたり、遅らせたりするあらゆる方法のうちの多くは、特許の費用を据え置くものである。これは関連費用を据え置くか、または代理人の行動を先延ばしし、それにより法律の費用が据え置かれることにより達成される。これらの最も顕著な方法は以

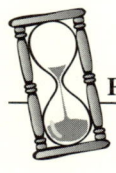

PROPOSED 2003 PATENT OFFICE RULES

４つのトラックによる係属期間の短縮

　21世紀の戦略計画においては、特許出願プロセスを４つのトラックに分解し、特許出願を加速することが提言されている。かかるプロセスは、(1)外部委託先行技術調査報告の早期化、および(2)審査費用と特許費用の同時納付、によるものである。新たな計画においては、係属期間の目標は、審査請求および審査費用の納付の時点から18ヶ月に抑えるとされている。

　一方、新たな計画においては、特許の発行を顕著に遅らせることも可能であり、それは(1)PPAを出願すること、(2)12ヶ月後に仮出願でない出願を行うこと、(3)審査請求を、出願日から18ヶ月後（本書作成の現時点において提言されている期間）に行うこと、および(4)瑕疵のある審査請求を行い、異議に対して徐々に応答していくこと、による。係属期間は、これらすべての方策が採られた場合、４年近くになる。

　提唱されているPTO戦略計画の綱要が変更される場合、注意喚起はなされないのが通常である。したがって、PQMチームには、最新の変更を把握することが義務づけられる。

第4章　特許戦術

下を含む。
- ワン・イヤー・ルールを利用する
- 分割出願を行う
- 欠落部分を有する出願を行う
- 期間の延長にかかる、期間延長請願書を提出する
- CIPを出願する
- PPAを出願または再出願する。

発明を長い間秘密に保っておく

　特許付与前における18ヶ月後の公開によって、2001年11月以降に出願されたほとんどの出願が出願後18ヶ月で公開されることが確実になる（特許出願の秘密の側面を公開するということを目的としている）。

　非公開請求は出願と同時に提出されなければならない。その結果、非公開が望まれ、また、18ヶ月を条件とし、以前に外国（または国際）出願しなかった出願は、出願人がアメリカ以外の国に出願するか否かを決めていない場合であっても、出願と同時に非公開請求を考えるべきである。一方、もし出願人が結果的に18ヶ月後に公開される外国（または国際）出願を決めた場合には、出願人は当該出願の出願日から45日以内にUSPTOに知らせなければならない。

付与前における18ヶ月後の特許出願公開を遅らせる

　外国出願しないという出願時における通知により、米国出願が公開されるという規定を排除する。この手続きにより、あなたの発明に関する情報が、あなたの特許が発行される前に他者に公開されるのを回避させる。これは米国出願だけ適用されることが意図されている。あなたは出願をするときに、その出願は外国の市場では出願されないという証明書とともに、公開されないことを請求しなければならない（特許弁護士が、放棄されないために対処し続けなければならない特許庁への重要な通知がいくつかある）。

　公開するか、または公開しないか？　米国発明者保護法（American

87

特許の真髄

Inventors Protection Act)（AIPA）の下では2000年5月29日以降に出願された特許出願は、一般的に出願後18ヶ月で公開される。これは既にヨーロッパや他の先進国が要求していたことである。アメリカはこの手続きをつい最近導入したばかりである。出願は、出願日における先行技術文献になり得る。

特許出願を公開しないことには複数の理由がある。一つは発明者または最終的な特許の保有者が、発明をしばらくの間秘密のままにしておくことを望むからである。この策略は、しばしば、特許情報を競争相手から隔離しておくために使うことができる。彼らが市場や製品の技術に行った投資が、あなたに対して特許侵害を構成することを企図している。言い換えると、ポジションを得る競争において、ライセンシングが、ビジネスにとどまらせるための最も費用がかからない選択肢になり得るということである。

競争相手の特許戦略を妨害する

第三者による先行技術文献の提出

特別な権限をSubtitle E of the AIPAにより付与されるわけではないが、特許庁は37 CFR section 1.99に第三者の特許と出願中の公開された出願と関連性のある刊行物の提出を認めている。以下のことが条件である。

- 前記セクションに基づいて提出される特許と刊行物は、出願に加えられる。しかし必ずしも審査官により考慮、引用されるわけではない。
- 前記セクションに基づく提出は出願人によって送達されなければならない。
- 前記セクションに基づく提出は、出願がなされた日から2ヶ月以内にまたは、特許許可通知の発送日前どちらか早い日までになされなければならない。
- 前記セクションに基づく提出は、特許またはそれとともに提供される刊行物の説明を含んではいけない。

特許庁は、第三者に先行技術文献の提出を許可することは、審査の質そして、より関連する先行技術文献を審査官が利用できるようにされた発行特許の改善に資することを確信している。しかしながら、先行技術文献に関連す

ることを説明することができない場合には、第三者による情報提供はためらわれるようである。一般的に、第三者は、審査官が独立して重要性を認識するか、または適切に申し込まれ、提出された先行技術文献に十分に自信を持っていない。審査官が引用しても提出された先行技術文献を基に拒絶がなされなければ、提出された先行技術文献に対する特許性が強く見込まれる。通常は、第三者は関連性の高い先行技術文献を再審査請求や訴訟まで保持しておくことを選択する。これらの手続きにおいては、第三者は、実質に関わる、新たな、特許性に対する疑問点を提起するか、無効性を確立するか、またはそれらの両方を、先行技術文献を用いて主張することができるのである。

公開された出願のため先行技術の新しい分類

　Section 4505 of the AIPAによる35 USC section 102(e)にかかる改正によって、先行技術の新たなカテゴリーが創設された。すなわち、クレームされた発明が、「(印刷された特許) 出願であって、……他人によって合衆国においてなされた、当該出願の前の出願」に記載されている場合、その特許性が阻害される。この先行技術の新しいカテゴリーによって、米国特許出願のうち公開されたものが、section 102(e)における先行技術の重要なソースとなるとともに、PCT出願のうち公開されたものであって、2000年11月29日以降にアメリカを指定国とし英語で公開されたものも包含される。

再審査

　特許再審査請求は、侵害の主張に対する肯定的な防御として使われる一方、標的の競争相手の特許を秘かに攻撃する際にも使われる。効果的には、先行技術文献を添付して再審査請求を、米国特許商標庁に提出する。それは競争相手に発行された特許を無効にし得る。しかしながら、第三者が、米国特許商標庁に対して、発行された特許の再審査を請求すると、特許権者は、第三者の意見に対してコメントする権限が与えられ、その後には、当該先行技術文献は、いかなる訴訟事件においても使うことは許されない。

　言い換えれば、極めて有効であると思われる先行技術文献を基にして、競

争相手の特許について再審査請求する場合、その根拠を米国特許商標庁に提示する一つのチャンスを得ることとなる。そして、米国特許商標庁が特許性を支持した場合、訴訟を提起して正当性を争うことも可能である。しかしながら、当該先行技術文献を、事後の陪審裁判の審理において使うことはできないのである。

インターフェアランス

インターフェアランスは、米国特許商標庁によって特定の関連事項について誰が本当に最初の発明者かどうかを決めるための手続きである。インターフェアランスの進行は2つの出願中の出願の間、または出願と既に付与されている特許との間で始められることがある。付与された特許が、新しい出願の1年以上前に発行されていないことが必要である。

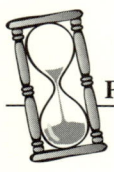

PROPOSED 2003 PATENT OFFICE RULES

第三者は特許化を阻止できる

21世紀の戦略計画における4つのトラックからなる特許プロセスにおいては、第三者は発行済みの特許に対して、発行後12ヶ月以内であれば、随時当該特許を攻撃することができる。正確に、いかなる方法によってこのような攻撃を米国特許商標庁を介して行うかについては、本書作成の現時点において公表されていない。しかし、かかる攻撃についての判断を行うのは、米国特許商標庁であって、制度としての法廷ではない。このことから、2003年の新たな推奨規則においては、第三者による攻撃と、競合他社に対する妨害行為は、インターフェアランスより安価であり、再審査請求よりはるかに簡便であるといえる。いつものとおり、実際の規則は提案された規則とは異なる可能性があるため、特許弁護士に現状の公表された米国特許商標庁の方針について問うべきであり、どのように新たな規則を利用して自己の利益につなげるかの戦術を講じるべきである。

第4章　特許戦術

　これは単純に競争相手を排除する行政手続きではないが、開発中であり、かつ優位性に確信を持てる発明事項にかかる競合他社の出願に気づいた時に、取り得る措置である。米国特許商標庁に通知することによって、手続きが開始される。

　米国特許商標庁になされた出願のうち、インターフェアランスの手続きに付されるのは、1,500分の1より少ない。Ian Calvertによると米国特許商標庁の行政上の裁判は、進行中の約52.5％が先願者を支持し、31.7％が後願者を支持し、9.4％が結果的に一つの特許も発行されず、5.8％がインターフェアランスに関係しない、そして0.7％が利益を分け合うこととなっている。

　このような手続きで、両者は二つの要素を支持する事実を提出する。一つ目は根元的着想日であり、これは発明者が発明事項を根元的に、最初に着想した日である。2番目は実施化の日であり、これは当該発明が、発明者が述べた方法で機能することが証明された日が対象となる。実施化の日は、通常試作品の組み立てまたは図面によって証明される。機能的な図面や試作品がない場合には、発明を完全に公開している正規の出願の出願日が、実施化の日に相当するとして取り扱われる。日誌または他の支持する事実や材料がな

IN THE REAL WORLD

米国特許商標庁の情報

　米国特許商標庁からの情報によれば、インターフェアランスが中小企業または個人の発明者の特許に関係するのは、年間35件から40件だそうである。これらのうち、より高い地位にある発明者が、より低い地位にある発明者に対して先発明者の地位を得ると思われがちであるが、そのような例は8件多いにすぎない。

　インターフェアランスがなされるのは、1,500件の特許につき1件に満たない。心配は無用である。

い場合には、当該出願の出願日が根元的着想日と実施化の日として、両方の日の最も早い日であるとみなされる。したがって、詳細な日誌、記録そして保管文書を維持することの重要性は明らかである。

結局のところ、競合他社の努力を妨害するための最良の方法は、その努力について考え、また発明することである。将来のニーズと顧客が欲しがるものを予知するよう試みるのである。自ら損害を被ることを恐れず、常に競合他社が行う前に、次世代の製品やシステムを発明することに挑戦するのである。

クレームの戦術

複数の要因と管理手法がクレームの広さに影響を与える。弁護士とそれについて議論することができる。クレームを重ねて拡大したり広げることができるが、それはCIP、再発行の請求、そして特許裁判所への文書提出によってなされる。

クレームにおける文言の広さ

会社の発明者とエンジニアは、既に発明者の日誌を記し続けているはずである。初期段階において発明を文書化する際には、常にクレームの文言を拡張すべきである。会社の特許弁護士が発明者から説明書を受け取ったとき、彼らはクレームの文言を、特定の臨界点にまで広げることの重要性を理解しているはずである。

「固定手段」の言い回しを、「ネジ」または「接着剤」に優先して用いるべきである。「複数の」とすべきであって、「2つの」または「3つの」を用いるべきではない。クレームが、4つを包含せず、2つまたは3つに限定されるからである。このように、文言は広げることができるのである。

均等論

均等論は、1950年に確立され、長年にわたり、多くの訴訟事件の主題となっている。簡単にいえば、次のとおりである。

製品の要素が特許請求の範囲を文言上侵害していないが、本質的に同じ機能を果たすときは侵害の主張の有効性が保たれる。

この定義は、現在一般に用いられ、そして米国最高裁でHilton-Davis Caseとして一般に呼ばれるものによって決着を見た。さらに最近、Festo caseが米国最高裁により、クレームは、文言により忠実に解釈されるべきである旨の判決が下され、Hilton-Davis caseより前に時計が戻された。

均等論を用いる戦略上の最も良い方法は、単純にそれに頼らないようにすべきであるということである。クレームの範囲の幅が、単純かつ広範な文言

PROPOSED 2003 PATENT OFFICE RULES
Festo事件後の戦術はコストがかさむ

最初のFesto判決の後、新たな戦術が、特許出願が係属している間に、クレームの補正による損失を避けるためのものとして注目されるようになった。この戦術とは、数多くの小クレームを出願に含めることであり、場合によっては一出願に含まれるクレーム数は千の単位に上る。正確ではあるがほとんど相違しないクレームを数多く含ませることによって、特許権者は審査官が疑義をはさんでも、当該クレームを削除しさえすればいいのである。こうすれば、残りのクレームにも補正の必要が生じることは稀であり、補正しないことによって、Festo判決の影響を受けることもないのである。

21世紀戦略計画においては、「特許権者の行動の改変」について指向される部分があり、これによれば、独立クレームを6項以上設けるか、または総計21項以上のクレームを含む出願を行った場合、特許権者に重大なペナルティが課されることとなる。したがって、無思慮に何百ものクレームを設けるのではなく、経済的な効果についての判断を、種々の要因を考慮しながらなすべきである。

新しい出願費用および最終的に認められた過剰なクレームの文言を把握し、PQMチームとともに最良の方策を判断し、クレーム数は多いであろう特許を取得すべきである。

によって記載されていれば、それが必要とされるものである。率直に言って、特許弁護士に対価を支払う価値は、そこにあるのである —— あらゆる攻撃に耐え得るクレームによって、財産を守るのである。

競争相手の特許のクレームの文字どおりの解釈に頼ることは危険な場合がある。会社の利益をより守り（そして株主の）、そして費用がかかる訴訟の可能性を避け、幅広い解釈をすることがおそらく賢明であるといえる。弁護士は、どのようにクレームが解釈されるかにかかわらない、最後の決定的な意見を述べることを期待されている。

Festo caseでは、クレームは均等論に従って比喩的に解釈されるのではなく、文字どおりに解釈されるように修正されるべきである旨法廷で決定づけられた。このルールを考慮すると、特許出願を行う際に今日実際に行われているのは、いかなる提出されたクレームも訂正せず、単純に新しいクレームを加える、または少なくともそれらのうちのいくつかが受け入れられるように、多数のクレームを多くの言葉で書くことである。これらの管理戦術のうちどれが最も適当であるかは、PQMチームリーダーや特許弁護士が決断するのが最も好ましい。

次のことを銘記されたい。ある特許のクレームは、他のクレームより、さらに文言に忠実に解釈され得るのである。これは、クレームにおける特定の特徴によってのみ、審査官が特許付与を認定するときである。

クレームの広さが特許において重要な場合、というのはほとんどすべての場合に当てはまるのであるが、かかる場合において次の世代に向けて発明を行っているときには、クレームもはるかにより広くなる傾向があることを忘れるべきではない。新しい概念と製品を開発しているときに常に役立つと思われるのは、未来に向けて考える思想を保ち続けることである。

第5章

マーケティング部門における特許管理

~本章を読んでわかること~

- マーケティングとしてのIPと製品開発の関係
- 使用方法特許またはシステム特許、改良特許、デザイン特許、トレードドレス、および著作権の相違点
- 会社にマーケティングの競争力を提供する重要な要素
- マーケティングにおける特許戦略の立て方

　マーケティング部門における特許の重要性は、他のどの部門よりも高い。特許法による独占とは、法的に競争相手が販売できない製品に関し、自社のみを販売可能にすることを意味する。マーケティング部門にとって特許によって保護された製品は、優れた製品、高い売上げ、高い利益、より安定した市場地位、そして長いライフサイクルの製品を意味する。

　マーケティング担当者は、売上げやブランドネームの確立に焦点を当てがちであるが、単純に特許によってそのブランドを保護することができればそれに越したことはない。これは、新製品を売り出す初期の段階に特によく当てはまる。初期段階において特許は、新製品の立ち上げをその模造品から守ることができる。20年間の特許の保護により、商標の認識が消費者の心に刻み込まれる。長い期間を経て、商標はより高い価値を持つようになるが、それは初期の特許の保護なくしては不可能である。優れた例として、ゼネラル・

特許の真髄

エレクトリック社の電球、Hoover（フーバー社）の掃除機、ゼロックス社のコピー機、ダウ社のジップロックなどが挙げられる。特許のおかげでこれらの会社は、主要な製造ラインを増設し、そのブランドを確立することができたのである。

　マーケティング部門における特許の主な目標は、これらの特許または技術が内部で開発されたか、またはライセンスされたものかどうかにかかわらず、既存製品の売上げや収益性を高め、商品のライフサイクルを延ばし、また製

TIPS & TECHNIQUES

　エンジニアリング部門や法務部門において、特許のデータベースにアクセスする検索ツールのソフトウェアがますます利用されるようになってきているが、このデータマイニングによってマーケティング部門は利益を得ることができる。マーケティングマネージャーは、これと同じデータベースを情報の核として利用することで、競争相手の特許やR&Dの活動を手本とすることができ、また、競争相手が追い求めている技術の傾向や製品開発に対する姿勢について早期に知る手段を目に見えるものとすることができる。

　さらに特許データは、競争相手がどの領域の製品開発に力を入れているか、または逆に競争相手が力を入れていない領域を明らかにし、競争相手が参入しないであろう市場やニッチを示す。法務部門が特許の先行技術により高い興味を示すのに対して、マーケティング部門は特許請求の範囲を読むことにほとんど興味を示さないであろう。

　下記のページを含む、オンラインで利用可能なデータ解析・収集ツールが有効である。

　　http://ERP.patentcafe.com
　　www.IPSearchEngine.com
　　www.wisdomain.com
　　www.winslab.com

品群の拡大のために新製品の新コンセプトを作り上げる機会を見極めることである。

　この目的のために、一般的に、複数のタイプの特許保護による商品を基本とした保護に焦点が当てられるが、同時にマーケティング部門は、会社の将来の収益性に影響を与え得る、特許保護の多くの方法と知的財産に鋭く目を光らせるべきである。

マーケティングのIPと商品開発の焦点

　多くの場合において、企業内で開発されたすべての特許はマーケティング部門に影響を与える。これは、結局のところ直接的または間接的に利益に反映されるからである。新しく開発された技術革新または単純な改良を保護する特許は、直接的な影響を与えるであろうし、一方、製造方法または製造部門での安全に関する特許は、マーケティングや潜在的な利益に間接的な影響を与えるであろう。

　この章では、マーケティング部門に直接的な影響を与えるこれらの特許に焦点を当て、さらにどのようにしてマーケティング部門が利益を生む機会を見つけ、見極めることができるかについて焦点を当てる。これがマーケティング部門におけるPQMシステムの中心的な焦点であり、それに加えて、製品の性能や機能に影響を与え得るマーケティング部門以外での他の発明を確認、立証する責任も負うのである。

　この見地から、マーケティングは実地での競争で肩を並べ続け、そしてR&Dの能力をエンジニアリング部門に競争的情報を処理するために行動し、そして現れる顧客の需要や要望を見極める責任を有する。これは、長期にわたって潜在的利益を生み出す新しい流行を確立するときに中心的役割を果たす。要するに、マーケティング部門の中心的な焦点は、以下の特許保護の形態やIPの機会を含むことになるであろう。

製品特許

　新製品リリースのあらゆる機会において、可能な限りの製品にかかる特許

保護が考慮されるべきである。特許保護なしでは市場参加の考慮さえしない企業もあるだろう。製品群をマーケティングする焦点は、既存の製品群に組み込まれ得る新しい要素または装置を開発し、それらを特許化することが含まれるべきである。これらは内部で開発されるか、またはライセンスされるであろう。

使用方法特許またはシステム特許

　最も重要なマーケティング部門の仕事の一つは新しい機会を認識することであり、それはしばしば既存の問題を認識することによってなされる。問題がその使用方法の簡便さに関係があるとマーケティング部門が認識した場合、その問題は、新しい使用方法、斬新なシステムによって解決されることがある。例えば、時間を節約し、工程を減らし、エラーを少なくするシステムなどが考えられる。もしあなたのマーケティングチームが、こういった機会を認識することができるならば、彼らはこれらの評価を求めてPQMチームに持ち込むことができる。

　例えば、あなたの会社がバーコードのスキャンのためのレーザー技術を開発した場合、スキャン用の小売製品以外に他の物への応用または用途がないだろうか？　その技術は、在庫管理に用いられる段ボール箱、回数券の備え、患者または患者の要望を確認する方法にもできる。こういった機会は絶え間なく訪れ、そしてこれらの新しい応用の種類は通常マーケティング部門によって発見される。あなたの部門はこのようなフィードバックをエンジニアリングにおこなっているだろうか？

　システム特許は、製品をユーザーフレンドリーにする傾向があることに留意する必要がある。この一例として、アップル・コンピュータ社がPCを使いやすく、また率直に言えば販売しやすくするまで、PCがどうして大衆向け市場製品とならなかったかが挙げられる。あなたのマーケティング部門は、あなたの製品を使用する際の難しさを認識しているだろうか？　彼らは顧客があなたの製品を使う方法に対して気を配っているだろうか？　製品の使用中に、顧客はどのようなエラーを経験するだろうか？　こういった問題はど

第5章　マーケティング部門における特許管理

のようにして解決されるだろうか？

　システム特許は、他のどのタイプの特許よりもマーケティングに大きな好機をもたらす。例えば、紐の取っ手付きの一般的な買い物用プラスチックバッグに最初に与えられた特許は、たいした売上げを残さなかったが、Sonoco Products Company（ソノコ・プロダクツ社）がこのプラスチックバッグに、ラックから取り出すときに自動的に口が開くようにしたself-opening systemを取り入れてからは、劇的にバッグの使用と売上げが増加した。もしこの買い物用プラスチックバッグが扱いにくいものであれば、これらは使われなかっただろう。しかしいったんこのソノコ社のシステムが1980年代後半に導入されると、このプラスチックバッグの売上げは急増し、間もなくより優れたものとして紙のバッグに取って代わるようになった。

　システム特許は、会社にとって大きな好機を意味する。マーケティング部門は、顧客と近い視点を持つことによってこのようなチャンスを認識することができる。顧客が自身のニーズを明確にすることは難しいかもしれない。しかし、優秀でかつ洞察力のあるマーケティング担当者は、この難問に取り組むことができる。

改良特許

　改良特許で保護され得る改良を見つけることもまた、マーケティング部門の責務に含まれる。製品特許やシステム特許の中には改良特許と呼べるものがある。例えば、前述のプラスチックバッグのシステムは、従来の買い物袋の改良品であって、シンプルかもしれないが、既存の製品の革新的な要素は改良特許である。どのようにこれらの改良品を分類してもかまわないが、既存の製品の性能を改良する機会がある場合に、たとえそれがどんなに小さなことに思えたとしても、行動を起こすことが重要である。

　既存の製品またはシステムに斬新で、ユニークでかつ有用な発明事項は、誰かに特許付与されているかもしれないということを理解することは、誰が基本特許を所有し、誰が現在の製品を製造しているかにかかわらず重要である。そこで、あなたの部門も特許化製品の開発を代わりに始めてみるのはど

特許の真髄

うだろうか。

デザイン特許

　デザイン特許は、単に装飾的なデザインを指し、機能的なデザインのことを指さないものであり、特許の保護を通常あまり受けられないと理解されているが、それには例外がある。例えば、ナイキ社は、シューズのデザインにデザイン特許を用いることによって十分な成功を収めている。彼らの一番の目的は他社によってこの魅力的なシューズのデザインや形状が模倣されることを防ぐことである。それ故デザイン特許は、独創的な外観を保護するのに役立ち、市場において良い効果をもたらす。またデザイン特許は、実用的な機能に対して個別に付与される複数の実用特許で保護される製品をまとめて保護することができる。

　実用特許は、一般的により良い特許の保護であると考えられている。しかし、単純なデザイン特許が所望の目的を果たし得る場合がある。一般的に、可能である限り実用特許によって保護されるように努力することが賢い選択である。その装飾的なデザインが重要であり、他社にとってそれを基にデザインするのが困難であるような市場における独占的な効果を保つ場合にのみ、デザイン特許による保護を求めるのが賢い。

トレードドレス

　トレードドレスは、主に製品やパッケージデザインや外形に用いられる商標権または著作権の類である。もしパッケージデザインが、以下の３つの基本的な基準、(1)非機能性、(2)二次的な意味合いの立証、(3)混同を生じる蓋然性、を備えていれば、そのパッケージデザインを不正競争から保護することができる。不正競争に関する慣習法は、消費者製品の機能的でない部分の複製からその製品を保護している。

　慣習法の訴訟において引用された例として、シリアルビスケット、パン、医療用錠剤、ルートビアのボトル、コロンのボトル、モンキーレンチ、洗濯機、時計や南京錠などの形状が挙げられる。

第5章　マーケティング部門における特許管理

　マーケティング部門は、特許によって保護されるであろう新製品について、トレードドレスの登録を考慮すべきである。存続期間が20年間である特許や、存続期間がたったの14年間であるデザイン特許とは異なり、トレードドレスは、その保護期間を何度も延長することができる。トレードドレスの定義は、デザイン特許のそれと類似するもしれないが、トレードドレスは長期にわたってその影響が生じる。何年も使用することで、それは特許よりもさらに価値のある知的財産に変わる。トレードドレスによる保護、またはデザイン特許による保護のどちらが最善の手段であるかは、あなたの法務部門が決定できる。『知的財産の真髄（Essentials of Intellectual Property）』を読むとトレードドレスについて深く学ぶことができる。

著作権

　特許された事項または開発された新製品に関係する場合、特許出願に加えて著作権についても出願すべきである。

　著作権は著者、芸術家やデザイナーの著作物を保護する。著作権は、これらの表現の形を保護するものであって、その主題やその内容を保護するものではない。名前やタイトルは著作権法の保護範囲に含まれない。マーケティング部門における特許化への努力に向かわせる著作権としては以下のものが挙げられる。

- パッケージに使用される芸術作品
- パッケージに使用される宣伝文句
- マニュアルやトレーニングに関連するCDやビデオなど
- ソフトウェア
- 芸術作品、模様、デザイン

　著作権は、その著作物が完成した瞬間に発生する。その著作物が出版されるとき、または商業的に用いられるときに、著作物である旨の表示によってその所有権が示される。この表示は、他者にその所有権について警告し、その損害は、他者がそのマークを複製し、個人的な利益のために使用した場合やその著作権の商業的価値が下がった場合に、その著作物の使用により他者

が得た利益の額にかかわらず認められる。1978年1月1日以降の著作物の存続期間は、著作者の死後70年である。著作物に適切な表示を付すために、顧問弁護士に相談すべきであろう。

　著作物をたとえ無料で宣伝する広告であっても、著作物の公正な使用とはみなされない。それが良いかどうかの判断をするのは著作権者である。また、興味深いことに、政府による出版物や通知は著作権法によって保護されない。それらは誰でも自由に複製し、公示することができる。著作権は、ワシントンDCにあるCopyright Office of the Library of Congress（議会図書館著作権庁）において登録される。著作権については、『Essentials of Intellectual Property』でさらに学ぶことができる。

競争的なマーケティングの利点

　内部で開発されたか、ライセンスされたか、またはクロスライセンスされたかにかかわらず、特許ほど売上げや潜在的な利益または会社の寿命に影響を与えるものはないかもしれない。PQMシステムは、どの特許がマーケティングの側面において最も利点があるかを明らかにする。

合法的な独占

　特許権は、社会全体としての公共の利益のために発明した技術を公開するのと引き換えに、排他的な独占を特許権者に与える。特許権による保護は、製品群の周りにフェンスを建設するようなものである。それは合法的な独占であって、競争相手によるあなたの製品や特徴のコピーを防ぐ。

　最初の製品の発売時にその最初の特許は、20年間の独占期間が始まる。さらに重要なことは、新しい改良やブレークスルーによる一連の特許は、その独占期間を延ばすことができることである。なぜなら特許の存続期間は、それらの出願から20年間与えられるからである。

新製品の上市

　特許は、新製品の上市を保護する最適な法である。新製品が新しい電球、

第5章　マーケティング部門における特許管理

ティッシュ、サンドイッチバッグなどどのようなものであっても、特許による保護は、会社に積極的な市場地位をもたらし、その収益からコストを回収できる。最初に市場に参入してもその市場を支配するという保証はないが、歴史は、最初の市場参入者に最良の機会を与えることを教えてくれる。時間が経つと、そのブランド名が確立して業界標準になる。

特許は製品の中心テーマと副次的テーマを保護する

　多くの場合、会社は、製品群の中心テーマ、つまりその中心的な焦点に基づいて成り立っている。この中心テーマは、顧客に製品を買わせたいと思わせたり、そもそもなぜ革新が行われたかについて顧客に訴えるものである。優れた例として、ボルボ自動車は安全性に焦点を当て、ポラロイドカメラは1分で写真を現像し、そしてHealthy Choice（ヘルシー・チョイス社）は健康と低カロリーの原料に焦点を当てた例がある。あなたの会社の製造群にとって何が中心テーマだろうか。中心テーマはその製品の市場での地位獲得のカギとなる。そして、その地位を守るのに特許ほどよいものはない。

　ほぼすべての製品群は、ほかのポジショニングでの状態によって支持される副次的テーマを持っている。通常副次的テーマは、初期の発展が進んだ後、ときには製品が世に出た後に作られる。副次的なテーマは、顧客の反応や試用の結果だったり、または例えば小売商、販売業者、オペレーションマネージャー、さらには会計士、卸売業者といったさまざまな購買上の影響による新たなニーズの結果だったりする。特許はまた、これらのマーケティングにおける利点を保護する優れた方法である。

　マーケティング部門におけるPQMシステムの主要な目的は、製品群の副次的な市場地位を保護するのと同時に市場におけるユニークな地位を守ることである。保護する形がなければ、競争相手は新しい市場のトレンドを取り入れ、ときには、新しく受け入れられた市場地位を完全に破壊することもある。

103

特許の真髄

製品寿命の延長

　確立された製品群が永遠に変化しないことは稀である。新しい改良は、市場を活性化し、そして顧客の姿勢や購買のトレンドの変化に適応するようになされなければならない。迅速かつ柔軟で、そして焦点をしっかりと持ったマーケティング部門は、新しいトレンドに適応することができ、事実それらを予期し、そして特許で製品を保護することができる。

　特許は初期の市場の立ち上げを保護するかもしれないが、それは度々革新的な発見が行われた後になることがよく知られている。後のブレークスルーが本当の意味で売上げを増大させるということである。これらのブレークスルーの機会を発見することがすべてのマーケティング担当者の夢で、そしてそれらは特許によって保護することが最良の手段である。それ故、通常これら一連の改良特許のうちの1つは、製品群の将来的な売上げに重要な価値をもたらす。これらに与えられる特許は、売上げによる利益を増大させるだけではなく、その製品寿命を延ばすことができる。なぜならその出願日からさらに20年間の特許保護が与えられるからである。

PROPOSED 2003 PATENT OFFICE RULES

　（製品群を拡大し、マーケットシェアを拡大する目的で）ライセンスインに興味を持つマーケット担当者は、提案された21世紀の戦略計画またはその報告によれば、2002年10月以降、特許の出願から発行までの期間（特許化にかかる期間）が4、5年間かかるであろうことに留意しておかなければならない。したがって、レースが始まる前に競走馬に賭けようとするマーケット担当者（ライセンス契約を結ぶ前に特許の発行を待つ者）は、勝者となるだろう。ライセンス契約を交わした対象の特許出願が結局特許されないといった場合に、競合者が不当な市場での優位性を有するかもしれないという心配は、そのような場合には契約を反故にする旨の条項を付けることで解決される。

第5章　マーケティング部門における特許管理

ライセンスインは製品群を伸ばす

　製品群の売上げを伸ばす最も早く、最も容易にかつ最も費用対効果のよい方法の一つは、ライセンスインを行うことである。ミラー社は最たる例である。Miller High LifeやMiller Liteビールはよく売れた。当時ミラー社は、コールドフィルタ醸造（cold-filtered brewing）を日本のサッポロビールからライセンスインして、Miller Genuine Draftを作った。今日では、このビールがグループのベストセラーである。

　いろいろな機会が外部からマーケティング部門にもたらされることは評価されるべきである。ライセンスインを行うとき、その対象は既に発明者らによって潜在的な市場と生産能力が見極められている場合が多い。その他さらなる開発が必要とされる場合もあるかもしれない。どちらの場合でも、会社が適切な枠組みやPQMシステムでもってこれらの機会を評価、管理する実質的な機会がある。

クロスライセンス

　将来の売上げを確保し、製品群の業界標準化を図る最も良い方法の一つは、友好的な競争相手とのクロスライセンスである。ときにはクロスライセンスが、まさにビジネスでの成功を継続させるだろう。

　成熟に向かう製品群を標準化させるために特許のクロスライセンスを行うと、それが業界の標準となり、そして他の競合技術の参入を困難にすることができる。これはさらに、会社の技術を広めることとなり、商品のライフサイクルの後半には業界標準としてそれを確立することにもなる。

　クロスライセンスにより、競争相手の特許を利用するときのライセンス料やロイヤリティが低減したりゼロになったりもする。場合によっては、クロスライセンス契約があなたに有利なものとなり、結果的に収入源となるかもしれない。これは、もちろんクロスライセンスの対象となる特許の価値や双方の会社の将来的な売上げ確保への役割いかんである。

　もし会社が特許ポートフォリオをもたないとしたら、クロスライセンス契約の交渉時に有利な立場に立てないということは確かである。しかし、防衛

的な関連特許をポートフォリオにもてば、交渉において強い立場に立つことができる。

ライセンスアウト

　マーケティング部門が負う主要な責任は売上げである。これらの売上げが特許によって保護されているとき、うらやむべき状況が始まるかもしれない。市場において特許によって保護された製品群を確立することは、その技術を他者にライセンスする機会を広げる。

　この利益には、三つの要素が含まれる。(1)会社の収益と株主の利益、(2)製品群を標準化する能力の改善と製品のサイクルを伸ばすこと、そして(3)特許技術の方向に将来の発展の方向付けをすること、である。

　製品群を保護する特許を生むマーケティング部門内での積極的なPQMシステムは、現在、そして将来において価値のあるツールになり得る。

産業の成長

　特許製品の市場創造と市場展開の初期の段階において、市場への最大限の露出を保証するためには一般的に二つの戦略的なアプローチがある。一つは特許されたものをしっかりと保持した状態に保ち、そして技術を独占的に会社の利益だけのためや製品群のために使うことである。二つ目のアプローチは、特許技術をすばやく業界標準とすべくその技術を他社にライセンスアウトすることである。

　以下は特許の内容を独占的に保つために考慮すべき二つの重要な質問である。

1．産業の変化に否定的な影響を与え、そして特許技術を重要でない役割に変えられるだろうか？
2．もし特許技術が、例えば、ヴェルクロやクリネックスやゼロックス社のコピー機のように実質的に新しい製品のためのものである場合、あなたは唯一の製品供給者として生産量を伸ばすための資源や必要な手段を持っているだろうか？

第５章　マーケティング部門における特許管理

新しい市場を完全に自身で創造し、発展させるために十分な資源を有し、市場への影響力を持った会社の例は確かにあるが、悪い例もある。例えばVCRが導入されたとき、ソニーは品質の高いBetaを導入したが、その技術を他者にライセンスしなかった。他方の産業界は快くVHS技術をライセンス供与し、それゆえ業界標準となった。もう一つの例としては、オペレーティングシステムとソフトウェアのプログラムそしてマウス／アイコンの技術を標準化するのに気が進まなかったアップル・コンピュータ社がある。このよ

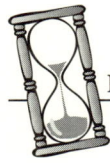

PROPOSED 2003 PATENT OFFICE RULES

延ばされたマーケティングの期間において製品を守る

　もし審査期間の猶予が21世紀の戦略計画の一つの形式または修正案（そうなることが期待されるのだが）において採用されたならば、マーケティング部門は低コストのテストマーケティングであって、興味深く新しい戦略を利用することができるだろう。

　最初に、会社はPPAを出願してから１年後に通常特許出願（非仮出願）により出願することができる。通常特許出願は、18ヵ月以内に審査料金が納付されるまでは審査されない。この支出の調節で合計2.5年の特許審査待ちの状態になる。この時間の間、テストマーケティングが行われ売上げを改善するための修正がなされる。もしテストマーケティングがうまくいかなかったら、特許出願は放棄されるだろう。

　2.5年の時間の枠組みは実際にはone-year-on-sale barを使うことにより同様に実質的に3.5年まで延長することができる（アメリカでは、製品上市後１年までは特許出願できる）。しかしながら、この場合外国における特許の権利を放棄することになるであろう。これらの新しい法律については第３章や第４章を参照されたい。そこで、現行の法を利用する戦略を展開するために顧問特許弁護士やPQMチームと協力して取り組むのが望ましい。

うにしてビル・ゲイツは有利な地位を築いていった歴史がある。
　いくつかの製品群は複数の製品供給者や競争が必要となるだろう。そうでなければそれらは決して利用されはしないだろう。多くの産業では、まず、量が多く、便利で、多くの商品供給者がいることが期待される。一部には、値付けや競争的な相場を要求する悪い習慣がはびこっており、また一部には用心のために複数の供給者に安全性が要求される。ある製品供給者はストライキをし、内部に製造の問題が起きたり、売却されたり、またはビジネスから撤退し、または製品ラインから外れることがある。これらの顧客にとっては、複数の製品供給者が絶え間なく製品を供給することが非常に重要である。

侵害

　あなたの特許が侵害されることは部門の売上げと利益に悪い影響を及ぼし得るが、思いがけない収入にもなり得る。訴訟を好むものは誰もいないとしても、特許侵害には、金額が非常に大きく、そして失った利益よりはるかに多くの資金を回収できる可能性がある。

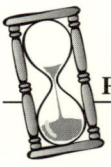

PROPOSED 2003 PATENT OFFICE RULES
より長い係属中の期間は侵害を増加させるかもしれない

　新しい21世紀の戦略計画に基づいて、実質的にペンディングの期間が3年以上になると（審査請求とともに始まる特許出願中の技術的定義と比較すると）、特許侵害の事例は増加するかもしれない。
　この主要な理由は、特許出願の関連事項が公表されることなく長い期間、おそらく3年以上秘密にされた状態のままでいることである。この時間に同じ技術開発を始める後続の会社は、長い間審査が遅延された特許出願に気付くことができず、特許が発行されて初めて特許侵害に気付くのである。

第5章　マーケティング部門における特許管理

　特許が侵害されたときにはいくつかの戦略がある。大企業によって小さい会社の特許が侵害されたときの一般的なアプローチの一つは、侵害を数年間放置しておくことである。特許侵害の時効は6年間である。もし侵害者側が侵害の事実を知りながら特許侵害をしているならば、特許権者はこれらの期間に失った売上げの総量を説明することができ、このとき侵害者は失った売上げの三倍の額の賠償に加えて弁護士費用の支払い責任がある。

　さらに興味深いことに、特許侵害に関する訴訟の事例では約70％が特許権者を支持しているという報告がある。さらに重要なことは、これらの侵害の例のうちの約80％から90％のケースは法廷に行く前に和解が行われている。そしてこれらの80％から90％が特許権者を支持している。

　マーケティング部門にとってこれは、失った売上げや収入の回収を可能にする保護的な法律があるということを意味する。すなわち、PQMシステムを確立することは部門や会社に高い関心を持たせ、そして大きな費用対効果を有している。

マーケティングにおける特許計画の確立

　マーケティング部門内での会社のPQMシステムは、マーケティングの優位性を得て、実質的な新しい収入と利益を会社にもたらすすばらしい機会である。マーケティング部門が特許を発展させる活動は、他の部門が通常顧客と密接に関係しているのとは異なる。その活動は、顧客が抱える製品群に対する問題に関連するとともに、会社のために関連する新しい機会を探し出すことに関連する。

　マーケティング部門が製品開発にアイデアを与えるということが重要であるということはいうまでもない。売上げなしでは企業は存在し得ない。製品群の継続的な改良や新しい技術の特許性の判断、または特許技術のラインセンスインの判断なしでは、将来的な売上げはほぼ見込めないであろう。それ故、会社の誰もが、この役割を担うマーケティング部門に頼っているのである。

特許の真髄

目標

マーケティング部門にとってのPQMシステムの主要な目標は、既存の製品群の新しい問題解決の機会を見つけ出し、そして新製品にする機会を既存の製品群の付加物として見つけ出し、そしてそれらを特許することである。こうしてこれらの特許は、会社の売上げを守り、製品群の長期間にわたる一連の収入や利益のためにマーケティング部門が努力した結果を保護する。

セールスとマーケティングの副責任者、地域や地方のセールスマネージャー、プロダクトマネージャー、技術サポートスタッフ、そしてカスタマーサポートやマーケティングサポートのスタッフ、これらすべての人がこの部門のPQMシステムにおける役割を果たしている。

これらのマーケティング部門の従業員同士のコミュニケーションはオープンで迅速な傾向があり、相対的に迅速な情報の流れを可能にする。このプロセスは、部門内でPQMシステムを利用し、また、与えられた市場での製品の販売、応用、または顧客に対する知識や経験が豊富な人からアイデアを要請することをもたらす。問題や機会を認識することは新しい製品の改良開発や機会にとって重要である。

マーケティングにおいて利益を生む機会を繰り返し認識する人は、早く出世する傾向がある。そのため、PQMチームの一員となることは、認識を持ってプロモーションの機会を開く良い機会である。こういった種類の従業員の認識は、他の問題がある領域や機会、新しい特許の対象となる改良を判断することにつながる傾向がある。

すべての部門と同様に、マーケティング部門におけるPQMシステムは、機会の質と、特許の質に焦点を当てなければならない。長期間有効となる特許は、将来的な売上げを何年にもわたって保証するだろう。時間、お金、資源を大事でない製品の改良に費やすのは賢くないであろう。それは十分な売上げやROIをもたらさないであろう。この部門のマネジメントの主要な責任は、マーケットのシェアを増やすことの価値と特許化にかかる費用との関係や特許できる機会のタイプについて学び、理解することにある。マーケティングのマネジメントは、組織内の誰かが自動的に新しい機会を認識し、それ

第5章　マーケティング部門における特許管理

らを部門のために特許するだろうと想定することはできないのである。

計画の実施

　TQMシステムでは、マーケティング部門は委員会の舵を取る主要な情報源となる。TQMの方法論を伴うと、マーケティング部門のPQMシステムは、情報を入手して評価し、そして潜在的な製品改良や開発の機会を調査する。

　TQMとPQMが情報を求める目的の間には根本的な違いが一つある。TQMはマーケティング部門に顧客と近い場所に居続けることを要請し、そして会社の現在の製品群でどの程度上手くいっているのか、どのように現在の製品を拡大することができるかといったことを決めるために役立つ情報を入手するよう求める。PQMはマーケティング部門にそれを次のレベルにすることを要請する。どのようにして会社が現在の製品群を増加させることができるかを決定し、そして究極的に何が将来において最も優れた製品になるかを発見するための情報を集めることを求める。

　現在の製品ラインを拡大することは価値があるのだけれども、長期間にわたる効果をもたらしたり、特許によって保護されたりすることは稀である。しかしながら、製品や製品群を拡大させるとき、より長い期間での効果や特許性が考慮に入る。製品は実質的に改良されることでその価値を増すかもしれないし、製品群は、新しい関連商品（通常特許されている）をライセンスインしたり、既存の製品（これらも特許されているかもしれない）に新しいニッチの変化を与えて作り出したりすることによって増加するかもしれない。

　マーケティング部門のミーティングは一般的に、1、2週間毎に開かれており、これはPQMの構築に適している。これらのミーティングでは、自身の新製品の改良点や発表と一緒に競合者の地位や利点が議論される。さらに重要なことは、チームが何を行うことが競合者より有利な立場を築き上げるか、または最低でも何を行えば追いつくことができるかを議論することである。

　通常マーケティング部門のPQMチームは、少なくともトップレベルのマー

111

ケティングディレクター、または副社長によって率いられる。新しい機会が生じたとき、その部門のチームは、製品評価や開発計画を管理し、実行するための新しいプロジェクトチームを立ち上げる。

　PQMシステムでも同じチームの構成が用いられるかもしれない。実際に、同じTQMチームのメンバーは、その部門のPQMシステムを実行し、管理するのに最も適切な人材であることはよくある。PQMのミーティングは、既に存在するTQMのミーティングに簡単な付加的要素を加えたようなものかもしれない。それ故チームの普段の仕事以外には余分な努力をほとんど必要としないだろう。

　他の部門と同様に、マーケティング部門でPQMを実行する前に、すべての従業員は、これから議論され、開発される発明に関する守秘義務とその権利の会社への帰属を認める社内特許保護契約にサインしなければならない。もしこれがまだ完了されていないとすれば、それが部門内で計画を実行する最初のステップとなるかもしれない。その契約書は、会社の顧問弁護士によって用意されるだろう。

新しい発明品への機会と解決への要請

　マーケティング部門での新しい機会は、部門内部の個人から外部ソースからの情報収集まで多種のソースから求められる。マーケティング部門に新しい機会を要求する主要な源泉は以下のとおりである。

- ブレインストーミング
  PQMチームの部門が新しいコンセプトについてブレインストーミングするのに通常使われているチームテクニックを利用する。
- マネジメント主導
  現在の市場の要求に応えるよう製品を変更、修正、または改良すべきことを、より上級のマネジメントから指示されることにより、特許性のある製品が開発されるかもしれない。
- カスタマーサービス部門
  マーケティング部門による顧客のクレームリストの記録は、現在の問

題を解決して既存の製品の価値を高める機会を明らかにする。
- *顧客，エンドユーザーと近い距離を保つこと*

 新しい革新の機会を決定する最善の方法は、おそらく顧客との距離を近く保ち、そして彼らの将来の需要が何であるかを見極めることであろう。これはいつも簡単というわけではない。なぜなら多くのマーケティング部門はエンドユーザーからいくらか隔たりがあるからである。彼らは、主要な小売業者や卸売業者だけを取り扱い、彼らの情報に頼る傾向がある。将来性やエンドユーザーについて小売業者や卸売業者の情報に頼ることは重大な過ちになり得る。これはあなたのマーケティング部門の基本的な責任のうちの一つである。

- *小売業者や卸売業者と近い距離を保つこと*

 現在のトレンドは彼らを通じて追いかけることができる。これらには、販売のトレンド、そしてある程度の消費者の購買動向などが含まれる。二次的な機会 —— 製品の拡大 —— は、小売業者や卸売業者の需要から生じ得る。

- *消費者調査*

 現在の顧客と将来の顧客に対して行われる市場調査は、将来的な製品トレンドと機会の方向性を指し示す助けとなり得る。

- *常識的な判断*

 将来の刺激的な機会を明らかにするためにときには常識的な判断のみが必要となることがある。例えば、もし今日あるものが紙で作られたなら、それは間もなくプラスチックで作られるようになるであろう。または、もし製品がガラスやアルミニウムで包装されているならば、遅かれ早かれそれはプラスチックになるであろう。

- *外部機関*

 外部のソースは、新しいライセンスインの機会を部門にもたらすために推奨される。このことは、もし外部機関が顧客 —— つまりエンドユーザーにより近い存在の場合は特に正しいといえる。

マーケティング部門のPQMミーティングでは、アイデアや新しい製品コ

ンセプトは、たとえそれがどんなに奇抜なものに感じられたとしても否定されるべきではない。驚くべきことに昨日の風変わりなコンセプトが明日の現実となった例がよくあることである。奇抜すぎると思われるコンセプトは、単に後まわしにすべきであり、より即効性のあるインパクトを持つコンセプトが評価され、求められる。

アセスメント：チームレビュー

マーケティング部門の革新のためのアセスメントチームは、この領域での経験を有し、そして実質的な将来のビジョンを持っている人によって率いられなければならない。すべての正しい決断は、正しい革新が実行されるようになされなければならない。なぜならこれらの決断は、会社の将来の収益にとって非常に重要だからである。

マーケティング部門のチームは、典型的には部門外からのメンバーも適任者として含むであろう。最も重要な外部のメンバーは、製造部門のトップマネジャーであろう。それは、現存する革新に対する新しい改革や改良が費用対効果を確実にすることが重要だからである。もし製造のコストが非常に高くて売れなければ、新しい改革を進めることは実りがないものになろう。また、製造プロセスは、製造部門の賛同なしでは勝手に変更することができない。

主要なアセスメントチームのメンバーは以下のものを含むであろう。

- マーケティング部門のトップ
    評価チームを率いる。これはトップのセールス／マーケティングマネージャーにすべきであって、例えば、会社の副社長である。
- マーケティングマネージャー
    マーケティングマネージャーの情報源や調査に基づいてマーケティングに関する情報を提供する。
- 地域のセールスマネージャー
    現場からより実用的なフィードバックを提供し、現在のマーケットの流行や、競争的な地位にすばらしい活気を持たせなければならない。

第5章　マーケティング部門における特許管理

- *製造マネージャー*
  製造部門に実現可能性と費用対効果の向上を評価する。
- *エンジニアリングマネージャー*
  実現可能性と既存の製品の新しい改良のエンジニアのコストや新しい革新または製品のライセンスインのコストを評価する。
- *法律顧問*
  特許性と範囲を評価する。
- *財務部門*
  投資に対して見返りがあるかどうかを判断する。

マーケティング部門のチームは一般的に最も大きい。なぜなら会社内のほかの部門に重複して影響を与えるからである。新しい改良のすべての側面を満足させることや全く新しい革新を発展させることの重要性は、固有のものである。

その他の貢献者

　チームレビューに参加するその他の専門家がいてもよい（例えば、健康、安全性、法律の考えを評価するため）。彼らは会社の内部の者でも外部の者（例えば原料の供給者、FDA、射出成型の専門家、機械屋など）でもよい。
　これらの人々は、発明の貢献者やアセスメントチームの一員ではなく、アセスメントチームが活用すべき最良の技術、潜在的な市場を評価するために利用すべき情報を提供する役割を担うと考えられる。発明にかかる事項は、絶対的な必要がない限りそれらの実体を公開すべきではない（必要な場合、発明に寄与したときの権利放棄を含めた秘密保持の合意書にサインすることが求められるだろう）。

認可システム

　製品の改良や新しい革新を集め査定した後に、チームはそのプロジェクトを受け入れるか拒絶するかを決断するだろう。さらなる開発の要求やプロジェクトを進めるか、進めないかの決定、テストマーケティングを用意して

特 許 の 真 髄

拡大させることなどについて意見の一致が必要とされる。もし意見の一致が得られなければ、さらなる査定が必要とされる。

　改良に対して特許を取らないという決定は、必ずしもプロジェクトの放棄を意味するわけではない。それは、その特許が製品の幅広い範囲を保護するには十分でないということを意味するかもしれない。それはその改良が売上げにおいて十分な結果をもたらさないということかもしれない。チームは特許保護なしでその新しい改良を追及することを決めるかもしれない。なぜなら、追及し、実行するのが簡単で費用対効果が良好な場合には売上げや利益にあまり影響を与えないからである。

第6章

エンジニアリング部門における特許管理

~本章を読んでわかること~

- エンジニアリングスタッフの間で特許創出の意識を高めることの価値
- 特許の解釈についてエンジニアリングスタッフを教育する方法
- エンジニアリング部門が特許発明を創出、設計することについての責任
- エンジニアリング部門の特許計画を提案し実行する方法

　エンジニアたちは特許についてすべて知っているのだろうか？　おもしろいことに、その答えは間違いなく「NO」である。

　エンジニアリングは、技術的専門職である。それは問題に対して科学を応用したり、人類を助けるための解決策を創造する分野である。エンジニアたちはR&Dの専門家、研究者、科学者、製品開発者、設計者といったさまざまな呼び名に分けられるが、発明者となるのはそのうちのほんのわずかで、そのほとんどは特許のプロセスに関して十分な知識を有していない。

　技術的専門分野には機械工学、製造機械、産業機械、バイオテクノロジー、化学、電気、土木、自動車、ソフトウェア、航空、海洋、鉱山、石油などその他多くの分野が含まれている。

　エンジニアたちは物理法則、工学および科学の公式、確率統計の解析、調

査法および最新の工学ツールを彼らの仕事に応用する訓練を受けている。実は、エンジニアたちはその箱の中で考える訓練を受けているのである。

　エンジニアや科学者たちは、発明プロセスの間に、自然に発揮される技術的能力を備えているので、適切な指導や訓練を受ければ発明を多く生む発明者になり得る。訓練を受けない限り、靴のセールスマンと同じように発明や特許プロセスについて不慣れなままであろう。

　これはエンジニアリングマネージャーであるあなたの受け持つところである。

　エンジニアや科学者に大学が発明工学の学位を与えるような企業の特許ポートフォリオに価値ある貢献者となるのを手助けするために、環境、手順、インセンティブおよび学習ツールを創り出すことが、エンジニアリングマネージャーの仕事であろう。もしエンジニアリング部門における特許管理が古いニュースだと思えたならば、あなたはエンジニアリング部門を見直すことの価値を学ぶであろう。

発明に関する意識

　エンジニアは学校で既存の構造、物質、測定、機構、プロセスなどについて教えられる。彼らは問題を解決するための創造力の使い方については通常教えられないが、多くは普通にそれを行っている。

　最小限の生産能力で新製品の品質を最大限にするための革新的、発明的ソリューションが最も重要な目的である。これはまた、開始時のコストの試算や長期の持続性を考慮して処理されなければならない。特許で保護され得る発明的ソリューションを備えた新製品や新手法を完成するエンジニアたちがいれば、企業の将来と安定にとってエンジニアリング部門が重要な役割を果たすだろう。

　最新で、より費用対効果の優れた、高い生産性のプロセスが製造部門に組み込まれるように、そのプロセスにおける現在の技術水準を知ることもまたエンジニアたちの責任である。

第6章　エンジニアリング部門における特許管理

NIH（not invented here：自社外技術排斥）をなくせ

　高品質で高性能な製品やソリューションを創り出すエンジニアリング部門に対しては、心を広くしなければならない。NIHの方針を採らず、活発に外部技術を評価し、利用する柔軟な企業が明日の勝利者となる。ときにはプライドが企業環境において価値ある特徴になり得るが、しかし一方で最も有害な力の一つにもなり得るのである。

　NIHは企業環境内から排除されなければならず、その責任はエンジニアリング部門から始めるべきである。企業は株主に対して売上げや利益を生み出すという義務があり、もし企業がエンジニアリング部門内のNIHの姿勢のために利益を減らすことがあったならば、彼らはその責任を取るべきである。最良の技術を採用する決断は、有用で、費用対効果が高く、長期的な見込みのある革新に基づいてされなければならない。NIHの姿勢を持つ人々は、企業の将来や株主に影響を及ぼすような決定を簡単にくだすことはできないだろう。

　どんなにエンジニアリング部門の従業員が優秀であっても、与えられた分野や産業で成功するすべての新製品やコンセプトを簡単に発明することはできない。外部技術やプロセスを採用することは、生産ラインの将来の成功のための基本であり、またそれ自体成功に等しい。よく開発された他者技術を利用することが時間の節約をもたらすのはいうまでもない。迅速で、フレキシブルで、新製品開発に集中したり、製品が市場に早く届くようなこの時代においては、外部技術の利用を考慮することはより有利とさえいえる。

　外部技術はときどき買収した設備もしくは物質と一緒に購入されることもある。その他の場合には、技術はライセンスインするか、所有者から完全に譲り受けるかである。いずれにしても、新しく生まれる技術と同様にすべての利用可能な技術を備えた企業の知識基盤を広げることは、急速に変化する世界と変わりやすい顧客の購買動向から考えて賢い方針である。

　NIHの姿勢もまた内面的に排除されなければならない。エンジニアリング部門は企業における唯一の発明の源とはなり得ない。すべての部門からその機会を強く求めることのほうが道理にかなっている。それは企業の資源を広

特許の真髄

げることになるし、また、もしそうしなければ発見されないような新しい機会を見つけることがよくある。これは、企業のエンジニアリング部門が全能のエンドユーザーに焦点を当てていない場合に、特に確かなことである。全能といったが、エンドユーザー —— 主役となる購買者 —— を、他の誰よりも先に満足させねばならないのである。さもなければ、製品は生き残ることができないだろう。

NIHを生む原因と条件

　何がNIHを引き起こすのか？　怠けと変化に対する抵抗をもった人格に発達させるのは人間の本能である。いかに午前8時寸前に出勤し、午後5時直後に帰社するかということによって従業員の能力を測るという特に仕事環境のなかではなおさらである。変化し、型を破り、リスクを冒すインセンティブがなければ、その時点でNIHの成長が始まるのである。

　NIH症候群の症状とそれを支持する言い訳を明らかにすると、隠された原因が分かり始める。

- 20年間これと同じようなことをやってきて、上手くいっている。今は何も変える必要はない。諺にもあるように『角を矯めて牛を殺す』だ。
- 私はあと2年で退職する。なぜリスクの高い外部の新プロジェクトに取り組みたいと思うだろうか？　もし失敗したら、解雇されて年金を失うかもしれない。
- 私は、一流のエンジニアリング部門を率いて大金を稼いでいる。もし主要製品や技術をライセンスインすることを提案しなければならないとしたら、私はこのエンジニアリンググループから能力を引き出す能力がないということになる。
- 新しい製品や技術を得るためだけにライセンスのプロセスを片づけるのは面倒すぎる。お腹がすいたし、もう遅い。このことは忘れてしまおう。
- 製品や技術について外部からの提案を見ただけでも、訴訟に発展しかねない。それ故、我々は、法的防衛策を講じなければならない。我々が外部技術に対して開かれているというのはただそう見えるだけなのだ。

第6章　エンジニアリング部門における特許管理

これらの症状のほとんどは、身勝手さやエゴの結果であり、怠け続けられるようにするために無能であることを隠したり、または言い訳を見つけたりするのである。PQM環境下では、こういった個々の態度に対する余地は全くなく、この一つの危険な苦悩は他のどの要因よりもPQMプログラムが効果的であることを明らかにする。

IN THE REAL WORLD

エンジニアは発明者ではない

我々が信じる直感に反して、発明者または特許所有者になるアメリカのエンジニアや科学者は、毎年全体の2％以下である。

Plunkett's Engineering & Research Industry Statisticsのレポートは、アメリカの1997年における科学者やエンジニアの雇用ベースが3,369,400人であることを示した。アメリカの科学者やエンジニアに関する別の労働者レポートは、130万人の科学者や技術の専門家が基礎研究、材料研究、応用研究のために雇われており、それに加えて190万人のエンジニアが雇われていること（合計320万人）を示した。対照的に、米国特許商標庁の1999年の統計は：
合計153,489件の特許（約11万5千件〔75％〕が企業に対するもの）が与えられ、アメリカ国内に対する特許は、83,908件（約6万3千件〔75％〕が企業に対するもの）であることを示している。

1999年の特許取得企業のトップ10のうちアメリカ企業はたった3社であり、IBM社、モトローラ社、ルーセント・テクノロジー社だった。

ボトムライン：アメリカで働くエンジニアや科学者で、ある年に特許を受けるのは、平均して年に50人に1人もいない。言い換えるとその割合は1.8％である。

出典：1999年SETAT雇用報告書の国立科学基金データ、合衆国調査局の合衆国統計アブストラクト1995～2000年版および米国特許商標庁

PQMの一部としてのエンジニア

　エンジニアリング部門はあらゆる部門の中で最もダイナミックなPQMの機会を持っている。エンジニアリング部門は、新製品開発やそれに対応する製造プロセスの中枢にいることが多く、新製品と解決策の計画を立てるためのより多くの責任が彼らにある。

　伝統的に、TQMシステムでのエンジニアは、積み重ねた改良品を作るのに関心がある。今日のエンジニアリング部門にとっての課題は、積み重ねの改良を越えるものであって、新発見をすること、新たな機会を生むことを含んでいる。価値のある新製品、改良およびプロセスを発明することに長けたエンジニアは企業の将来に重要な役割を果たす。

　エンジニアリングはまた、企業の全体にわたる他部門のPQMチームにおいても重要な役割を果たす。一つには、彼らは、低い生産性のプロセスを続けないこと、また生産にお金がかかる製品、もしくは簡単に壊れてしまう製品の生産を続けないことを他の部門に対して保証する重要な適任者である。エンジニアリング部門はまた、他部門に対して、例えばマーケティング部門に、製造部門の現在もしくは将来の製造方法と調和した特定のプロセスの使用に基づいた製品や改良品を追求するように指示し、それを推薦する。

　同様に、エンジニアリング部門は他部門の一つ、例えば製造部門に、検討したいと思っている既存のプロセスに対する新しいプロセスや改良が、その製品の品質や性能を犠牲にしないだろうといったことを指導するかもしれない。我々もよく知っているように、製造は既存の製品ラインを一般生産ラインに変換する危険や、もしかするとすべての革新的な製品の売上げによる優位さを失うかもしれないといった危険なしに、販売を行うことはできないのである。

エンジニアリング部門における特許の取得

　エンジニアリング部門から生み出される特許のタイプは、マーケティング部門や製造部門に影響する特許のタイプと重なり合う。しかしながら、エンジニアは特許の発展が仕事上の責任のより重要な部分になるにつれて、それ

らの専門用語やその用法について完全に理解しておくべきである。

発明教育：特許の読み方

　特許の明細書は、当業者（おそらくエンジニア）がその結果を再現できるように十分な情報を提供しなければならないと定義されている。

　どのような特許情報をエンジニアや科学者は読み取るべきなのか、また、特許からどのような情報を得るよう努力すべきなのかは、エンジニアリングマネージャーによって掲げられる目標に依存するだろう。第一にエンジニアに発明の記載について勉強してもらい、また、おそらく競合者の発明の背景についてより学んでもらうことを望むマネージャーもいるだろう。または、エンジニアが発明の背景、クレーム、関連特許および図面を含む、競合者が出願したすべての特許を勉強することを望むマネージャーもいるだろう。

　技術会誌や科学・技術教科書すべてが、エンジニアや科学者にとって興味のある新しく、有益な情報を備えているが、最新の刊行物や本でさえ毎週発行される特許に比べると古いデータを掲載しているのである。

　もしエンジニアが特定の技術の最先端にとどまりたい、企業にとって価値ある知識資源でありたいと願うならば、どのような新技術や製品が特許化されるのかを知るべきである。この知識を基に、エンジニアや科学者は新しい特許から技術水準を学ぶことができ、特定の技術のさらなる発展を思いつくことができる。その情報はまた、エンジニアや科学者に新しく発行された特許を改良したり、計画するためのアイデアを与える。

製品特許

　エンジニアリング部門によって開発される製品特許グループに分類されるコンセプトは、新しい製品、デバイス、および生産ラインに使用される装置を含んでおり、明確で、ユニークな、新しく有用な要素と属性を定義する。それらは個々の製品、装置、デバイス、製品のあらゆるグループを包含し得るものであり、エンジニアにとって、容易に把握できるコンセプトである。

特許の真髄

使用方法特許またはシステム特許

　これらの特許は、製品をユーザーフレンドリーにし、使いやすくすることに直接的に関連している。これは、エンジニア（特に人間工学に関わる者）にとって特別興味があるに違いない。しかしながら、エンジニアに何らかの没落があるとすれば、大学で教えられるようなエンジニアリング、あるいはアメリカ産業界に組み込まれているようなエンジニアリングは、使いやすく、ユーザーフレンドリーな製品をつくることを優先していないように見えるかもしれない。私たちの現代社会のエンジニアリングは、より構造的、物質指向の傾向があり、製造や関連したプロセスに向かっている。実際、エンジニアリングがエンドユーザーに接する機会をもち、彼らのニーズを考慮するといったことはめったに行われない。

　エンジニアにとってシステム特許は、製品が使用されるユニークな方法を定義する。特許は一般に使われている製品や部品には与えられないが、新規で、有用で、ユニークな方法として使用される場合、特許化は可能である。結合して使用した結果が新規でユニークであれば、その構成要素の一つあるいはすべてが先行技術であってもかまわない。エンドユーザーにとっての効率、有効性および利便性の点を考慮すれば、あなたはシステム特許について考えるだろう。

　VCRやコンピュータのような多くの電気製品がエンジニアによってもたらされたが、ソニーやアップル・コンピュータ社によって発明されたユーザーフレンドリーなコンセプトは、それらの製品を使いやすく、もっといえばそれらを売りやすくした。将来について考えを巡らす機会やそれに関連する問題を解決することには、創造的な個人の力を必要とするが、それは実践を伴って初めて達成され得る。現在のプロセスおよび原料に基づいた最良のものを設計し組み込む方法を知っているエンジニアよりもこれを上手く実行できる者はいないだろう。

　さらにシステム特許は、エンジニアリング部門にとっての将来の製品開発の機会を適切な方向に導く傾向がある。システム特許は、現在の製造プロセスや既に知られていることを扱うことから離れ、顧客が将来望むであろう新

しい製品を創り出すことに専念させる手助けとなる。企業が存続するか否かはこのアプローチに依存するだろう。

　私たちは、システム特許がビジネスおよびマーケティング部門の最も重要な機会の一つを表すことを知っている。しかし、それらは同時にエンジニアリング部門にとってあくまで努力をし続け、それを実現するための最もよい機会の一つを表す。おそらくマーケティング部門は、そのやり方を具体的に知らないだろうが、顧客が望むことについての彼らの考えは、エンジニアリング部門の努力を正しい方向へ導く手助けをすることができる。

改良特許

　エンジニアリング部門の本質は、まさに、改良特許によって保護することができる製品とプロセスの改良を相当数生み出すために最適なポジションにいるということである。エンジニアリングによってなされた多くの改良が特許され得る。しかし、本当に困難な課題は、資金や時間を投資する価値がある品質改良だけを追求できるかどうかにある。改良特許とは何か、どのように分類するかは重要ではなく、本当に重要なことは、機会が浮上し、企業の知的財産権が保護されるとき、行動をとるかどうかである。

　製品エンジニアにとって重要なことは、既存の製品ラインやシステムへの改良が新規で、ユニークで、有用であるとみなされる場合には、それが他者によって特許されるかもしれないということを理解することである。そのため、顧客指向のエンジニアリング部門は、将来の製品改善の標準を定めるために常に努力しなければならない。さもないと、会社の外部の誰かがそれを実行してしまうかもしれない。会社の外部の者が、新しく、改善され、有効な技術を開発したときに、賢いエンジニアリング部門であればライセンスインによりそれらの技術を採用し、そうすることで、不確かな代替の技術を開発しテストする時間を短縮することができる。

プロセス特許

　企業におけるプロセス特許は、内部の製造プロセスに集中しがちである。

特 許 の 真 髄

　多くの企業では、内部の製造プロセスを完璧にすることがエンジニアリング部門の中心的焦点である。これにはよい理由がある。高度で有効な製造工程は、会社が利益を上げ、成功するための助けになる。
　内部のプロセスを改良し、それを特許化する努力を絶対にやめるべきではない。しかしながらこれらは顧客指向の革新や改良と内部プロセスとのバランスを考えなくてはならない。もし内部プロセスの開発がそのような狭い焦点でなされて、製品が、修正・改良ができないほど一般化された製品群となってしまうならば、その製品は、変化に対して適応可能で、新しいトレンドに合致させることができる製品群に市場シェアを奪われることになるだろう。
　また、プロセス特許はその他の危険を乗り切るための価値あるツールになり得る。ときとして企業は、厳重に保管されたトレードシークレットとしてある製造プロセスを維持する。しかしながら、もし外部の者がそのトレードシークレットを包含する特許を出願したとき、その会社はその特許によって自己の権利を失いかねない。言い換えれば、どんなに前からその製品が使用されていたかにかかわらず、そのトレードシークレットを保有している企業は、新しい特許権者からライセンスを受けるように強いられるであろう。この類の判例は過去にいくつかある。このようなシナリオが企業、株主、エンジニアリング部門、そしてエンジニア自身に与えるネガティブなインパクトは、潜在的に甚大であることは明らかである。このようなことが起きるのを防ぐための最善の方法は、他人より早くプロセス特許を出願することである。そうすれば代わりにプロセス特許をライセンスアウトする有利な立場になるだろう。
　より顧客指向で、革新を目指す企業になるという焦点にシフトするためには、費用対効果の高い製造プロセスを伴わなければならない。エンジニアリング部門の責任は、顧客と製造部門の両方を満足させるための手段を求めるにつれてより大きくなる。

デザイン特許

　デザイン特許は、装飾的なデザインのみであるものを指すが、エンジニア

第6章　エンジニアリング部門における特許管理

リング部門がもつ特許の小さな部分になるかもしれない。新製品や改良を設計する場合に、エンジニアには優れた美的性質を組み込むようにますますプレッシャーがかかっている。この観点から、デザイン特許の保護は、実用特許の保護に付随して生じ得る。デザイン特許は、独創的で固有の新しい外観の保護に寄与し、市場性にポジティブな影響を与える助けとなる。

　たとえ部門の重点が、強力な保護をもたらす実用特許によって守られた新製品、および改良にあるとしても、シンプルなデザイン特許が所望の目的（例えばある独占的な外観を守ること）に役立つ場合がある。しかし、一般的にいうと、エンジニアは、美的観点を第一として設計を行うのではなく、可能な限りいつでも実用特許による保護を得るために努力すべきである。

エンジニアリング部門の責任

　急速に変化する時代では、エンジニアリング部門の焦点も同様に変化する。1900年代初頭、ビジネスはヘンリー・フォードの生産ラインの創出によって導かれた製造指向だった。1930年代に入ると、生産ラインを拡大し、分類された色を提供するゼネラル・モーターズ社によって導かれ、販売指向への移行が起きた。品質管理システムが20世紀後半に採用されてからようやくビジネスは顧客指向に変わり始めたのである。

　あなたの企業のエンジニアリング部門の焦点はどこにあるのか？　不幸にも今日のエンジニアリング部門のほとんどは、時代遅れのビジネス構造を基礎としており、いまだ製造指向に、またはせいぜい販売指向に重点をおいている。21世紀に最も大きな成功を経験する企業は、エンジニアリング部門が顧客指向に大きな重点をおいた企業であろう。

エンドユーザーのための設計

　エンジニアリング部門はエンドユーザーから遮断されがちであるため、トレンド、ユーザーの傾向、購買動向に関する有益な情報がエンジニアリング部門に届くのは時間がかかるかもしれない。最も重要な顧客（最も重要な購買層）がエンドユーザーであるという基本的な事実を見落とすことはできな

い。顧客指向であることに焦点をおいていると主張する企業があるが、その焦点は多くが内部業務やカスタマーサポートのサービスに関係している。これを次の段階まで高め、製品革新と開発において顧客指向に重点をおく企業はごく僅かしかない。顧客指向の革新を新製品や改良品のための推進力としてとらえる企業には、チャンスが多く訪れるだろう。特許はこういった発明的機会を保護することができる。

　新しい発明的機会を見分けるためのエンジニアリングにとっての最善の方法の一つは、TQMシステムにより提案されるような営業部門からのフィードバックを利用することである。別のソースは、内部のR＆D部門（マーケティング部門によって供給されることもあり、単独で確保されることもある）であって、これは、エンジニアリング部門もしくはマーケティング部門の管理下にあるかもしれない。発明的機会を見分けることの三つ目のソースは、エンジニア自身、特に営業部門のサポートとしてテクニカルサービスコールなどを通じて顧客に対して仕事をするエンジニアたちである。これらすべてのアプローチは利点を持っているし、欠点をも持っている。

　マーケティング部門の人は、市場動向に対するフィードバックに関する最良の全体像を知っていることが多い。エンドユーザーと直に接しながら仕事をするよく訓練されたR＆Dの人員は、よりよい質問をし、現存する問題の根本にたどり着き、将来の機会を計画することができるかもしれない。経験豊富なエンジニアは現在の問題を見極めることができるかもしれない。しかし、現在の知識に基づく経験しかもたない彼らは本当にこれらの問題を解決できるだろうか？　単独で新しい発見をし、新しい機会を発明することができるだろうか？

　顧客が自身の真のニーズを明らかにすることは難しいので、経験とチームの努力は、顧客のニーズを明らかにするために使うことができる二つの最善の道具である。マーケティング、エンジニアリング部門によって示される大局的課題と機会について注意深く耳を傾けることによって、それらを実行可能なソリューションに変えることができる。現在の問題を解決する改良や新製品がエンジニアリング部門によって自動的に発明されることは非常に稀で

ある。そのヒラメキはたいてい、別のどこかで始まる。

あなたのエンジニアリング部門は、その市場に関するデータをどこで得るのか？

技術水準を知ること

エンジニアリングは、また競合開発のトップに立ち続けなければならない。それには競合者の市場にリリースしている新しい改良品を知り、それに対する反応がポジティブなのか、またはネガティブなのかを知らなければならない。広く受け入れられ新しい革新的な製品はたいてい新しい業界標準となり、新しい技術水準となる。

この現象のよい例として、クッキー、フルーツドリンク、ドライフルーツ、穀物など多くの製品の小売包装が、ダンボールからプラスチックの袋へと業界全体がシフトしたということがある。新しい小売包装の品質と価値は非常に優れており、潜在的な売上げを拡大し、改善している。この傾向は今後数年間に他の多くの製品ラインを通じて継続して広がるだろう。これらの種の新しい市場の傾向についてフィードバックを行うのはマーケティング部門の責任である。しかし、エンジニアリング部門は、後になって対応を強いられるのではなく、この情報を利用して近い将来のための準備を今すぐに始めなければならない。

このR&Dタイプの機能において、マーケティング部門が、あなたの部門のために競争に関する情報やフィードバックを確保する最も重要なソースの一つである。あなたのエンジニアリング部門とマーケティング部門との間の協力は、業界での技術水準を絶えず修正していくR&D対策チームであるべきである。したがって、あなたはリーダーシップをとる立場にあるかもしれない。

迂回技術（design-arounds）

技術は、競合者などによって開発されてしまうことが度々あるが、この場合、ライセンスが不可能なことがある。その理由としてはいくつかが挙げら

れる。(1)所有者はその技術を独占しておきたい、(2)ロイヤリティが高すぎる、(3)ライセンサーとの交渉が難しい、(4)技術の特許保護が不十分である。これらはすべて既存の技術を迂回デザインするための十分な理由でもある。

　この話を始める前に、あなたは迂回技術について深い理解を持つことを望むだろう。あなたの法律顧問は、まず既存の特許の権利範囲に関する見解を示し、あなたの迂回（回避）デザインの努力においてどの構成要件（またはその組み合わせ）を除外しなければならないかについて指示があるだろう。

　現存の特許を迂回することに対する主なアプローチの一つは、「次に生み出されるのは何か？」という質問をすることである。あなたの部門が既存の技術を回避する任務を割り当てられたら、それを次のレベルに引き上げ、その代わりに発明してはどうだろうか？　全能のエンドユーザーから学び、彼らが今日ではなく、明日や将来に本当に望むものを発見してはどうか？

　既存の特許の回避は、エンジニアリング部門の最も大きな挑戦のうちの一つかもしれない。しかし、それは加えて最も価値のあるもののうちの一つであり得る。企業の製品ラインをダイナミックで新しい方向へ導き、新しい潜在的な利益を示し、その部門に実質的に高い評価をもたらすことができる。

欠陥ゼロを求める製造プロセスの改善

　製造環境におけるエンジニアリング部門の焦点は、障害を取り除き、生産性と生産量を増し、製品品質を改善するように製造部門とともに仕事をすることである。生産性を数パーセント上昇させることで十分である。顧客の製品需要は独特で、ニッチ指向で、気まぐれな方向へ向いているのにもかかわらず、その間、生産プロセスはより一般向け大量生産製品に適合するように求められる。

　すべてのエンジニアリング部門にとっての課題の一つはそこにある。あなたの製造部門が大量生産、大衆市場を目指しているならば、あなたは競合者による"ひどくニッチな市場"を獲得しようとして、マーケットシェアは永久的な衰退をたどるだろう。

　短命なニッチ製品を製造する能力を制限する傾向があるという状態で、自

第6章　エンジニアリング部門における特許管理

動化の使用は、製造における新しい課題を創出する。これらの問題を解決することができるエンジニアリング部門は、いくつかの強力な特許を取得する準備をするだろう。エンジニアリング部門のPQM戦略は、製造指向ではなく、エンドユーザーの現在のニーズや将来のニーズを考慮して、顧客指向により重きをおいて再編成された製品や生産開発戦略を反映しなければならない。

　エンジニアリング部門は、欠陥を減らす新しい方法を見つけることで製造を支援する。これは、製造設備、機械類およびプロセスの物理的変化を含んでいるかもしれない。これはさらに、商品、情報および生産データの取扱いや処理の新しい方法を用いることで、生産ラインをニッチな製品により柔軟に適応可能にすることを含んでいるかもしれない。その結果として生じる特許発明は、新しく創出されたニッチな市場から他者を排除する大きな影響を与えることができる。結局のところ、各々の大量生産された製品は、ニッチな製品としてスタートするのである。あなたがそれを行わなければ、あなたの競争者のうちの誰かがそれを行うだろう。特許でこれらの新しい市場における優位を保護するのはあなたの部門の責任である。

製造ダウンタイムおよびチェンジオーバーの削減

　休止時間（ダウンタイム）と切換時間（チェンジオーバー）を減らすために製造部門と協力することは、エンジニアリング部門の重要な責任の一つである。市場が大量生産製品からニッチ市場へ向かうにつれて、ダウンタイムとチェンジオーバータイムは、選択された行動に依存して生産設備をより脆弱にするか、より価値があるものとするかを決める。

　ある製品から次製品へスムーズで迅速な移行を確実にするために、エンジニアリング部門によって開発された発明的方法論やプロセスは、それが本質的でないとしても、マーケティング需要を満たすためにとても価値が高いだろう。これは、新しい情報処理システムおよび対応するソフトウェアを開発するエンジニアリングの能力を含んでいるかもしれない。チェンジオーバータイムを改善するこれらの方法およびプロセスはすべて特許され得る。

　同様に、エンジニアリングが必要なメンテナンスを減らすように機能する

ならば、生産力もまた改善される。メンテナンスを縮小する、設備を維持する、あるいは修理するのに必要な時間を減少させるといった、革新的なシステムおよびプロセスは特許されるかもしれない。

廃棄物の削減

まず、原材料および製品組立てに関連した製造作業での廃棄物を減らすことは、エンジニアリングの別の主要な責任である。欠陥製品や欠陥のあるプロセスが原因で生じる廃棄物も同様である。生産に関連する欠陥の問題を解決すれば、廃棄物もまた除去されるということはいうまでもない。

いくつかの組立てプロセスにおいて原材料廃棄物をゼロにすることは技術的に不可能であるが、その廃棄物がどのように扱われるかは重要かもしれない。例えば、原材料を再処理し再生利用する所有者の廃棄物の取扱いシステムは原料コストを削減するはずであり、そのシステムは特許されるかもしれない。その特許は競合者に対して原料コストにおいて優位性を生むシンプルな方法であり得る。この方法では、競合者のスクラップの処理で利益を得ることにつながるだろう。

我々はまた、欠陥製品によって生み出された廃棄物が品質コストにネガティブな影響を大きく及ぼすことを知っている。欠陥製品を再加工、あるいは廃棄するコストは付加的な処理と費用が必要になることを意味する。そういったことが起こる前に、対応する廃棄物を削減するシステム、および欠陥を減らす方法は、大いに望まれることであり、また特許されることでもある。

安全性

エンジニアリングの活動のあらゆる面において、安全性は主要な関心事である。工場業務、設備およびシステムに安全性の要素を組み入れれば、保険料を減らして利益率を改善することができる。さらにそれは、従業員の心にポジティブな影響を与え、そのことは生産性に好影響を与える。工場業務での安全性を改善するエンジニアリングの革新は特許され得るものである。これには安全装置、新規な製造プロセス、および新しい従業員トレーニングシ

第6章 エンジニアリング部門における特許管理

ステムや作業システムなどが含まれる。

技術のライセンスイン

　エンジニアリング部門はまた、新製品の開発・改良、製造プロセスや安全性の改善を求める過程において、特許技術のライセンスインを考慮しなければならない。これには製品群を製造するための特許された機械類、特許された部品、原材料、ライセンスインされたプロセス、欠陥を減らす技術が含まれるだろう。また、ライセンスインされたトレードシークレットをも含むだろう。

　既に特許されていた技術を使用してしまった場合にも、ライセンスインは、特許侵害に伴うとてつもなく壊滅的な結末を回避することができる。侵害となる技術を使用していることを自覚していたとすると、それは、三倍賠償という結果にいたる。新しい技術に気を配り、会社の業務にそれらを組み入れることは、エンジニアリング部門の責任である。

エンジニアリング部門の特許プラン

　エンジニアリング部門内でPQMシステムを採用することは最優先事項と考えるべきである。製品を設計し、その生産を計画し実行するのは結局のところ彼らである。あなたは、企業およびその株主に対してすべての新しい価値ある発見を特許で保護するという責任を負っている。エンジニアリング部門はまた、ほかの特許の侵害から会社の資産を保護するという責任、そして新しい技術をウォッチするという責任を持っている。エンジニアリング部門はすべての部門の特許絡みの取り組みに重要な役割を果たし、また現在の品質管理システムによって、エンジニアリングで利用されるPQMシステムは企業全体の努力を促すことができる。実際に、それは他のすべての部門に対するPQM大使としての役割を務めるかもしれない。

目標

　エンジニアリング部門内のPQMシステムの主要な目標は、次のとおりで

133

ある。
- 将来の顧客指向のコンセプトを見極め、開発し、特許化する
- 製造プロセス、システム、安全性を改善し、それらを特許で保護する
- 特許できるコンセプトの開発を支援するために他部門と密に仕事する
- ライセンスインする技術を見極め、それらの評価を支援する

　エンジニアリング部門の目標は、特許に対する取り組みを会社に組み込むという、より大きな責任を反映している。チーム環境内でのほかの従業員とともに働くと、ある種の注目すべき結果を生み出すことがある。顧客指向の機会を見極める場合は特にそうである。エンジニアリング部門におけるPQMシステムは、エンドユーザーについて豊富な知識、経験をもつ人々か

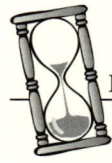

PROPOSED 2003 PATENT OFFICE RULES

エンジニアは特許に対し より大きな特許責任を持つ

　新しい21世紀戦略計画はエンジニアリング部門にも影響を与える。
　特許手数料のとてつもない値上げが見込まれることを受けて、一方では、企業は予算を削減し、高効率化することを余儀なくさせられ、他方ではエンジニアは今や、考慮すべき新しい責任を持つようになっている。
　株主利益を保ち、増加させながら、特許コストの急騰を抑制するために、エンジニアはより選択眼を備えていなければならず、投資する価値のない質の悪い、重要でないものをふるいわけなければならないだろう。このより責任ある行動が、米国特許商標庁が何らかの形で影響させたかったことであるということは偶然ではない。彼らは、複数の発明や、退屈で見るからに不適切な主題での出願を殺到させる企業の特許出願ビヘービアを変化させたかった。今後は、有り余るほどのお金をもつ会社しかそんなぜいたくは享受できなくなるだろう。しかし、これは株主にとって公平だといえるだろうか？

第6章　エンジニアリング部門における特許管理

らの考えを求めることができるし、またそうすべきである。

　同じことが新しい製造設備やプロセスにも当てはまる。あなたの新しい特許技術について生産部門のマネージャーや従業員にその考えを求めることは、ほとんど普通に受け入れられることである。

　最後に、会社の特許ポートフォリオを構築するエンジニアリング部門の従業員は、重要な評価を受けるだろう。従業員に対する評価は、他者の貢献を促し、PQMシステムの設立を成功させるだろう。良質の特許のポートフォリオを発展させるPQMシステムは、マーケティング、生産、そしてすべての部門に影響を与える。

プランの実行

　このエンジニアリングのPQMチームは、トップレベルのマネージャーに率いられるべきであり、好ましくはその部門のTQMマネジメントチームを率いるマネージャーによって率いられるべきである。同じTQMマネジメントチームは、PQMシステムを実行、管理するために、また、特許された改良や技術の開発をプロジェクトチームに指示するための最適なチームである。この仕事は普通、ミーティングにおいて成し遂げられる。

　初めのPQMの目的は、現在のプロジェクトに現存する特許の機会を見極めることであろう。もう一つの目的は、部門の焦点を望まれるより顧客指向の存在に向けて評価し、修正することである。三番目の目的は、他部門を支援できるように彼らと密に仕事をするためのシステムを実行して、特許化へのあるいはライセンスインへの現存するもしくは新しい機会を見極めることであろう。

　他のすべての部門と同じように、従業員は、会社の特許保護契約にサインしなければならない。これには、議論され、また開発される発明事項の秘密保持に同意すること、そして当然のことながら事前に会社に対して権利を譲渡することが含まれる。これらの契約書は、会社の法律顧問によって準備されるはずである。

135

特許の真髄

発明の機会と解決を求めること

　幸運にも、エンジニアリング部門で発明的機会を求めることはあまり難しくない。その機会のほとんどが、他部門のための、もしくは他部門によって生み出された問題解決に対する努力であろう。他部門の間の熟達したコミュニケーションは、そのとき機会の主なパイプラインになる。

　発明的機会を求めるための次の５つの方法がある。

　１．*PQMマネジメントチームの結成*

　　　このチームが気づく当面の新しい機会に的を絞る。ブレインストーミング・セッションは、その可能性を広げることができる。

　２．*マネジメント主導*

　　　新製品、改良、ライセンスインが可能な技術に関する新しい機会を見極めた上層のマネージャーから指示が来る。

　３．*製造部門*

　　　障害やより重要な生産や潜在的な安全性の問題が認められたとき、エンジニアリングはこれらの問題に取り組むのに最も適している。

　４．*マーケティング部門*

　　　マーケティング部門は、顧客のニーズ、問題、ときとしてその新しい機会について最も理解しているであろう。

　５．*増大する製品と潜在的な製品*

　　　単純な改良についての思考から潜在的な製品を増大させるか、またはそれを求める方向に導く高いレベルのコンセプトへと考え方の変化が必要とされる。

　エンジニアリング部門は、特許する際に中心となる技術的観点からこれらの機会の多くを捉えることを常に心に留めておかなければならないが、他の部門は特許されないようなより広い一般的概念の中で議論するかもしれない。例えば、他の部門が、「その機械がより静かに稼動したらよりよいだろう」と漠然と話したとしたら、それから、それを正確に実行するための方法を発明するのはエンジニアリング部門に委ねられる。あなたが直面するいくつかのアイデアや提案は奇妙にさえ思えるかもしれないが、いわれることに耳を

傾けること、またなぜそれらの要請がされているのかを分析することが重要である。多くの場合において、あなたの発明的ソリューションを求める問題の隠された影響や原因がある。

アセスメント：チームレビュー
　どの特許機会がエンジニアリング部門で求められるかの評価をするためのチームのアプローチとしては、ほとんどの場合において、その影響を受ける部門による承認が必要になるだろう。例えば、エンジニアリングがマーケティング部門からの承認なしで勝手に製品の性能を変更することができないことはいうまでもない。同様に、新しい製造プロセスが製造部門の承認なしに導入されることはなく、また、それが何らかの形で製品群に影響を与える場合には、マーケティング部門の承認が必要となる。
　主要なエンジニアリング部門のアセスメントチームには、典型的に次のようなメンバーが含まれるだろう。
- *部門長*
　　評価チームのリーダーは、その部門のトップマネージャーの一人が最も適当であろう。
- *プロジェクトリーダー*
　　開発プロジェクトを率いているエンジニアはチーム内に含まれなければならない。
- *対応する部門のマネージャー*
　　特許される事項に影響を受ける部門のマネージャーは、意思決定に関わるべきである。例えば、国内販売マネージャーや工場長などが挙げられる。
- *法律顧問*
　　特許性や適正な保護範囲が決定されるだろう。
- *財務部門*
　　この部門は、投資とそれに対する見返りが妥当であるかどうかを判断する。
　ほかにもチームレビューに参加する者がいるかもしれない。例えば、安全

監督者は安全関連の革新について考えを示すであろうし、トレーニング関連の方法やシステムに対してはトレーナーがその役割を果たすだろう。

その他の貢献者

　エンジニアリング部門は、典型的に種々の側面に適応するように社外の原材料メーカーや部品メーカーの多くを利用する。例えば、原材料、ソフトウェア、チップ部品、マシンの耐久性はたいてい社外の専門家によって決定される。

　これらの人々は、発明者もしくはアセスメントチームの一員としての貢献者とはみなされない。しかし彼らは、アセスメントチームが機能性もしくは最良の技術そして発明の可能性を評価するための情報を供給するだろう。発明的事項は、絶対的に必要とされない限り、彼らに開示されることはないはずである。開示に際しては、発見が彼らの貢献によるものだとしても、そこから生ずるあらゆる権利を放棄する旨秘密保持契約にサインしておかなければならない。

承認システム

　特許できる機会の種々の側面に対する評価が終わると、チームはそのアイデアを受け入れるか、または拒絶するかのどちらかを決定する。新しい機会は、全会一致の承認を受けるべきである。そこで一致が得られなければ、さらなる調査や検討は争点となる問題を解決するために向けられるだろう。

　エンジニアリング部門の新しい発見について特許を追及することについて承認が得られないことが、必ずしもそのプロジェクトを断念することを意味するのではなく、未解決で、不適当とされた問題があることを意味する。それは単に、十分な保護を得るために、もしくは特許出願を行い、権利化するための資金と時間の投資に見合うだけの見返りがないということを意味するのである。エンジニアリング部門での多くの特許する機会は、いずれにせよ継続中のプロジェクトの結果や問題解決に対する要請の結果であろう。したがって、特許するか否かの決定は、プロジェクトの開発、実行に関連がない

第6章　エンジニアリング部門における特許管理

こともあり得る。

大使としてのエンジニア

　ほとんどの現在の作業条件や会社構造とは反対に、PQMシステムのエンジニアリング部門は一種の大使であることが求められている。それは、社内で開発するか、またはライセンスインするかどうかにかかわらず、会社で採用される新しい技術の多くの開発に役立てることができるし、実際にそうすべきなのである。

　我々は、エンジニアリング部門の主要な業務は、問題を解決するために他部門とともに仕事をすること、改良品を作ることなどであることを知っている。革新およびPQMが企業の将来にとても重要となるなかで、その役割は広げられるべきであろう。新しいシステムにおいては、その革新が顧客指向で、企業全体から認められることが求められる。この観点から、エンジニアの役割はより大使のようなものになり、率直にいうと、それは以前よりもさらにやりがいのある責務になっている。

第7章

製造業務での特許管理

~本章を読んでわかること~

- 特許を利用した品質改善によってどのようにコストを抑えられるか
- 相反する特許とトレードシークレット、プロセスおよび方法の特許が収益額に与える影響
- 障害の除去、欠陥の減少、製造休止時間(ダウンタイム)および切換時間(チェンジオーバー)や無駄の削減、および安全性の改善といった改良されたプロセスによる利益
- 製造部門に対する特許計画の開発や実行の仕方

　製造業務の第一の目的は、製品の品質と生産性を改善すること、製造コストの削減、欠陥、やり直し、ダウンタイムを減らすことである。それらの努力を合わせたものが収益性や全体の顧客満足度を改善する。
　革新的で発明的な解決が、それらの主要な目的を成し遂げる上で重要な役割を果たしている。発明的解決が特許、そしてときとしてトレードシークレットによって保護されるとき、それらは企業の将来の収益性を増大させ、製品の寿命を長くする。

品質の改善、コストの削減

　アメリカのほとんどの企業での品質管理の方法論は、製造プロセスをコン

トロールして、生産が一貫し、安定で、欠陥ややり直しは最小限に抑えられ、出力は最大化され、商品のコストは低いというような最も進歩した方法を利用する。これは、製造設備が迅速かつ柔軟であるように努め、集中的に努力すると、ダウンタイムやチェンジオーバーを減らすことになる。このように品質管理は、現存の市場の低コストの生産者になることを利用するのみならず、加えて高い利益を生むニッチな市場をも利用する。

　ニッチな市場は、21世紀のマーケティング努力において特に重要である。なぜならニッチとされてこなかったあらゆる一般製品も遅かれ早かれニッチとなるであろう。あなたの企業はどうであろうか？　もしあなたが製品群をニッチ市場に分類しようとしていなければ、そのとき、他の競合者は確実にそうするであろう。多くの異なるニッチな製品を製造するための生産を急速に切り換える能力を築き上げることができれば、あなたの業界内の競争において自分の会社を優位な地位におくことができる。

　その本来備わる性質によって、品質管理された製造工場は、企業の将来に明確な影響を与える機会を多く持っている。特許、もしくは厳重に守られたトレードシークレットによってそれらの業績を保護することのみが重要な意味を持つのである。

特許vsトレードシークレット

プロセスに対する特許

　プロセス特許は一般的に製造プロセスのことを指し、機械特許に付随してもたらされることが知られている。機械特許は通常製造部門で発明されるのではなく、むしろ技術部門もしくは指定供給者によってなされる。しかしながら、プロセス特許は製造部門に対して幅広い保護を提供でき、価値ある特許化の機会を意味する。

　所有者のプロセスが競合者に対してほんの1％でもコスト削減を可能にすることが、競争上の優位性をもたらすことは理解できるであろう。それは、利益や拡大および設備のアップグレードのための収入源に大きな意味をもつ。あるいはそのビジネスにとどまるか、そこから撤退するかの差にさえな

り得る。
　優れたプロセスの発明や開発は、ビジネスが成功するために必須である。Eli Whitney（イーライ・ホイットニー）の綿織機のような発明的プロセスと綿の実が手作業で抽出された場合のブルージーンズのコストについて考えてみるとよい。また低温殺菌の発明とその人類にとっての価値について考えてみるとよい。新しいプロセスとそれらに付随する特許は、しばしば生活の質に対して重要な改良を提供する。高速製造、自動化、ロボット化されたプロセスなどは特許保護の対象となる。
　成功する新しい製品や新しい製品の改良は、マーケットへの浸透と売上げの維持を実現するために費用対効果的生産に頼ることになるだろう。製造部門は新製品を生産するために、新しい装置の購入、もしくは既存の装置の変更、改良に頼ることになるだろう。このように所有者のプロセスと特許化の機会はたくさんあるだろう。

方法特許
　プロセス特許と同様に、新しい方法論もまた特許され得る。プロセス特許が一般にコンピュータを含む機械に関する場合、その使用および関連したプロセス、方法、システム特許は人々が物や材料を使ったり、扱ったりする新しい手法に関連する。方法特許のいくつかの例を挙げる。
- *特許第5,498,162号*　持ち上げる技術を説明する方法（床から箱を持ち上げる方法）
- *特許第5,960,411号*　通信ネットワークを介して購入のオーダーをする方法およびシステム（またはアマゾン・ドット・コム社のワンクリック特許として知られている）

これらは商品の取扱い方法や処理方法さらには文書業務さえ含んでいる。より最近ではこれらのいくつかの新しい特許は、従業員がプロセスを監視するために使う方法や訓練を改善するための方法を含む領域と共通のものになってきた。

特 許 の 真 髄

トレードシークレット

　製造業界でトレードシークレットは全く当たり前のことである。トレードシークレットがしっかり保管されていれば、特許よりも強力になり得る。特許の存続期間は20年で満了するが、トレードシークレットは無期限に続けることが可能である。そのカギは、それらが秘密のまま保持され得るかどうかにある。なぜなら、いったん競合者などの他者に知られてしまうと、もはや保護されないからである。

　製造分野のトレードシークレットを維持することは、不可能でないにしても非常に難しいだろう。ある産業界の従業員は、同じ産業界にとどまることが多いだろう。ある企業でレイオフされた従業員はたいてい競合者の設備において同様の仕事を探すだろう。こうして前の雇用者の製造プロセスについ

IN THE REAL WORLD

製造方法にかかる特許

　NASAは多段式構造の組み立て方法を開発し特許を取得した。このシステムはNASAのマーシャルスペースフライトセンター（MSFC）で開発され、高強度でかつ低重量の薄層構造の組み立てに関する。このプロセスは15％から40％の重量低減をもたらし、宇宙学や航空機の構成にとって重要な意味をもつ。同時に5％から25％ものコスト削減が生産プログラムで記録されている。

　このプロセスは、米国特許No. 5,084,219としてNASAが取得している。NASAは、この新しい製造プロセスの利用によってもたらされる商業的に競争力のある製品としての性質に加えて、金銭的利益をも証明しているので、この特許に対してライセンス利用がされている。既に立証されたコスト削減に加えて、ライセンスすることは、NASAにとって新しい収入源となることを意味し、これはプロセス特許が組織にもたらす重要な価値を例示している。

第7章　製造業務での特許管理

ての話をすることは従業員にとって当たり前である。こういったことは常に起きているのである。

　一般的にいうと、知っている人間が少なければ少ないほど、トレードシークレットを保持しやすいだろう。トレードシークレットを厳重に保管することの会社を代表する意図は、従業員のトレードシークレットプログラムに付随して起こるべきである。企業の法律顧問は文書を用意することができる。

　トレードシークレットもまたときとして他の方法で、例えばロックされた設備やブラックボックスの中で保持され、また、会社の方針として秘密に保持されることもある。何年間もゼロックス社は、特殊なキーを持つ権限を与えられた従業員のみがアクセス可能だった複写機の内部のブラックボックスを保ち続けることによって、その所有している普通紙コピーのプロセスを維持した。同社はさらに、普通の施錠師には扱えない施錠システムを用いることでその技術を保護した。また、その機械を販売せず、リースによってのみ利用可能とした。

　維持や監視が困難なトレードシークレットに明確に代わるものが特許開発である。1つの技術が20年間以上存続するということは、比較的稀であり、もしそうなら、いずれにせよ何らかの改良が必要とされるだろう。その改良はしばしば元々の特許よりも価値があるものとなる。

プロセスの改良

　TQMシステムを導入する初めの段階は、多くの場合製造部門から始まり、すぐに企業活動の主要な焦点となる。より重要なことは、TQMの方法論が教える統計的プロセス制御（SPC）が、優れたプロセスの開発および特許化にとって重要であるということである。SPC文書によるサポートほど、発明をより特許性あるものにし、綿密な調査に壊れないようにするものはない。

　一度SPCが確立され、プロセスが制御されると、それらの監視および改良は、製造部門での顕著なPQMの機会を意味する。生産性や利益を向上させる極めて重要な価値のある多くの領域がある。

　しかしながら特許取得にとりかかるにあたり、特許を取得しようとする製

145

造プロセスをリストアップする前に注意を促したい。あなたがある特定のプロセス特許を取得できると思うならば、競合者もまた同じ考えを持っているかもしれない。一つの発明について特許を得ることができるのは、競合者かあなたの会社かいずれかなのである。新規で斬新な製造プロセスに対して多額の投資がなされる前に、そのプロセスに関する特許の準備はもちろんのこと、あなたの会社の顧問弁理士もしくは顧問弁護士が、他者の製造プロセス特許を侵害しないことの調査、決定を確認しなければならない。

障害の除去

多くの製造業務において、障害を減らすことが重要かつ継続した目標である。障害を減らすために創造的なアプローチを用いることは、生産性や生産量の向上への重要な効果をもつ。もし生産ラインに他の改善がされなければ、たった1％の上昇が重要と考えられるだろう。

こういった障害は、新しいプロセスや機械の使用や新しい装置の取扱いによって減少するかもしれない。これは通常、手作業を減らすために作業の自動化を採用することや、工数や製造ステップを減らす新しい方法やシステムによって達成されるかもしれない。これらの障害はまた、新しい方法もしくはルーチンシステムを採用することで減らすことができるかもしれない。これらのアプリケーションのすべてが特許され得るのである。

製造の欠陥を減らすこと

欠陥ゼロを求めることは、多くの企業の目標である。製造過程における欠陥を減らす新しい手法を見つけるとき、それは、その手法が特許される機会を見つけたことをも意味する。これらの機会は生産設備、機械、プロセスの物理的変化をも含むかもしれない。またそれらには、商品、情報、生産データの取扱い、処理に関する新しい方法論も含まれるかもしれない。生産にネガティブな将来の影響を持ち得る生産コントロール内の変更を予想する手助けをするSPCシステムでさえ特許されるかもしれない。

また、新しく特許され、もしくはライセンスインされた技術は、製造時の

第7章　製造業務での特許管理

欠陥を減らすために使われることもある。これは製品群を製造するために使われる特許された機械、特許された部品や原材料、そして欠陥を少なくするライセンスインされたプロセスや技術が含まれるかもしれない。またライセンスインされたトレードシークレットも含むかもしれない。

ダウンタイムおよびチェンジオーバーの削減

　ダウンタイムやチェンジオーバーを減らすことは、生産性や生産量に劇的な影響をもたらし得る製造のもう一つの側面である。大量生産のプロセスは、大量一般製品に集中しがちであるが、近代の歴史は一般製品がニッチに徐々に分かれ始めていることを明らかにしている。このことが信じられないなら、主要自動車メーカーがほんの数種類の車体形状の自動車しか提供していなかった、20年から30年前を振り返ってみるとよい。今日では、あらゆる自動車メーカーはビジネスに踏みとどまるために、何十もの車体形状をはじめコンパクトカー、小型車、中型車、大型車、あるいは2ドア、3ドア、4ドア、さらには各種ピックアップトラック、SUV、バン、スポーツカー、コンバーチブル、またその他多くのバリエーションを提供している。

　チェンジオーバーの時間は、生産量に関する重要なファクターである。8時間のシフトの間で1時間ロスすることは、生産量がおよそ16%減少することを意味する。チェンジオーバーの時間は、新しい生産のために機械を調整する際に、欠陥製品を廃棄することで生産性の低下をさらに著しくすることがある。

　ある製品から別の製品へのスムーズで迅速な移行は、現代における製造プロセスと市場の需要を充足するために不可欠である。これは、廃棄となる量を最小限にしつつ迅速にチェンジオーバーを行うためにも信頼性のある情報の重要性を伴う。チェンジオーバータイムを大幅に改善する機械的もしくは物理的手段やプロセスは、特許され得るだろう。情報処理システムとそれらに対応するソフトウェアもまたそうであるかもしれない。

　同様に、通常のメンテナンスの必要性、補給プロセスなどからもたらされるダウンタイムは、特許され得る新しい革新やプロセスによって短縮できる。

147

いうまでもなく、より困難なダウンタイムに対する問題は、動力の供給停止といったような予期せぬ原因によってもたらされる結果であろう。しかしながら、破損もしくはダウンタイムの原因となる潜在的な問題を予見するための新しい方法論は望ましいことであり、また特許されることである。

廃棄物の削減

　欠陥ゼロを求めるのと同様にして、標準的な経済学の原理は廃棄物ゼロを求める。廃棄物には二つのタイプがある。一つは典型的に原材料や製品の組立に関連して製造過程で生じる自然発生的な廃棄物である。もう一つは欠陥製品や一貫性のないプロセスが原因となった廃棄物である。

　多くの製造過程において、製品や部品がカットアウトされたもの、あるいは組立プロセスの部分であるならば、原材料の廃棄物をなくすことは技術的に不可能である。しかし、その廃棄物をどう処理するかは重要である。それは再加工されるか、リサイクルされるか、または単純に捨てられるか？　原材料の廃棄物はどのようにして抑制することができるか？　もし捨てられるのならば、それらを有用な形に復元することができるか？　あるいは、原材料が異なった形もしくは低い廃棄物ファクターをカットアウトに与える形態に造り直すことができるか？

　廃棄される原材料を減らせれば、生産量や収益性の実質的な増加をもたらすかもしれない。例えば、廃棄物は商売をするための費用、コストとして考えられる。もし廃棄物を減らし、販売可能な商品に転換できれば、収益性の振幅は相当なものになり得る。そのようなプロセスは、ネガティブな廃棄物の処理コストを削減するだけでなく、代わりに利益をも生み出すのである。

　欠陥製品を誤って製造した場合の廃棄物は大問題になり得る。まず、品質コストに大きくネガティブな影響をもたらす。いったん欠陥製品が顧客の手にわたると、それは顧客にとってネガティブな経験となり、その顧客が製品を再購入したいと思うかどうかという問題が生じる。次に、その製品は返品されるか、おそらく再加工されるか、もしくは捨てられるだろう。それらのすべては追加の処理や出費を意味する。発見前もしくは発見後に、欠陥を減

らすためのシステムや方法は非常に望ましく、特許されるだろう。

安全性

　工場の環境をより安全にすることは、収益性に対して直接的な関係はないが、工場内の業務安全性を改善する革新は間接的な影響を有するといえる。それらは保険金請求によい影響をもたらし、つまり保険料を抑え、作業条件を改善して、従業員の精神状態にポジティブな影響を与えることができ、結果として潜在的に品質が向上し、生産量が改善される。

　また、その業務の中において、工場の安全性を物理的に改善することの多くの側面は、それらが新しい安全装置や製造プロセスであるかどうかにかかわらず特許され得る。安全性を改善する新しい従業員の作業システムもまた特許され得るだろう。要するに、プロセス、機械設備、方法特許に焦点をおく製造部門でのPQMシステムは、市場での地位や収益性を改善することができるのである。

特許プランの確立

　企業のPQMシステムは、製造部門の従業員のモラルを高めるための優れた機会であると考えられるべきである。結局のところ、彼らは何よりも第一に製品を物理的に作る人々である。製造部門は、重労働がなされるところであり、受けるに値する認識をマネージャーおよび従業員からしばしば得られないところである。

　品質管理システムはチームワークを構築する。PQMシステムは、チームワークのコンセプトを強化し、特に第9章の人事部門で概説されるような正式な従業員の革新的認識プログラムが組織によって遂行された場合には、従業員の努力に対する認識を構築する。

目標

　製造部門でのあらゆる特許主導システムの主たる目標は、製品品質、生産性、収益性にポジティブな影響を与える製造プロセス、システムおよび安全

特 許 の 真 髄

性の改善を提供することである。

　製造部門のマネージャー、メンテナンス要員や多くの実地従業員は、生産プロセスに対してよき理解力をもつ傾向がある。良質の特許で保護され得る新しい革新でもって、そのプロセスを合理化し、改良を加え、そして実行することが主たる目標なのである。

　生産管理と従業員は、チームとしてもよく協力して働く傾向がある。この特質は、その部門にPQMシステムを使用することや与えられたプロセスと関連した機械に詳しい知識と経験を持っている彼らからアイデアを出すことを促すのである。新しく特許される技術を開発するための貢献を従業員に求めることはたいてい受け入れられる。特許された生産方法論はしばしば、プロジェクトを任された従業員のチームによって発明され、発展される。このようにして特許が付与されるときには、共同発明者として名前が記載されるのである。

　米国の特許にある従業員の名前が記載されると、それは重大な認知であり、誇りある結果であるということはよく知られている事実である。この従業員は将来の収益性と企業の安定に実質的に貢献することのみならず、歴史の一部となるのである。彼もしくは彼女の名前は米国特許商標庁の年史に永遠に刻まれることだろう。こういった従業員の認識を刺激することで、将来的な貢献をもたらし、さらには他者の貢献も促進するだろう。成功するPQMシステムは、生産部門に団結心を構築することだけで生産性と利益を改善することができる。

　生産部門でのPQMシステムは、開発されるであろう特許の品質に焦点を当てなければならない。投資に見合った資金の回収をもたらさない小さな技術の進歩について時間、お金および資源を費やすのは逆効果であろう。この観点からROIは重要である。開発および特許に関連するコストと同様に、生産性により得られる種々の価値について学び、理解することがこの部門のマネージャーの主要な責任である。

第7章 製造業務での特許管理

プランの実行

　TQMとともに、生産プロセスと新しい改良は、通常毎週、定期的にマネジメントチームのミーティングで議論される。このチームは、たいていその生産部門のトップレベルのマネージャーが率いている。生産に関連した機会が浮上したとき、生産マネジメントチームは、プランを管理し、実行するためのプロジェクトチームを立ち上げる。

　同じチームの形がPQMシステムにも用いられ、同じTQM管理チームのメンバーを含む。彼らはPQMシステムを実行し、管理するために最も適役と思われる人々である。これは通常、そのチームの日々の活動からの僅かな追加の努力で成し遂げられる。

　製造部門でPQMを実行すること以前に、すべての従業員は、企業の特許保護契約書にサインしていなければならない。これは、議論され、開発される発明事項の秘密を守ることや、もちろん会社に対してそれらの発明の権利を譲渡することといった内容のものである。もしこれが完全になされていなかったとしたら、これがその部門でプランを実行することの第一のステップとなるかもしれない。人材開発部門は適切な従業員用書式を持っているだろう。

発明の機会と解決を求めること

　マネージャーや従業員、他の部門などから発明の機会とソリューションを要求するためのよい方法がいくつかある。一般的にいうと、従業員は継続的問題の解決について考えるが、マネージャーは生産性の改善について考えている。

　発明のソリューションを要求するための次の5つの優れた方法がある。
1．*提案ボックス*
　　工場の改善のための提案を求める従業員によって作られたのと同じ方法がPQMでも使われる。
2．*ブレインストーミング・セッション*
　　現存しているTQMの生産チームとプロジェクトチームが、ブレインス

特 許 の 真 髄

トーミングを行い、新しいコンセプトを提案するために広く使われているチーム技術を導入する。
3. *マネジメント主導*
　　特許を受けることができるものに発展し得るような生産の形態もしくは安全性における要求を変化させること、修正すること、改良することに対する上層マネジメントからの指示。
4. *顧客の不満*
　　マーケティング部門によって記録された顧客の不満のリストは、常に改良に対する信頼できる機会を示すだろう。これらのリストを評価することは、その部門における発明の機会を明らかにするだろう。
5. *増加した製品*
　　マーケティング部門とエンジニアリング部門とが協力することで、新しい改良が既存製品に強く望まれ、または現存の製品群に補助的な製品を導入することが望まれるかもしれない。しかしながら生産プロセスや方法が適切でなく、新製品の生産を妨げることがあるかもしれない。製造部門からの発明のソリューションは、成功へのカギとなり得る。

　たとえそれがどんなに極端に思われても、アイデアや発明を避けたり、却下すべきではない。思考やアイデアについて従業員が口を閉ざしていてはいけないし、誰も彼らのアイデアを嘲笑してはいけない。なぜなら、こういったことが将来のインスピレーションを共有することの障害になるのである。しかしながら、追求されるべきは最上のアイデアだけである。

アセスメント：チームレビュー
　どの機会やソリューションに取り組むべきかを決定するチームアプローチは、典型的に複数の当事者を含むであろうし、他の部門からの参加もあるかもしれない。他の部門にも影響し得るような生産プロセスの変更が、誰からの承認もなく任意に行われることがないことはいうまでもない。
　そのようなアセスメントチームの主要なメンバーは、おおよそ下記のメン

バーを含むだろう。
1. *部門のリーダー*
　　評価チームのリーダーは、工場長やゼネラルマネージャー、もしくはより大きな存在として製造の副社長を含むかもしれない。
2. *シフトスーパーバイザー*
　　この人物は、新しいプロセスやシステムを実行する能力に対する価値ある考えを与えることができる。
3. *メンテナンススーパーバイザー*
　　この人物は、通常新しいデバイスや装置一式を導入しなければならない。彼もしくは彼女は、導入の容易さ、およびその後に継続して行われるメンテナンスの容易さを判断しなければならない。
4. *法律顧問*
　　この人物は、特許性と特許発明の範囲について判断を下す責任がある。
5. *財務部門*
　　投資とそれに対する見返りが正当なものであるかどうかを決定する。
6. *人事部門*
　　職務発明の譲渡形式と従業員認識プログラムを開発し、実行し、管理することが必要だろう。

　チームレビューに参加する他の人物がいてもよい。安全性に関するスーパーバイザーは、安全関連の発明にアイデアを与えるだろうし、労働組合役員は、その生産の変更もしくは修正を承認する必要があるかもしれない。マーケティング副社長は、売上げに影響し得る変化について評価する必要があるかもしれない。

その他の貢献者
　発明的事項を評価すること以外に、会社内外のさまざまな分野の専門家（原材料の供給者、射出成形の専門家、機械工など）もまた、特定の側面について判断する必要があるかもしれない。これらの人物は、発明の貢献者やアセ

スメントチームの一員として間違えられることはないだろう。彼らは典型的に、アセスメントチームが機能性もしくは最良の技術や発明のポテンシャルを評価するために使われる情報のみを供給するだろう。発明事項が彼らに開示されないということが重要であり、それが避けられないならば、発明が彼らの貢献によってなされた場合にそれに関わるすべての権利を放棄することを含む、秘密保持同意書にサインしなければならない。

承認システム

　機会の種々の状況を把握し、評価すると、アセスメントチームは、それを承認するか、または拒絶する。新しい機会が全会一致の決定として全員の承認を受けることがベストである。もし意見の一致がなければ、有害な問題を解決するために、さらなる考察の機会がプロジェクトに与えられるはずである。

　新しい発見に関して特許を追求することの否認は、必ずしもプロジェクトが断念されることを意味せず、これらが未解決で、不適当な問題とされるということを意味するだけである。確かに、チームが、ある新しい発見が有利ではあっても生産性や利益には小さな効果しか持たないだろうと判断したならば、それについて特許を求めずに費用を抑えて、それは追求され、実行され得るだろう。

販売業者（ベンダー）によって扱われる知的財産権のコントロール

　製造部門（企業によっては購入部門）は一般的に、外部のベンダーから組立部品を調達する責任があるだろう。これらの部品は、しばしばあなた向けにカスタムメイドされ、あなたの仕様に合わせて製造される。さらにこれらの部品は多くの場合に、一つもしくはそれ以上の特許で保護されているだろうし、将来的に保護されるだろう。

　ベンダーとの関係の始まりにおいて、知的財産権の所有を明確にすることが重要である。ベンダーは種々のプロセスにおいて専門家なので、ベンダーが製品の改良を行うことは稀ではない（ときにはあなたの依頼を受けて行わ

第7章　製造業務での特許管理

れる)。しかしながら、この改良があなたの特許を受けることができる事項の一部になるとき、ベンダーはまさに、あなたが享有する*所有権およびその恩恵をあなたに拘束されることなく100％有する協同発明者*となる。

第8章

財務部における特許管理

～本章を読んでわかること～

- 特許の財務管理および財務担当最高責任者（CFO）の役割
- 財務会計基準（FAS-142）——無形資産および財務報告の必要条件
- 特許取得および特許権侵害対策にかかるコストを含む特許関連予算の策定方法についての知識
- 特許評価および市場価値評価の技術および科学的手法についての知識

　特許と財務担当最高責任者（CFO）とのつながりが曖昧に捉えられることはさておき、特許関連の財務管理は、PQM事業計画における重要な要素となるだけでなく、唯一、特許価値をいかに効果的に管理し株主に対し報告するかによって直接的または間接的に株主価値を変化させることができるCFOとしての役割も担っている。

　財務担当マネージャーが特許にかかわる役目といえば、弁理士に対する報酬の決済を行うだけといった時代もあった。つまり、財務部は銀行口座、買掛金、税および予算編成を管理するのみであり、技術部と法務部のみが、特許管理を行う部署であった。しかし、もはやそのような体制は成り立たないのである。

　エンロン社の崩壊をきっかけに、株主や顧客に対する注意責任や、代理店

特 許 の 真 髄

超過帳簿価額における時価総額例

企業名	時価総額	帳簿価額 (自己資本)	超過額 (知的財産 価値)	市場価値に占める知的財産価値の比率（％）
シスコ・システムズ社	102,310	27,120	75,190	73%
マイクロソフト社	303,752	47,289	256,463	84%

2001年10月3日付営業終了時において算出されたGartner Groupにより報告された例（単位100万ドル）

表8.1

に対する経営執行や決定の報告についてより重大な責任を負うようになった経営陣に、CFOが参加するようになった。今日では、利益や一株当たり利益（EPS）が、各PQMシステムに組み入れられるべき重要な数的指標（メトリクス）となってきている。

今日において、企業の財務処理の失敗に負うCFOの責任は、これまで以上に重大である。何事も程度の問題であるとはいえ、市場価値に対する無形資産価値の過度な高比率を、無形資産とは別に報告することを求めてきた新財務会計基準審議会（FASB）の一貫した取り組みのおかげで、CFOはより高度な基準での管理を求められるようになった。

もしあなたが、例えるならCisco Systems（シスコ・システムズ社）のような会社のCFOであると仮定して、無形資産の管理に費やす時間に比べ、現金および有形資産の管理に費やす時間を考えてみて欲しい。もし、その管理時間のうち90％を現金および有形資産の管理に、うち10％を無形資産の管理に費やすとすると、あなたの持ち時間のうち90％が、企業の持つ市場価値のわずか25％にしか相当しないことを知り、あなた（または、あなたの株主）は驚くだろう。

CFOにとって、PQMの積極的な推進がますます重要になってきている理由を例証するには、市場の時価総額に対する知的財産価値の重きをみれば、一目瞭然である。

表8.1は、ある特定の日における2つの企業のデータにすぎないが、知的

財産価値における変化の追跡、評価、および報告の導入を目指す知的財産需要に起因した知的財産価値の高騰化の状況が如実にみて取れる。

資本規模が2,500万ドル程度の企業の財務管理においても、小規模なりに同様の法則を当てはめることができる。実際、CFOが独力で知的財産価値を基に、中小企業の収益や資産を成長させるための唯一の方法とは、弱い、あるいは現存しない特許管理体制を、特許が生み出し得る財務的貢献を十二分に活用できる強い財務管理政策へと置き換えることである。今こそ、CFOにとって、従来のCFO任務に加え、特許管理に着手することが重要となってきているのである。

収益としての特許

CFOは、あらゆる営業形態や、商標、著作権、トレードシークレットその他に代表される無形資産の管理に着手すべきであるが、本章では、特許、およびキャッシュを生み出し、開発予算を削減および株主価値を増加させるために必要なCFOの能力について、重点を置いた。

本章では、特許に直接関係するさまざまな課題、新財務会計基準（FAS-142）の概要、および以下に示すその他の新たに生起してくる課題について紹介していく。

- キャッシュフローと比較した資産創出
- 特許に関連する借入能力と税
- 特許取得にかかるコスト（国内および国際的な特許保護にかかる投資）
- 訴訟および特許侵害保険にかかるコスト
- 知的資産管理（IPAM）ソフトウェアにかかるコスト
- 特許ポートフォリオ／特許関連資産の売却または買収

CFOの数だけ、さまざまな企業財務戦略が存在する。本章で示す考察のすべてが、どのCFOにも当てはまるとは限らないが、本章で述べられる概要は、一事業において財務部が他部門とどのように一体化すべきかを示す指針として役立つだろう。さらに、債務の削減および価値の創出を目標として捉えた場合、今後、特許関連政策と経営慣行のどちらにより注目すべきかを

特 許 の 真 髄

理解するためにも役立つことと思う。

FAS-142：無形資産および財務報告の要求事項

　財務会計基準審議会基準書第1章第42項（FAS-142）は、CFOに対し知的財産管理における高度の精査を義務付ける、CFOにとっておそらく最も重要な最新の規則である。新財務会計基準審議会基準書（FASB）第1章第42項（FAS-142）「営業権およびその他の無形資産」は2001年7月20日に発行された。

　FAS-142は会計原則審議会（APB）17「無形資産」に優先し、主に当初発効日以降、営業権および無形資産に適用されるべき会計方法を規定している。つまり、この基準書は、多くの無形資産の割賦償却を終了させ、代わりに資産の複合減損評価を企業に義務づけている。

　当然、特定日付以後に取得した資産と同じく、非営利部門へのFAS-142の適用方法については例外がある。顧問会計士または税理士なら、あなたの企業の置かれた状況に対するFAS-142の詳細について助言してくれるだろう。

　ウォール街に関するアナリストは、財務報告にFAS-142の要素を盛り込むことによって、即時に107％から115％のEPS増加が見込める可能性を示唆した。CFOによる無形資産の管理が、株主価値に重要かつ直接の影響を及ぼすのは明白である。

　FAS-142に規定されている新要求事項およびガイダンスにおいて、以下に掲げる点が、特許に関連し得るAPB 17からの最重要変更事項である。
- 耐用年数制限のない営業権および無形資産の償却は不可能となり、代わりに最低でも年一回の減損評価がなされることとなる。
- 耐用年数制限のある無形資産は、その耐用年数以上の償却が継続されるが、40年を任意上限とする制約はない。
- 営業権と無形資産に関する追加的な財務明細書の開示が要求される。

　FAS-142が企業の無形資産全般に適用される一方で、特許の取扱いの態様に対する影響については、特に興味深い。CFOは、特許あるいはその基

礎となる技術開発コストに対する出資についての従来の計上方法を再検討し、新要求事項に沿って償却投資を進めていく必要がある。

さらに、決定価格が個別に、あるいは知的財産ポートフォリオの取得コンポーネントとして特許（あるいは商標、著作権）の取得に対して支払われる場合、これら資産が新たな減損評価に対しどのように変化するかにつき、CFOは特別の注意を払うべきである。

CFOは、各無形資産に特定の値を決定する必要があるため、特許の価値評価にあたってはとりわけ困難を要するだろう。価値評価報告にあたっては特許特有の多くの要因を考慮しなければならない。すなわち、

- 特許の残存期間
- 特許庁の再審査決定に起因する価値変動
- 防衛的あるいは攻撃的のいずれかで生じる侵害事件に起因する価値変動
- 交付済み特許が後に無効となった場合の価値喪失
- 基本特許の設定価値に一部基づく分割特許の価値

現在のところ、特許価値の評価決定に対する単一の判定基準は存在しないCFOが客観的価値を発展させるのに有用な現在利用可能な分析的ツールはいくつかあるが、コンピューター・モデリングにおいて用いられる方法論およびアルゴリズムの標準化には程遠く、また、コンサルティング会社や査定専門家がなす評価決定は、極めて主観的なものである（さまざまな特許の査定ツールを、本章後段において批評している）。

あらゆる特許について客観的価値を固定することについては、議論の余地があるだろう。それにもかかわらず、CFOが特許価値および特許請求の範囲の査定の裏付けに用いた文書の底深さと幅広さを決定する方法についてのSEC（米国証券取引委員会）による査定は、高度に厳格なものであることが予想される。

米国証券取引委員会による査察に際しては、少なくとも以下の文書を準備しておくべきである。

- 知的財産の明確な識別表示
- 各特許の存続期間の鑑定

特許の真髄

- 無形資産の存続期間制限の有無についての鑑定
- 各特許の価値評価方法

IN THE REAL WORLD

特許は株主価値の増大に貢献する

　2002年度中に関する2002年1月の発表において、SBC Communications Inc.（SBCコミュニケーション社）（NYSE：SBC）は、2002年度のEPS（一株当たり利益）業績については、企業による営業権およびある他の無形資産の償却処理を変更するFAS-142の導入の一部に基づく増加が期待されると述べた。FAS-142の下では、たとえ業務上、販売上もしくは財務上業績に変化がなくとも、SBCは報告ベースならびに標準化ベースの双方において、一株当たり満1年業績につき0.13ドルから0.15ドルの利益を上乗せするだろう。FAS-142導入の効果は、それ単独で収益のおよそ7％増に相当する。これらはすべて、特許を含む無形資産の新しい報告方式と連携している。

　SBCのみならず、以下の図表は、Johnson Controls, Inc.（ジョンソン・コントロール社）が、FAS-142報告形式により利益を視覚化している手法を示している。大半の企業が、無形資産および株主価値を最大化するための特許展開や特許価値強化についてかなり深刻な見解を示していることが明らかである。

　ジョンソン・コントロール社（NYSE：JCI）、2002年1月付報告

　2000年度修正一株当たり収益（EPS）は、2000年度の実際に報告されたEPSと比較して、FAS-142適用の効果によるEPSを示している。その増加は、FAS-142導入の肯定的な影響を示している。

連結損益計算書からの引用

	2000年度修正	2000年度	増加／(減少)
基礎EPS	1.35ドル	1.16ドル	0.19ドル
希薄化後EPS	1.27ドル	1.10ドル	0.17ドル

出典：2002年1月24日SBC発表

第8章　財務部における特許管理

●暫定評価損の認識

新FAS-142の下に株主価値を最大化することは、最重要目標の一つとなるだろう。自社のPQM方針や手続きの具体化策としてFAS-142を取り入れることは、組織全体を通じた特許価値に対する考え方を推進する助けとなるだろう。純粋な意味で、現在、財務的特許戦略は最高経営責任者（CEO）の職務として包含されている。それでは、財務部のPQM責任についての戦術的コンポーネントを後押しするためには、CFOはどのようにその戦略を導入していくべきかを見てみよう。

キャッシュフローと比較した資産創出

財務諸表の利益欄を見る際、特許関連の決定の機動力となる二つの主要な財務目標として、(1)FAS-142に関連して論じてきた資産価値の創出と、(2)キャッシュ・ジェネレーションが挙げられる。

資産創出に影響を与える決定事項については既に論じてきたが、特許の持つキャッシュフロー生成能力が、資産としての特許の価値に影響し得る点については以下に述べる。もし、特許権使用料収入によって長期的なキャッシュフローを生成する特許が考案されれば、そのような特許の収益力がその査定

TIPS & TECHNIQUES

特許価値、特許の有用性と存続期限の対比、価値に対する訴訟リスク、そして価値評価手法などに絡む複雑性故に、CFOは、技術部、法務部、知財部などのPQMチームのメンバーと定期的な会合をを要求すべきである。全員が一丸となって、組織を通じて利用できる特許コストや資産価値の査定ならびに価値評価手法に関する基準規則一連を決定すべきである。FAS-142に基づきCFOが無形資産を文書化および報告する際の基礎となる全社的基準を確立するこれらの基準規則は、定期的に見直し、あらゆる産業基準と比較しなれければならない。

額にかかわってくる。従来、商品やサービスの販売がキャッシュ生成の決定因子と考えられてきたが、企業は知的財産のライセンシングが予想を超えた高い総資産収益率（ROA）を生み出すということを理解するようになってきた。

1990年代初め、IBM社は特許ポートフォリオに基づくライセンスによって年間6,000万ドルの収益を得ていた。2001年には、その値が12億ドルまで跳ね上がった。近年、何人かの著作家により、特許の隠れた価値を資本化するという概念が一般化されてきているが、特許それぞれのレベルにおいては、CFOは、企業の有する特許を計画的にライセンスするだけで継続的な売上げ増を促進することができる。

実際、Macrovision Corp.（マクロビジョン社）（ナスダック：MVSN）とDolby Laboratories, Inc.（ドルビー研究所）（オーディオ技術）は、キャッシュ生成を主に特許のライセンシングに依存している企業の典型的な2つの事例である。2000年には、マクロビジョン社は、そのビデオとコンシューマー・コピー・プロテクション・ソフトウェア技術のライセンシングにより、8,000万ドルの売上げを出した。さらに、ドルビー研究所は、その技術開発以来、9億5,000万を超える製品のライセンスを販売し、加えてデコーダ関連で6,000万、ドルビーディジタル（AC-3）を採用した製品では1億8,000万のライセンスを販売している。

PQMチームのマーケティング部門、技術部門や法務部門のメンバーとの協働において、CFOは、保護された技術を盛り込んだ製品や、または独自にキャッシュを生成するためのライセンシングモデルを連携させた製品の販売を通じて、厳重な特許保持と技術の有効活用との現実的なバランスの確立に役立つことができる。

ライセンシングによって明白な利益が生成される上に、ライセンシングは生産ラインを業界標準にするのに役立ち、ひいては成熟した市場における企業の地位と、市場を生き抜くための能力を強化することによって、企業の将来に極めて重大な効果を与え得る。もちろん、ライセンシング収入の生成がビジネスの確かな核心となるときは常に、侵害からライセンシーを守るため

に関連コストが発生するだろう。本章では、後ほど、特許関連コストについても論じていく。

借入能力

　CFOには、革新的プロジェクトに投資する資金を調達することが継続的に求められているため、時として株式または負債による資金調達に頼ることがある。抵当、資本設備ローンや担保付き融資限度額やリースは、成長へのイニシアチブへの投資を実現するための一般的な債務手段である。

　事業金融の調達に関していえば、銀行が第一の供給源となる。従来の銀行や貸出機関は、何世紀にもわたって築いてきた自らに都合のよい立場とは裏腹に、元来危険な性質を有している。しかしながら、我々は彼らにとって都合の良い話ではなく、自らに利となる話を考えなければいけない。よって、もし新たな資本構成が豊富な担保となる有形資産を有するものであり、かつ確固たる知的財産ポートフォリオがあるならば、ロイヤリティによる資金調達に長期的な目を向けていくべきである。

　知的財産が企業資産の大部分を占めるようになるにつれて、知的財産（あるいはロイヤリティによる収入）に基づく融資が、融資担保——つまり従来の貸手にとってなじみ深い担保としての株式や固定資産に拘束された融資に代替する画期的な手段となりつつある。ロイヤリティによる資金調達は活力に溢れる手段である。ディズニーは、その著作権ポートフォリオに対して４億ドルを借用した1992年に、このロイヤリティによる資金調達を採用した。

　従来、銀行から融資を受け取る場合で、通常、融資弁済に関する問題が生じた場合には、銀行に対し自らの資産を取得する権利を保証するという担保に関する合意書に署名することとなる。これにて取引成立、ところが、必ず、そうした合意書における保証に関して記述された一文には、知的財産が含まれていることに気がつくだろう。従来の銀行は、本社付の顧問弁護士が1986年後半に作成した融資契約書の様式にかかる一文を記載したという単純な理由だけで、その一文を契約書に含むものとしている。実際には、仮に銀行が融資担保として最終的に特許や商標を所有するという状況になったとして、

銀行はそれら知的財産をどう取り扱えばよいかはもとより、知的財産に関する糸口すらおそらくつかめないのである。にもかかわらず、銀行は知的財産を担保としているわけである。

　知的財産を担保とする従来の融資や貸付は、積極的な新PQMシステムの採用を望むCFOにとって問題となる。特許を利用した新たな融資の担保を設定することができない上、銀行との誓約により特許ライセンスによる利子を得たり、特許移転やあげくに特許管理すらできなくなる。知的財産を担保として組み込んだ従来的な融資メカニズムを利用すると、自らの所有する知的財産による利益を管理する能力も希薄化してしまう。

　より進歩的な貸手は、融資ビジネスのチャンスを認識するにとどまらず、特許の実際的知識をも兼ね備え、無形資産の有形資産的価値の決定のため最新の評価技術を採用し、さらに融資先の特許ライセンシングのロイヤリティに基づく独特な貸付を巧妙に操るために必要な手段を有している。ある一企業がロイヤリティ資金調達活動における革新者のはしりとして一歩を踏み出した。他社も必ず追随するに違いない。ニューヨークを拠点とするLicent Capital. LLC（ライセント・キャピタルLLC）のある部署が提案するロイヤリティによる資金調達法とは、主要な担保としてクラス分別したロイヤリティを利用して300万ドルから融資を開始する単なる融資プログラムにすぎない。

　一方、投資銀行であるPullman Group LLC（プルマン・グループLLC）は、エンターテインメントと知的財産産業を提供する特別償却企業でもある。Pullman Groupは、デビッド・ボーイに対する将来的な音楽著作権使用料を含め、5,500万件に上るエンターテインメントと知的財産に関するロイヤリティの証券化を手がけた史上初の企業として有名である。

　ロイヤリティによる資金調達は、全有形資産が抵当に入れられてしまったような場合の重要な新規追加資源となる上に、知的財産権者の所有権を希釈化することなく、特許権の所有者が資産のあらゆる価値を高いまま保持することを可能とする。従って、仮に所有特許をロイヤリティによる資金調達の担保としても、新しいライセンシングやクロスライセンス契約によってこれ

らの特許を自由に活用することができる。便宜上、アドレスwww.2XFR.comにて、パテントカフェ社が、ライセント社による資本融資プログラムの俯瞰的概要とロイヤリティによる資金貸付の申し込みを提供している。

IN THE REAL WORLD

融資担保としての特許利用

　特許のロイヤリティをロイヤリティ投資の担保として使用することを考える場合に、注意すべき事項をいくつか以下に挙げる。
- 現在の負債融資契約を再調査し、既存ローンに対してどの程度まで知的財産を既に担保としているかを確証する（細則も読むこと）。
- 既に知的財産を担保として使用している場合は、(1)現在の抵当リストから無形資産を抹消するよう銀行と交渉する、あるいは、(2)抵当が解除されるように負債の返済を優先する。
- 自社PQMチームの他のメンバーと協働し、ライセンス収入による莫大な収益の創出が見込まれる少数の重要特許を識別する。受領が見込まれる融資額の決定基盤となる最大限の将来的ロイヤリティ価値を創造する。
- ロイヤリティ担保融資を行う場合は、あらゆる要因に基づくロイヤリティ支払いの下落を補填するために制御措置もしくは保全措置が要求される可能性に留意する。

　現在、ロイヤリティの趨勢がなくても、貸手に有望なケースを提示することができるならば、貸手はその将来的ロイヤリティを融資基盤としてみなすだろう。創造性がカギとなる。1997年に、Bowie Bonds（ボウイ・ボンド）は、ロック・スターのデビッド・ボウイのレコード・アルバムから創出された計画的なライセンシングに基づき、将来的ロイヤリティ収益のみによって担保された5,500万ドルの融資を行ったのである。

税金

　税金は常にCFOの懸念事項である。特許が関わるところには、税金対策を進める上で、考慮すべき事項がいくつかある。

　FAS-142を実施してすぐさま特許や他の無形資産に関する税務の含蓄をすべて理解するというのは、あまりに性急である。したがって、私企業にとって最良の帳票処理方法を決定するにあたっては、税理士や税務顧問に相談すべきである。

　特許に関する税金対策を決定するにあたり、下記の点を含んだ事項を考慮する必要がある。

- 特許取得にかかる直接または間接的な費用をどのように報告するか
- R&Dコストに内在する特許コストをどのように配分するか（この点は、FAS-142の下でどのように損失分析をするかについても関連してくる）
- ライセンスにより実現化される収益（または損失）と同様に、融資の担保とする特許に対する税金をどのように構造化するか
- 特許侵害の防止に伴う訴訟コスト
- ポートフォリオに内在する個々の財産に伴うライセンス収入あるいは訴訟防止コストと同様に、特許ポートフォリオの取得をどのように報告するか
- FAS-142の下で要求される新報告方式に移行した後、無形資産の売上げをどのように報告するか

　要するに、特許と税金は、多くのレベルで緊密に結ばれているのである。最新のIRS規則の下で明確かつ継続的な報告方針を採用し、税務専門家の助言を取り入れた戦略を実行すれば、株主価値に極めて重要かつ肯定的（あるいは否定的）な影響を及ぼすことができるだろう。

特許予算編成

特許取得にかかるコスト —— 国内および国際的特許保護への投資

　もうご存じのとおり、特許は他の資産同様、直接的な投資の結果として創出または向上され得る、驚くべき価値を有する資産である。重要な発見や特

第8章　財務部における特許管理

許につながると期待される研究に対して投資される金額は予想されるよりも少額であるが、特許取得に関連するコストが公正かつ満足に定義されるというのはよいことである。

一般に、新たな特許の取得に関しては、二大財務的構成要件が挙げられる。
1．特許出願準備および特許継続中の特許経過手続きにかかる代理人費用
2．特許出願、特許庁との通信応答（オフィスアクション）、特許公報の発行、および将来的な特許維持期間にかかる費用に関するオフィシャルフィー

代理人費用やオフィシャルフィーについては詳細には触れないが、CFOにとってはこうしたコストの概算や特許開発への投資によって企業は何を得るべきかを理解することが重要である。

まず初めに、CFOは米国特許における出願準備、出願手続きおよび各手続きに伴う代理人費用がおよそ1万ドルであることを常に計算に入れておくべきである。こうした費用は、単純な機械関係の特許ではより少額に収まるだろうし、遺伝、バイオテクノロジー、化学品や医薬品の発明に関する方法特許や特許には、より高額となるだろう。代理人に提出された各特許に対する見積りの入手から始め、各特許個別の見積り価格に対して請求明細書を追跡されたい。

代理人からの請求書は、ある一定期間にかかる時間と経費がすべて組み入れられている場合もよくあれば、個別の請求書として何かにつけ不意に発行される場合もよくあるからである。また、同時に多くの継続特許を担当しているため、あらゆる特定の特許に関する費用の追跡記録がほとんど不可能に近い場合もよくある。

予算編成に対する特許コストの管理追跡ツールとして、各特許に関する業務に対しては月毎に個別の請求書を作成してもらうよう法律事務所へ依頼するのがよい。これらの送り状の数字を自社会計システムへ入力すれば、各特許に関する実際のコストを追跡することができるようになるだろう。どの特許についても、コストが予算額よりもはるかに高くなっていることがわかったなら、その法律事務所と議論すべきである。

特 許 の 真 髄

　個別請求書による他のメリットは、FAS－142の条件下で無形資産価値の文書化を開始する際に、あらゆる直接的な関連経費を報告するのに役立つ点である。
　次に、出願、通達、公開や発行にかかる特許庁の各発行手数料の費用も同様に予算化される必要がある。米国では、2つの料金体系がある。一つは500人以上の従業員を有する大企業体に対するもので、もう一つは、従業員が500人未満の中小企業体に対するものである。大まかにいって、中小企業に対する特許庁費用は、大企業にかかる費用の50％程度と考えればよい。
　特許庁手数料は常に変更されるため、ここでは各送達業務にかかる詳細な数値を固定化することはしないが、おおよそ、一企業に関して、米国での特許出願から特許権発行までにかかる特許庁手数料は、早期公開、期間延長、面接希望その他もろもろのような、どのような追加的費用がかかるか次第で3,500ドルから4,000ドルの幅で見積もれるだろう。米国特許商標庁が認定した個人や従業員500人以下の中小企業のような小規模団体の場合には、前記見積もりの大まかに半分、およそ1,700ドルから2,200ドル程度を見積もるべきである。
　企業は、特許権の維持費用というのが数年後の将来において発生するため、予算に入れ損なうことがよくある。米国特許の維持費用は、特許発行から3.5

TIPS & TECHNIQUES

　現在の法的業務費用と他の特許弁護士が同様の業務に課金する費用とを比較する必要はあるだろうか。知的財産関連の突発的な事件に対して、特許弁護士に法的業務費用の見積りを求めているだろうか。FeeBid.com（フィービッド・ドット・コム）で特許法務の見積り依頼書（RFQ）を入力すれば、比較された予算回答をすぐに得られる。かかるRFQは、全国の特許弁護士へ送られ、各特許弁護士が業務に対する見積り書を直接応答する仕組みになっている。www.FeeBid.comにログインされたい。

第8章　財務部における特許管理

年、7.5年、11.5年の間隔で支払わなければならない。これらの料金を支払わなかった場合には、特許権は放棄されたものとみなされる。そのため、大企業では特許1件当たり約6千ドルの全特許維持費用を予算化し、また中小企業においては各特許に対し約3千ドルの将来的維持費用を予算化しておかなければならない。

　表8.2は、各特許分野におけるあらゆる出願準備、特許出願、発行、代理人手続きならびに維持費用の概算費用を集約化した表である。

　21世紀戦略計画および2002年10月に提案された料金体系の下では、予算編成は表8.3のようになると思われる。表8.3における数値は、6項の独立クレー

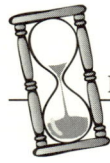

PROPOSED 2003 PATENT OFFICE RULES
出願コストを削減する秘訣

　新しい21世紀戦略計画の下で当初2002年10月の発効が予定されていたが、実際には修正された料金規則の下で発効する予定の新特許手数料の導入により、現実的な財政破綻が確実である。特許庁手数料単独でも、特許出願1件当たり数万ドルに達する可能性がある。2002年10月以前の標準特許料金であった3,000ドルから5,000ドルと比較されたい。

　これらの経費の削減に役立つ財務管理者にとって有利な戦略がいくつかある。これらすべての戦略のうちでも、まずは本出願によって継続して存続し、試験的市場においてそのテーマの発展性と利益性が証明された出願のみについて審査請求が必要となる、経費のかからない仮出願特許の活用から始めることが、おそらく最も重要である。PQMチームは、正当な資本回収力のない技術や製品を存続させるべきではないのである。

　CFOは、新製品の開発や今後新たに高騰する特許業務の遂行にかかる人件費に対する計画的な予算案を導入することができる。これらの予算案の提示により、最も価値のある特許に対する必要な投資支援の保証のためにPQMチームと協働する中で、CFOは特許経費の運営により密接に関わることが可能となるだろう。

特許の真髄

ム、計35項のクレームおよび1件の同時係属出願を有する特許を想定している。

　ここまで述べてきた予算編成の概要は、米国特許を軸としている。海外で強い販売利益を有する企業であれば、国際的な特許保護が望ましい。海外特許の必要性が示唆された場合、さまざまなオプションについての議論をするために、しかるべき職員と特許顧問との会議に参加することが必要だろう。経済的に利害のある多くの国に特許出願するための追加の特許費用は、国によっては米国よりも特許費用が低い国もあれば高い国もあるため、高めに見積もっても、特許1件当たりたやすく10万ドルを上回るだろう。国際出願にかかる追加の費用としては、とりわけ、翻訳業務、外国特許代理人の雇用や外国出願料金の支払いなどが含まれるだろう。必ず、各国における特許出願

予算明細―現行費用体系

費用明細	大企業	中小企業
代理人費用*	1万ドル	1万ドル
特許庁出願／発行費用	4,000ドル	2,000ドル
特許維持費用	6,000ドル	3,000ドル
新規米国出願における合計費用	2万ドル	1万5,000ドル

*代理人費用は、出願人の規模の大小に基づく変化はない。

表8.2

予算明細―2003年度費用体系案

費用明細（2002年10月案）	大企業	中小企業
代理人費用*	1万ドル	1万ドル
特許庁出願／発行費用	3万5,000ドル	1万7,000ドル
特許維持費用	9,000ドル	9,000ドル
新規米国出願における合計費用	5万4,000ドル	3万6,000ドル

*代理人費用は、出願人の規模の大小に基づく変化はない。

表8.3

によるビジネス上または経済的利益をよく理解した上で、それに従った予算編成をしていかなければならない。

チーム内の技術や法務担当職員と特許戦略の再検討をした後、予算化すべき非常に重要な追加特許関連費用は、以下の二つを含んでいる。

1．特許出願前の侵害分析および法務的見解
2．事前の特許価値分析 ── 特許出願前の発明のコストおよび利益分析

これら双方の職務には、高度な主観的判断と専門的見解を要するため、これらの業務に伴う費用を決定する実際の根拠は何もない。これらそれぞれの業務にかかる専門的あるいは法律的費用は、5千ドルから5万ドル以上に及ぶ可能性もある。もしこれらの分析のいずれかがチームによって要求されるか、または特許顧問から提案された場合には、それらの提案や要求を十分に考査し、全体予算および特許戦略にとって、そのような経費支出に伴う予見リスクを決定しなければならない。

特許調査、先行技術調査、特許性に関する法的評価のような他の費用については、そのときどきで上下するだろう。これらの費用についても、代理人費用や出願費用と比較し、予算循環に計上しなければならないが、こうした

TIPS & TECHNIQUES

外国特許出願および遂行については、出願を予定する国にもよるが、出願国によっては10万ドルまたはそれ以上の費用がかかるため、早い段階で検討すべきである。ほとんどの国で英語から現地公用語への翻訳が要求され、この作業が高額となり得る。時間およびコストの削減に用いられる国際的な出願戦略は、チェッカーボード・アプローチといわれている。つまり、目標とする地域から、通常は最も重要な数ヶ国に絞って出願するやり方である。このようにして、潜在的侵害者によるその領域内以外での供給を困難にするのである。外国におけるライセンシングを検討している場合、このやり方は効果的である。

費用を結集しても、数千ドル程度であることが予想されるため、「その他の経費」の品目名中に備えることもできるだろう。

予算編成は戦略を決定する

既に明らかなように、特許の直接的なコストは莫大なものとなる。米国および国際的市場においてわずか10件の特許を出願しただけで、年間およそ100万ドルの費用が発生する。それ故、予算編成計画のサイクルにおけるPQMのイニシアチブを包括させ、技術職員、法務部員や運営スタッフとともに毎年早期に特許予算を確定することがCFOにとって重要となる。その際には、特許にかかるコストのみならず、ライセンシングにおけるイニシアチブやそれに伴うロイヤリティ見積りにも同様の注意を向けなければならない。

いったん予算が確定されると、例外的な問題は別として、技術部や法務部が遂行し得る特許出願の件数をかなり正確に割り出すことができる。

CFOは、また、技術主導の産業分野は活動的であり、競合企業による新製品の導入や自社特許出願を無効にし得る競合企業の特許の発行が自社特許危機管理を左右することを理解しておかなければならない。たとえ産業構造が変わり、係属中の特許出願がすべて無意味になるような事態が起こり得たならば、それらの係属特許の放棄をためらわずに提言しなければならない。

TIPS & TECHNIQUES

自社特許出願およびそれに関連する技術が突然競争他者の特許により無効とされたなら、自社企業製品の開発活動を再評価する時機である。こうした類の危機は必ずしも悪いニュースではなく、自社の技術部がR&D活動の向上に努め、さらに一歩先んじるか、あるいは競合するために次世代製品の検討を始めるべき注意を喚起する警鐘でもあるのである。

第8章　財務部における特許管理

　企業の予算編成と特許戦略は連携して遂行されていくものであり、したがって特許にかかる経費と、ライセンシング収入や自社技術および市場の保護とのバランスを持続的に保つことが、与えられた資源をもって株主価値を最大限にする自社特許の位置づけに役立つということを覚えておくことが重要である。

訴訟費用

　CFOならばご存じのとおり、訴訟とはビジネスを遂行する上で生じる経費である。不法行為による訴訟においては、訴訟費用は管理可能な費用となり得るが、特許権侵害訴訟においては、ビジネスを脅かす危機的結果が生ずることがある。

　主として、特許関連訴訟には、次の二つの場合がある。

1. 自社製品や技術が他者の製品や技術を侵害すると主張される訴訟被告としての場合
2. 自社知的財産権に対する侵害を主張する訴訟原告としての場合

　特許顧問は法的な罰金の点については対処できるが、金融オプションや侵

TIPS & TECHNIQUES

　自社特許顧問に対しては、外国における特許出願能力を後日まで留保することを可能とし、比較的低コストな特許協力条約（PCT）出願のようなさまざまな特許の選択肢を提示する総合的な特許戦略会合をPQMチーム全体と持たなければならない。同様に、他社の出願に対する防衛手段となる多様な刊行物提出についても検討を依頼しなければならない。自社技術の公開により、自らの特許取得も不可能となる。（1件当たり100ドル程度で）技術の公開により、その技術については誰に対しても当該技術の占有および保護は認められないが、公開により、市場における自社企業による技術実施を阻む競合他者の特許能力も抹消されるのである。

害訴訟に関連する損害予想額の査定は、CFOの責務である。2001年度の米国における訴訟提起にかかった費用の平均が、120万ドルであったことを頭に入れておくべきである。CFOは数字に絡む職務を得意とするのだから、侵害訴訟の主分析要素とすべき統計資料をいくつかご覧いただこう。

- 特許権侵害事件において陪審員によって裁定された賠償額の平均は、860万ドルである。
- 特許権侵害事件において裁判官によって裁定された賠償額の平均は、980万ドルである。
- 特許訴訟に関与したバイオテクノロジー企業における株主財産の損失額の平均は、6,790万ドルである。
- マサチューセッツで実施された侵害訴訟における特許権者の勝訴率は30％であるが、北カリフォルニアにおける侵害事件での特許権者の勝訴率は68％である。

被告側となる場合には、抜け目ない特許ポートフォリオを持つことが、訴訟をクロスライセンス合意に向かって決着させるのに役立つだろう。しかしながら、特許訴訟業界では、企業は、訴訟の代わりにクロスライセンスによる決着を拒絶し、自らの特許を単に最大限に悪用するような企業がますます増えてきている。一方、独禁法ぎりぎりのラインで特許権の強引な実施を主張しているような被告側もいる。もしこのような攻撃的な経歴をもつ原告によって提起された訴訟に対して弁論する場合には、PQMスタッフを招集し、最良の訴訟戦略を注意深く検討するのが賢明である。

訴訟に巻き込まれる以前においても、第３章で述べたような組織全体を通じて従うべき特許戦略の通則について、PQMチームと議論することが望まれる。

原告側となる場合であっても、訴訟開始から審理終決までにかける投資は、長期に係属した場合を想定し、潜在的利益に対して比較検討されるべきである。特許管理チームのもつ重要なデータすべてを収集することがスタート地点となる。こうしたデータは、訴訟手続きに先立ち必要な費用対効果分析の構成必須要素であり、以下のようなものが挙げられる。

- 侵害企業による市場占有率における損失
- 侵害者による純収入の実質的損失
- 侵害者による設計変更に対するさまざまな選択肢、あるいは侵害者が訴訟への訴訟対抗措置として直ちに非侵害製品を製造できる能力(訴訟を

IN THE REAL WORLD

侵害はコストがかかる

　大半の特許侵害事件は、たとえ、いったん正式な訴状が提出されたとしても、裁判所管轄外で和解にいたる。弁論や特許無効化にかかる莫大な費用、濃厚な敗訴の可能性に加え、賠償額が莫大な額となる深刻な脅威に直面すると、侵害者はこれらの問題について、通常裁判所管轄外での和解を望む場合が多い。以下の図表は、2000年事業年度において、侵害事件の80％以上が裁判所による裁定なしに、または訴訟準備手続き以前に和解していることを示している。

大規模特許侵害訴訟の和解事例

テキサス・インストゥルメント社vsヒュンダイ社	$1,000,000,000	'99年5月	ウォール・ストリート・ジャーナル
テキサス・インストゥルメント社vsサムスン社	$1,000,000,000	'96年11月	ウォール・ストリート・ジャーナル
ピトニイ・ボーズ社vsヒューレット・パッカード社	$400,000,000	'01年6月	ウォール・ストリート・ジャーナル
メドトロニック社vsジーメンス社	$300,000,000	'92年9月	ウォール・ストリート・ジャーナル
インターメデイクス社vsカルディアック・ペースメーカーズ社	$250,000,000	'98年9月	ナショナル・ロー・ジャーナル
ジェムスター社vsゼネラル・インストゥルメント社	$200,000,000	'00年11月	ナショナル・ロー・ジャーナル
カリフォルニア大学vsジェネンテック社	$200,000,000	'99年11月	プレス・リリース
ジェネンテック社vsイーライ・リリー社	$145,000,000	'95年1月	ウォール・ストリート・ジャーナル
P&G vsケーブラー社、ナビスコ社、フリト・レイ社	$125,000,000	'89年9月	ニューヨーク・タイムス
キンバリィー・クラーク社vsパラゴン・トレード社	$115,000,000	'99年3月	PRニュースワイア
オデティクス社vsストレージ・テクノロジー社	$100,000,000	'99年10月	プレス・リリース
C.R.バード社vsギダント社	$100,000,000	'98年4月	ビジネス・プレス

無効とし、勝訴にコストがかかる可能性を生じる行為）
- 侵害を主張しようとする特許権の実際上の強さ（もし被告が既存の先行技術を発見し、特許庁によって自らの特許が無効となった場合における自らのポジションを分析することが重要なリスク評価の一つとなる。）
- 侵害企業が侵害に気づいていたかどうか。これは、故意の侵害は三倍賠償となり得るためである。

統計上は、全特許の内、訴訟沙汰となるのはわずか1.1％とされる。有益な特許に関する有効な統計資料がないため、もし自社が大きな市場を確保できる有益な特許を創作し、PQMチームが当該特許に対する賢明な投資をした場合は、自社が訴訟に巻き込まれる可能性がはるかに高くなると覚悟しなければならない。価値のない特許に対し訴訟を起こすような企業はない。

訴訟の開始が株主財産に多大な損害を与えることは明確であり、訴訟が起こる前に特許訴訟に対するいくつかのガイドラインを準備しておくことが株主価値を維持するのみならず、可能な限り高めていくためにも役立つのである。

特許権侵害保険

ビジネスにはあらゆる保険をかけているのに、特許に保険をかけない道理があるだろうか。まさに概説したように、特許訴訟にかかるコストは非常に大きく、株主財産の潜在的損失はさらに大きなものとなる。予想もしない訴訟にいたっては、潜在的損害はさらに深刻なものとなる。特許権侵害保険は以前からあるが、侵害訴訟の件数が増え続けるのにしたがって、自社特許が最終的に訴訟にいたることが予想されると確信する多くの企業にとって、一般的な選択肢となってきている。

基本的な侵害保険としては、以下の二種類がある。

1. 他社による自社特許の侵害の追跡（侵害に対する主張）にかかる費用を補償する*排除保険（Abatement Insurance）*
2. 他の保険のように、侵害による雑損（侵害に対する防御）を補償する*侵害保険（Infringement Insurance）*

第8章 財務部における特許管理

　特に訴訟費用と比較した場合、毎年の侵害保険証書の保険料は比較的手頃で、25万ドルの侵害防護保険証書では保険料は2,500ドルから、1クレーム当たり10万ドルの条件付きの侵害控除保険証書では保険料は1,500ドルの間となる。1クレーム当たり500万ドルを上限とした保険証書を購入することも可能である。

　侵害保険証書を発行するに先立ち、保険業者は独自の精査を実施し、保険料および補償限度額を決定するために特許価値の分析を行う。医療保険と同様、現在訴訟に係属している特許も補償の対象になるが、当該係属中の訴訟は、既に存在する条件として扱われ、約款の補償範囲からは除外される。

　Chubb（チャブ社）、ロンドンのLloyds（ロイズ社）、AIG社、ハートフォード・グループなどを含む保険会社数社が、過去数年にわたって侵害保険市場に参入したため、検討すべき保険は十分ある。さらに革新的な保険斡旋業者は、よく侵害保険を勧めてくるだろうが、知的財産における確固たるバックグラウンドをもつ侵害保険の専門家の方が、さまざまな選択肢を通じてよりよい手引きをしてくれるだろう。侵害保険会社もまた、自社単独特許やポートフォリオ全体におあつらえ向きのさまざまなオプションを追加した保険料を提示してくれるだろう。

　保険料の見積り書は、オンラインで請求フォームを提出することで、容易に入手することができる。パテントカフェ社では、アドレスwww.2XFR.comにて、オンライン見積り請求書フォームとともに、さまざまな侵害保険プログラムの概要を提供している。

　PQM計画を展開するにあたり他の職員メンバーと協働する際には、少なくとも自社の保有する最も価値ある特許については、特許戦略において強力かつ手頃な手段として侵害保険が試金石となり得る。

IPAMソフトウェアのコスト

　自社組織内に既に整備されているIPマネジメントシステムと技術、会計、製造マネジメントシステムとの第一の明らかな違いとして、コンピュータ支援設計（CAD）、ジャスト・イン・タイム（JIT）およびその他のシステム

特許の真髄

が*削減指向*（savings justified）、すなわち、効率および利益の向上とコスト削減を意図するものであるのに対して、知的財産資産管理（IPAM）ツールは、*収益減*としての付加的ツールとして位置づけられる。

　IPAMツールは肥大したオペレーションから効率性を搾取するだけでなく、技術開発サイクルの早い段階で売上げを生み出す能力や、戦略的な市場分析および競争力のあるIP分析、さらに通常の製品ライフサイクル以降でさえも継続する長期のロイヤリティ創出を通じたマーケットシェアの拡大を支援する能力がある。したがって、適切なIPツールの導入は競争力に必要不可欠であり、決して効率性を上げるための贅沢な手段ではないのである。

　IPAMソフトウェアは、特許のデータマイニングから特許維持料金の分析にいたるまで、知的財産の管理支援にますます多く利用されるようになってきている。長年にわたり、小規模のIPAMプログラムは、弁護士の知的財産の事件整理スケジュールやロイヤリティ支払いの追跡記録の維持管理、さらに特許維持費用支払いのスケジュール管理に役立ってきた。

　過去３、４年の間に、インターネットの到来によって、より精巧な特許業務フロー管理、特許の価値分析、特許の電子出願、特許分析による競合者の市場や事業活動を追跡記録する競合分析、そして、特許データベース検索ツールとしての機能を提供するさらに多くのIPAMシステムが出現してきた。

　これらのシステムすべてについて、その機能的な違いを詳述するためにここで多くの時間をさくことはしないが、まさに初めに統合された会計システムについて調査したように、これらシステムは２つの主なグループに分けることができるだろう。

個別機能IPAMツール

　これらのソフトウェアツールは、特定の目的のために、また特定のユーザーを念頭において設計されてきた。表題が示すように、これらのツールはいかなる統合システムからも独立して作動するように開発され、ほとんどの場合、単一の業務を実行するために使用される。個別機能ツールの例としては、(1)*事件管理システム*（典型的なユーザーとしては、特許弁護士や企業顧問が挙

げられる。)(2)*特許権使用料／年金支払い管理システム*（典型的なユーザーとしては、経理部門／知的財産のコンサルティング・サービス事務所が挙げられる。)(3)*特許分析／特許地図作製システム*（典型的なユーザーとしては、企業のIP調査員である）が挙げられる。

　これらのツールは、独立ソフトウェアプログラムか、あるいはインターネット経由のアプリケーションのいずれかである。ユーザーのコンピュータにインストールするソフトウェアとして購入する場合、これらのツールの価格は500ドルから１万5,000ドルの間である。ウェブベースのソフトウェアとして利用可能な場合には、通常、１ユーザーあたり１ヶ月毎に29ドルから、１インストール当たり１ヶ月毎に１万5,000ドルの範囲で月毎の使用料を納める形式で販売されている。1998年から2001年代と比較してみると、かつては数社の企業が10万ドル以上の特許分析システムを提供しているにすぎなかった。今後さらに柔軟かつ手頃なシステムが市場に出現してくるだろう。それ故、ソフトウェアにおける選択肢の評価に当たっては、十分に注意しなければならない。

　初期の会計システムを振り返ればわかるように、給料支払管理は個別に機能するソフトウェアを、営業は独立型の発注管理システムを、製造は独自の在庫管理システムを利用していたとしたら、混乱を引き起こしていたことだろう。IPAMがその火種を克服した今、自社の横断的な部門管理における専門知識は自由に機能することだろう。

統合機能IPAMツール
　統合会計システム展開と同じく、前述の個別特許管理機能の多くを完全な統合ソリューションにまとめる新しいIPAMツールが誕生してきている。このシステムは、特に組織内の個別機能毎に適合するモジュールから構成され、さらにすべての活動が中央システムに統合されている。
　例えば、特許データベースにアクセスする特許検索モジュールは、技術部や法務部によって利用され得る。この同じ特許データベースを中核として用いることにより、マーケティング部は、競合他社が開発してきた技術の流れ

特 許 の 真 髄

を視覚化し、他者の次世代製品技術を示す可能性もある特許モデルを実行することができる。しかしながら、法務部では先行技術により関心があるのだが、マーケティング部は、特許請求の範囲に関してはほとんど関心を持っていないだろう。特許データベースの中核となるIPAMの主なサンプルは、アドレスhttp://ERP.patentcafe.comで参照できる。

　General Ledger coreから始まる統合会計システムとは対照的に、統合IPAMシステムは、一度に一つのモジュールを構築あるいはアップグレードすることが可能なため、今や非常に手頃であり、自社の企業ニーズに基づいて発展させることができ、不可欠なシステムである。最初からシステム全体を購入することが予算上できない場合には、もしそれが後日マーケティング部のモジュールを追加できるような統合IPAMシステムの技術管理モジュールであれば、システムに対する技術部の要求のみを条件としてIPAMシステムを導入することも可能である。

　IPAMソフトウェアツールに対するあらゆる単独ユーザーまたは部門の要求を認可するに先立ち、以下のチェックリストに掲げる事項を一通り検討すべきである。

　1．かかるツールの導入により、時間とコスト節減のために行うこととは何か。それらの定量化か。
　2．かかるツールの導入により、どのようにして競争力のある知識を強化することができるか。
　3．ユーザーがツールに熟練するまでに、トレーニングが必要とされるか。トレーニングの量および費用はどれくらいか。
　4．どのような機能を有する部門がかかるツールを使用することができ、またどのように使用するか。例えば、技術部門が導入を要求したソフトウェアをマーケティング部門がマーケティングのために使用することができるか。
　5．かかるツールの導入は、株主価値の創出に役立つか。
　6．かかるツールにかかるコストは正当化されるか。IPAMが組織内に正規に導入されるのであれば、答えは「はい」でなければならない。

第8章　財務部における特許管理

　企業のIT部長は、コンピュータ・プラットフォーム、ソフトウェア・セキュリティや他の技術的問題を掲げた独自のチェックリストを常に持つべきであり、また、CIOやCTOとの協働により、適切なIPAMツールが最終的には全社的に整備されるとの保証を支援する合理的な予算編成の展開が可能となる。
　検討下の各IPAMシステムについては、その導入により実現され得るコストや利益を考えるより先に、企業の機能的要求に対してのテストがなされるべきである。

価値評価

技術と科学

　知的財産の価値評価に特化したノウハウを提言する著作家やアナリストの論文は本棚に溢れるくらいあるのだが、そうした論文の大半は、発行特許数に基づく知的財産の価値評価テクニックについて記述したにすぎないいわば白紙に近いものであるように思える。知的財産のあらゆる面について客観的な価値評価が可能な単一の公式や分析手法はいまだ確立されていないのが現実である。最良のIP評価ツールは高度なコンピュータモデルを内蔵しているが、しかし結局はある一定の人的分析を必要とする。そして最悪の例として、価値評価の結論が「A社がその特許を1,000万ドルでライセンスしたのだから、それと同様の我々の技術も同額の価値があるはずである」という芸術的ともいえる考えにいたることもあるのだ。

ポートフォリオと資産買収当事者の視点

　資本主義的環境における行動および投資決定は、すべて経済的成長と利益を目指すものであるべきである。したがって当然のこととして、特許の数値化においては、その焦点は迅速に価値評価に向かって定められる。特許の絶対的価値評価がそれほどまでに困難な理由とは、誰もが独自に望む収入を前提として、利用する評価手法が決定され、評価者の目的を支援する先入観によって選択されるからである。例えば、経営難に瀕する中小企業から特許ポー

特 許 の 真 髄

トフォリオを取得する企業は、少ない額で買収できるように、できる限りそのポートフォリオを低く査定するような評価手法を利用したいと考えるだろう。反対に、取得企業が自らの取得技術をいくつかライセンスするために選り分ける場合には、価値を最大化するような価値評価手法を選択するだろう。

知的財産の獲得、ライセンスあるいは販売についての方針や交渉の差異はさておき、完全に異なる目的もある。すなわち、自社のFAS-142に基づく文書化において実施された監査と同様に、株主、米国証券取引委員会そしてIRSの調査に耐え得る評価方法を開発することである。

さて、評価手法の選択を左右する買い手、売り手、そして監査役それぞれの目的を把握したところで、もしそれぞれの評価手法が実際には異なる結果を生じた場合、ある一つの客観的な価値評価をするにはどうしたらよいのだろうか。誰にも客観的評価はできない。手法の選択が主観的であるという事実は、ある手法が他の手法より客観的であるか、あるいは正確であるかという議論を一切払拭してしまうのである。

特許公正市場価格の確立

公正な市場価値を確率するために、いくつかの手法が用いられている。ここでは、これらの方法論についてはざっと触れる程度にするが、基礎となる理論、アルゴリズム、あるいはコンピュータや財務モデルについては、少し立ち止まって頭にたたき込んでみよう。

もし、あなたが特許や知的財産ポートフォリオの価値評価を担当しているならば、Paul J. Lerner（ポール・ラーナー）とAlexander I. Poltrak（アレクサンダー・ポルトラク）著『Essentials of Intellectual Property』（New York：John Wiley & Sons, Inc., 2002）を読むことを勧める。この本は、最新のIP価値評価理論、手法、公式、そしてそれぞれの適切な使用法について適切な記述がされている。

ライセンシングにおいては、以下の3つの主要モデルが、当事者が合意し得る価格の決定に役立つ。

量的モデル：経済型モデル（公平性：良好、正確性：公正）

　一連の経済メトリクスに基づいた特許価値を決定するモデルであり、既にインターネット経由で取得可能なツールがいくつかある。

　PLX Systems, Inc.（www.pl-x.com）が提案するTRRUメトリクス法という一つの方法は、産業技術セグメントを価格形成するオプション用にBlack-Scholesモデルの適用を試みるものである。しかしながら、この方法は、一部において、信頼性の高い予想変動率モデルを構築するために特許ライセンシングが不十分であるため、偏った結果を生じる。

　Patent Ratings.com（パテント・レイティング・コム）が提案するもう一つのコンピュータモデリングへのアプローチ法は、占有特許維持率に対して統計的に重要な関係をもつように決定された特許メトリクスに基づき、数値的ランキングやあるいはスコアを包含している。このモデルは、実際の産業や経済実績を無視しているが、いかなるセグメントにおいても高い価値を有する特許は放棄されず、それ故、特許の維持手数料が払われることを前提に産業動向を推定している。特許分析1件当たりのコストはおよそ125ドルである。

　さらに別のオンデマンド式コンピュータ分析ツールである特許価値予測（PatentValuePredictor）は、国内総生産（GDP）の相対的なパーセンテージ、特許の残存存続期間、業界セグメントや他の要因を含むさまざまな経済的要因に基づき、対象特許の価値を算定する。PatentValuePredictorは、パテントカフェ社（アドレスwww.2XFR.com）によって提供されている評価ツールの一つである。特許分析1件当たりのコストはおよそ100ドルである。

　事前の価値評価は、利用する評価手法にかかわらず、絶対的なものではなく、実際の価値を定量的に決定することはきわめて困難であることを忘れてはならない。これらのコンピュータモデリングツールによって提案される手法は、一部に、コンピュータによる計算式に人為的（主観的）要素を付加した特許価値評価サービスによって用いられているのである。

特 許 の 真 髄

質的モデル：比較可能な取引（公平性：非常に良好、正確性：良好）

　近年の自社産業や技術セグメントにおいて他社によって履行されたライセンシング契約の動向を分析することにより、類似技術の市場参入価値の具体的構想を描き始めることができる。他社の取引動向はよい参考となるが、それらの動向はあらゆる取引における微妙な差異までも正確に反映するものではない。

原価理論：予算運営（公平性：非常に貧弱、正確性：非常に良好）

　この方法論は、ある技術の獲得のためにライセンシー側が予算化した金額を正確に反映しているため、ライセンシー側の観点から見れば、正確な手法であるが、発明者や技術所有者の要求や目的は無視している。本質的には、相手方の取り分または交渉に持ち込むための枠組みを設計する理論である。

　決定を評価するための第二の敵対的な手段は、侵害訴訟における被告を潜在的な特許ライセンシーとして位置づけることであるが、被告がその訴訟にかかる予算編成を確立しており、かつ、ライセンシングがより経済的なアプローチであると判断した場合にのみ用いることができる。原告があまりに高額な価値を要求すれば、侵害者は、原告が主張する特許を無効にするか、あるいは財務的利得のない将来的ライセンサーとしての地位だけを残して、原告の地位を価値なきものにするか、いずれかの極端な手段に出てくる可能性もある。

財務向上

　組織の財務拠点として、CFOは、株主利益のために財務執行の予算編成と管理における責任を負っている。PQMチームの財務拠点として、CFOは特許の価値能力を運用し、観察する。知的財産管理はビジネスの中心部に位置づけられるため、知的財産の創造、維持、活用および価値強化といった知的財産のあらゆる要素を管理する重要性は、財務執行全体を計測するための道標となってきている。本章で概説したツールがあれば、CFOは、組織の有する知的財産の成長および活力を創造維持する助力となるPQMチームの重要なメンバーとなるだろう。

第9章

人事部における特許管理

~本章を読んでわかること~

- 特許管理と人事部の関係 —— 人材は知的財産の源
- 特許品質管理チームをどのように開発し、実行し、管理するか
- 優れた工程と改革に向けて努力する意識を育成するためのトレーニングの重要性
- 従業員の企業の特許開発への貢献度をどのように追跡し、監視し、報いるか

　部門間組織は、部長、課長、係長からなり、全員が企業の技術および特許の評価を活用するために働いている。組織が大きくなれば、全部門をまたいでの対話も難しくなる。

　組織はまた、人、つまり企業の知的財産の価値を創造すると期待される人材を雇用する。よって、従業員が技術、営業、製造その他のどの企業部門で働いていようとも、企業が雇用者 —— 従業員の関係から生じる利益すべてを受け取ることが重要である。

　さて、人事は、特許とはほとんどあるいは全く関係がないように見えるが、実は人事は従業員の記録や資料の管理人のみならず、企業のコミュニケーションやトレーニングの中心でもあり、これらすべてが効果的な特許品質管理システムのために重要な構成要素である。

特許の真髄

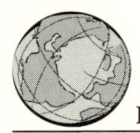

IN THE REAL WORLD

人事部長は特許に対しても責任がある

　企業と従業員間の同意により、金銭的損害を防ぐことができる。以前、インテル社とブロードコム社の訴訟のように、競合企業に入社した従業員が思わぬマイナスの注目を浴びることとなる。

　2000年3月、サンタクララ郡上級裁判所は、ブロードコム社がインテル社のトレードシークレットを公開、使用または習得することを禁止する仮差し止め命令を出した。

　ブロードコム社の株は、$250.38から始まり最高値は$257まで上がった。しかし、投資家が最初にCNET News.comが報じたその判決を知ると、株価は下落を始めた。取引の最後のほうには、株価は$232.75まで落ち、終値は$238.44*であった。

　インテル社は先に、サンタクララのカリフォルニア高等裁判所にて、ブロードコム社を告訴していた。2000年3月8日に提出されたその告訴は、インテル社のトレードシークレットの盗用に対するものであった。それは、ブロードコム社がインテル社の従業員を雇用したことに基づくものであった。法廷は、2000年5月25日にブロードコム社に対して仮差し止め命令を出した。

　ここで問題となるのは、もし人事がIP管理チームや企業弁護士、知的財産担当弁護士とともに動いていた場合、ブロードコム社の法的地位（および株主価値）を救済できるような、より効果的なIP関連の従業員契約を行えたのではないだろうか、ということである。

*出典：Tech Lawジャーナル

責任：実行と管理

すべての企業改革の獲得

　技術者は思想を紙に、デザインをCADシステムに、発明を技術雑誌に書

き表す。同様に、マーケティング部長は新製品のアイデアをランチの間にナプキンに走り書きし、セールス計画や競合分析結果をスプレッドシート上で開発する。製造のエキスパートは常に、停止期間や欠陥が少なく、より速くスムーズに製造ラインを動かせるような新しい方法を考え出そうとしている。

　よって、組織内において、開発、営業、製造、その他のすべての作業グループは本来的に、従業員の発明活動の生産物を獲得する方法を備えているように見えるだろう。しかし、中央情報管理中枢がなければ、企業がコンピュータやナプキン上の創造物からどんな情報を獲得するかということと、長期的特許ポートフォリオの価値との間に、相互の関連はほとんど成立しない。すべての知的財産、つまり企業従業員の本質的活動の生産物は、企業のとてつもない投資、具体的な結果を生み出さなければならない投資を象徴している。

　そこで、我々が企業の集積された知識（知的資本）を集め、その知的資本を株主の利益のために集積し、管理する責務や、知的財産と特許ポートフォリオを育成し、収容し、増大させるために必要な管理体系を決定するに当たっては、人材というものに各方面からの期待の目が向けられるものである。

　人事部は従業員の時間を企業とまとめる。募集や雇用並びに解雇通知を手交したり、辞表を受理したり、退職の調整をするのも、この部署である。従業員が最初と最後に雇用者と接触することになる部署なので、どんな情報が企業に入り、どんな情報が出て行き、どんな情報が全従業員による仕事の成果として公平に残るかを人事部長は他のどの部長よりも、十分に管理しているといえる。

方針の展開

　組織のIP方針展開となると、人事部長はPQMチームにおいて特に強い発言力を持つ。結局、方針というのは、従業員の新雇用パケット、トレーニング、指導、監視、履行調査、雇用前選考、出口調査を含む日常の従業員の慣行へと徐々に伝わっていく。

　それはそれとして、人事は、財務、法律やほかのカギとなるPQMメンバー

に強く依存しなければならない。というのも、地域や州の労働法、特別な仕事環境、法人保険プログラムなどのすべてが従業員方針の最終版に影響するからである。人事は、PQMシステムを導入する前に、その実施の役に立つために計画を立て始めるべきだ。もっと正確にいえば、方針展開、従業員トレーニング、従業員記録管理の実行、従業員評価プログラム、そしてすべてのパートまたは正社員に適用できるIP関連のフォームや契約書の回収など、各分野で計画を立てなければならない。

方針の実施

　会社定款または会社の設立要綱を組織中に伝えるのは、それが企業に必要不可欠であったとしても不可能に等しい。企業の特許管理あるいは知的財産方針を直に工場労働者にまで伝えることが少しでも簡単になっていくといえるだろうか。おそらくそれはないだろう。

　人事は通常、プログラムを組織中に伝達することにかけては専門家であり、したがって、PQMシステムのプログラムの実施や、少なくとも伝達をまかされることになるのはたいてい人事部門である。一般的に、企業規模で多数の変化があり、古い組織では伝統的に変化に抵抗する人が多いだろう。

組織経営：継続的トレーニング

　総合品質管理（total quality management：TQM）と同じように、特許品質管理（patent quality management）は、改善の継続的プロセスである。PQMシステムにおける改善は、"訴訟費用の削減"、"生産工程における発明の増加"、あるいは"無形資産価値の上昇"のように、ときになじみのない定義の上になされる。多くの従業員は、改善へ貢献するどころか、単にこれらの用語が何を意味するかも分からないだろう。

　重要な新しい実施案や新しい方針が企業規模で定められたとき、人事は伝統的に企業トレーニングの中心となっている。特許管理を通じたPQMや株主価値の強化は、ほとんどの従業員にとっては、またほとんどの技術者にとってさえ全く新しい概念である。継続的トレーニングプログラムは、PQMシ

第9章　人事部における特許管理

ステムの重要な要素となるだろう。他のキースタッフ（技術、製造、財務やその他の部門間幹部）と協働する中で、人事は全幹部が心から受け入れ、支援してくれるようなトレーニングプログラムを作らなければならない。実施は予定されているべきであるので、全従業員が学び、受け入れ、そして企業規模のPQMに貢献するのである。

従業員雇用の実務
　人事はまた、新社員を探し出し、雇用するという独特の責任、よくいえば独特の機会を持っている。個性を人事部長以上に理解している者はいない。そこで疑問が浮かぶ。現在の従業員の中に必要とされる創造性のある人間はいるのか。それとも、現在の従業員によるチームは、いわれたことをやっているにすぎないのか。
　新雇用者を探し出し、審査し、評価することは、PQMシステム内の新しい定義をもたらす。人事部長として、あなたは従業員に求めるものの基本は分かっている。しかし、その従業員が企業のIPポートフォリオにどのような影響を与えるかを考えたことがあるだろうか。あなたは創造的で問題解決への取り組みに貢献しようとするさまざまな個性的スタイルに気づいているだろうか。
　適当な人員の混合や、適当な従業員の種類が必要なのは製造、営業、技術の3部門である。探すべき従業員の個性は、企業の現在の市場位置やその将来的な目的によって異なる。不適当な従業員は新規発明製品開発や営業努力に災難をもたらしかねない。

製造要員
　古参の確立した企業の製造は、波風を立てることを嫌う製造要員を有しているし、またそのような要員を雇用する傾向がある。大量生産品に関してはそれでもよいのだろう。しかし、新規の発明製品ラインの開発にあたっては問題となる。年長の従業員が波風を立てることを嫌う理由の一つは、彼らの生来の性格だからである。だからこそ彼らはそんなに長くそこにいられるの

191

大きな、不動の部門にある共通の姿勢がCYAである。もちろんこの姿勢を、"don't try anything new."（新しいことには手を出すな）と訳すことは知っているだろうが、ここで、「従業員が発明に貢献することを恐れているのに、このような工場で発明が起こることがあり得るのだろうか」という疑問がわく。

新しい発明製品には、新しい発明製造工程と技術が必要であることが多い。経験もあるが、それ以上に既成概念にとらわれずに考えることが重要である。これはCYA従業員にはできない、創造的で刷新的な従業員こそがもたらすことのできる資質の一つである。その上、従来型の従業員は、企業が引き受ける新製品は現存の製品ラインとは別のところで販売され、従業員の解雇につながると考えていることが多い。生き残っている企業は、まさに新製品ラ

IN THE REAL WORLD

型 —— 袋やぶりの発想

　1990年代はじめ、ほとんどの紙製買い物袋会社は倒産し、ビニール製買い物袋会社に取って代わられた。紙製買い物袋会社が挑戦に応じられなかった理由の一つは、その紙袋生産的物の考え方にあった。ビニール袋製造工程は別のものだった。それは、速くて柔軟な製造工程であり、新たな挑戦に取り組み、新たな問題を解決する技術が要求された。ビニール製買い物袋ビジネスに参入しようとした紙袋会社のほぼすべてが、結果として、失敗したか、あるいは売却となった。これにはPrinceton（プリンストン社）(St. Regis)、Cupples（カップレス社）、Zellerbach（ゼラーバック社）、Longview（ロングビュー社）、Willamette Industries（ウィラメット・インダストリーズ社）も含まれる。一方、Trinity（トリニティ社）は賢く、完全に分離したビニール袋製造施設を開き、今日でも成功している。

インの開発に依存しているだろう。あなたの企業の新製品ラインの製造要員は、発明に乗り出すために、どのように試練を経ればいいかを知らなければならない。

　もしあなたの企業が、新しく、刷新的であれば、おそらくあなたは既に最新の性格調査およびテスト方法を使っているだろう。一方、あなたの企業が古参の確立した企業ならば、あなたが新しい方向に乗り出そうとするか否かに関係なく、恐れずに現在の体制を打破し、そして古い問題に創造的な解決を見出すことができるか、またはあなたの新しい取り組みに貢献できるような新従業員を探し出しなさい。

　あなたのPQMシステムの成功は、高品質な特許製品を大量に作り出す製造部門の能力に直接関わっている。それこそが経営や株主が左右されることである。この取り組みの先頭に立ち、サポートできるような人に、あなたの雇用の照準を合わせること自体が成功であるといえる。

販売／営業要員

　企業のマーケティングチームが新しい物を販売したがらない、あるいはできないことから、多くのよいアイデアが道を外れて行く。驚くなかれ、IBM社でもPCの発明に当たってはこのようなことが起きた。IBM社のセールスチームは、大きなスーパーコンピュータに専念しており、安い物を請け負う気がなかった。販売要員についての報告によると、彼らは同じコミッションを得るためには、単純により多く売らなければならなかった。

　一般に、販売／営業要員には2つのタイプがある。一つは注文を取り、現在の市場シェアを維持し、現在の顧客を満足させておくことがうまいタイプ。もう一つはより企業家タイプ。彼らは新しい製品やコンセプトを発信し、市場を創り出すことに大きな喜びを感じる。彼らはまた、新しい発明の特性を見極め、確認し、成功するために何が必要かを提案する。この種の営業要員は見つけにくいが、新しい発明の取り組みにはとても貴重である。

　販売／営業部門での雇用にあたって新社員を評価するとき、改革志向の企業はこれらのタイプの個性を見つけねばならない。それは過去に新製品の売

出しに数多く成功している人である。彼らはより仕事に熱心で問題解決に夢中であり、顧客の本当のニーズに鋭い。

　営業部門での新採用にもう一つ別の考えがある。カスタマーサービス要員は、問題解決法と実現させる方法も知っている人間でなければならない。彼らはすばらしいコミュニケーションスキルを持ち、問題の本質に到達できなければならない。新製品の売出しには対応のよいサポートチームが必要である。

　全体として、PQMシステムには積極的で市場創造タイプの販売要員とサポート役がいなければならない。何かを売らなければ何も起こらないし、言われたことしかしない人間に、それは期待できない。

技術要員

　どの企業でも将来の成功のカギの一つは、新しい特許製品や改良品を設計し、企画する能力にある。この責任は主として、技術部門にある。ほとんどの技術者が、既知事象を用いて処理するという原則を教えられるということをあなたは知っていただろうか。それが機械的な、力学的な、電気的な、誘電的なまたは化学的な特性であれ、基本的に確立された標準を扱っている。しかし発明は未知のものを扱う。そもそも、既に社会の公共財産であるものは、特許され得ないのである。新しく発見された発明の原則はたいてい、既知事象に反する。

　これは技術者を雇用するときに何を意味するのだろうか。それは、発明の才のある、PQM志向の企業は現存の標準に挑戦し、新発明に貢献する関連のある現象すべてについて考えられるような多彩な頭脳を有する技術者を見つけなければならない。彼らは望まれる取り組みを得るために、複雑な提携や組み合わせの点から考えることができるに違いない。

　創造的な技術者は、PQM環境で活躍する。あなたの挑戦は、今日の標準に挑戦したい、問題を解決し新概念を創造したい従業員、そして本当の顧客が誰かを理解する従業員を見つけることにある。これらの人間が正しい方向を向き、自由であるなら、彼らはしばしば強力な特許工場となるだろう。

第9章　人事部における特許管理

トレーニング

　トレーニングは、企業内のあらゆる部門のあらゆる面全体に浸透することは分かっているが、特許や知的財産が企業の資産価値に占める割合が高いかもしれないにもかかわらず、PQMのための訓練は、あったとしても、その訓練はほとんどない。
　人事には、それを変える多大な機会がある。すなわち、優れた生産工程や、より望ましい顧客至上発明や、特許により保護された販売のために努力することの重要性と意識を教えることである。

トップダウン方針の促進

　リーダーシップトレーニングは長い間、前例の原則に従ってきた。もし年長のスタッフがPQMのような企業規模の方針を受け入れられなかったら、その人は中間管理職や従業員がその計画に従うという期待はできないだろう。
　人事部長は、あらゆる企業方針トレーニングプログラムが、角部屋のオフィスでCEOとともにトップから始めなければならないことをずっと前に学んでいるはずである。率直にいうと、もしCEOがあなたの特許や発明の教育やトレーニングプログラムを受け入れないのなら、実際にはそのような企業方針プログラムはないということである。特許管理には、要員、責任、予算、そしてプログラムの実行が必要で、そのうちのどれもCEOの是認なしには行われない。
　チームが一度トレーニングの目標を定めれば、人事は資料を開発し、年間を通じてトレーニングセミナーの予定を組むことができる。年長のスタッフから始めて中間管理職、そして最後に下位の従業員へと下がっていく。すべての副社長が特許管理トレーニングを受け、新特許管理システムは、雇用保障に多大な可能性を示していることを企業中に知らせよう。人事部門は、各部門に関係する詳細や、その部門の役割が企業全体のチームでの取り組みにおいてどのように重要な位置を占めるかについて精通していなければならな

195

特 許 の 真 髄

い。

　特許管理システムの導入に成功した企業にとって、PQMモデルは似たようなものである。ただ、もっと簡易でもっと楽しいだけである。しかしPQMシステムによる利益は、特許権や知的財産権に高い価値を置く今日のビジネスの世界においては、本当に大きな影響を与えるだろう。

PQMの導入

　導入は、全従業員に新PQMシステムが導入されること、そして全従業員が新システムに参加すべきこと、そしてそれが永続的システムであることを知らせることから始まる。これは、特許譲渡契約などの関連する書類を含み、新しいPQMシステムとその重要性について議論されている分かりやすいレターを発行することによって最もうまく成し遂げられる。

　導入のレターでは、以下のことを伝える。
- 企業資産の保護、新発明製品と改良品の開発、そして長期の雇用保障を約束することを含むPQMの重要性。
- 全従業員は継続性を持ち、部門間チームの開発に参加しなければならないこと。
- 全製造作業はトレードシークレットと考え、どんなに単純で基礎的なものに見えようが関係なく秘密にしておくべきこと。
- どの従業員も新しい発明コンセプトに貢献する機会を持つべきであり、秘密にしておくべきこと。
- PQM管理チームと開発チームが任命されること。
- 全従業員に、彼らのどの新発明も企業に譲渡されることを意識させること。
- 従業員には、レターおよび譲渡契約の承認（サイン）を求めること。

　これが、秘密情報の管理、特許資産の保護、そして栄えある将来への道を定めるための企業の初めの一歩である。

従業員ファイル

　すべての企業は、従業員W-4書式、連邦政府I-9書式、401選択書式、健康

保険登録書式、履歴書、雇用申請書などを使用しているが、すべての従業員ファイルはまた、包括的な知的財産項目をも含んでいることを確認すべきである。それは常に、技術要員のファイルの一部とみなされてきたが、知的財産および発明は、企業内のどこからも起こり得る。技術者は企業の特許開発の心であり魂であるという概念は、過去のものである。技術者だけが発明を創り出すという伝統的概念も同様である。

今日、人事部長は、全部門の全従業員に真剣に目を向けなければならない。製造、安全、トレーニングや営業に関係なく、企業の長寿に貢献する内部工程とシステムを保護する機会はたくさんある。顧客志向の新製品の創造と発明のさらなる重要性も加え、営業要員は他の部門よりも認識し、貢献できる立場にいる。その上、彼らは通常、技術部門よりも本当の顧客ニーズに敏感である。

発明譲渡

アメリカでは、特許は個人、すなわち発明者のみが取得できる。発明者から企業に特許権を移転するために、発明者は発明譲渡契約を履行しなければならない。

伝統的に、雇用開始時に、企業は技術要員のみに発明譲渡契約を結ぶことを要求する。しかし、この本を通じて見てきたように、技術的に訓練されていようがいまいが、企業のほぼすべての人が、最終的に企業の重要な特許の発明者に名を連ねることができる。従って、人事にとっていつも決まって発明譲渡契約を含む企業規模の雇用方針を実行することが、ますます重要になるだろう。

企業中で使われている発明譲渡契約は、管理レベル（高レベルは秘密情報にアクセスしている）や従業員の技術レベルによってさまざまだろう。

従業員ファイルと同時に人事が使うべき特許管理書式は、基本的に3つある。

1. *発明譲渡および秘密保持契約*。企業利益のために従業員が創作した知的財産の権利移転の仕組み。

特 許 の 真 髄

2．*発明のリスト*。あなたの企業に加わる前に従業員がした全発明のリスト。
3．*終了証明*。従業員が企業にすべての知的財産や特許の記録を引き渡したこと、および企業情報の秘密や所有がないことを証明する、雇用終了に関して従業員が履行した補足契約。

書式や契約内容に関して企業弁護士の最終認可がなければ、もしくはそれがおりるまでは法的契約や書式を使用してはならない。この本で論じられている書類とは正式の弁護士の役割に代わるものではなく、従業員に用いられる特許および発明関連で出てくる言葉と専門用語を人事部長に慣れさせるために意図したものである。

技術者に対する方針

ほとんどの技術者は、日誌の維持や、図面、改良そしてその時点での試作の履歴を残すことの重要性を理解している。特に技術者については、彼らは以下の職務を徹底すべきである。

- 日誌や記録は明瞭、簡潔で、正確に日付を入れ、発明事項を理解する個人が内容を証明するためにそれらのページにサインしなければならない。
- 後日改良されるかどうかに関係なく、図面は保管すべきである。発明者の権利について法廷で異議を唱えられた場合、最初で真の発明者であることを説明するのに、発明概念の変遷を示す一連の図面を提出することが何よりもよい方法となるだろう。
- すべての新しい技術概念は、それによって影響されるすべての部門で検証されるべきである。あなたの企業はその顧客主導の発明への姿勢を維持しなければならず、運に任せて古き生産指向企業になってはならない。
- エンドユーザーのために改善することと、それらの新概念を開発し、有効にするためにマーケティングとともに作業することとを視野に入れるべきである。

ひとたび新方針が決まれば、そのことが企業の技術者に新しい挑戦と新し

い方向を示すことになるだろう。しかしこれは企業の将来の成功を保証するためにどうあるべきであり、またどうあらねばならないか、ということへの方向性なのである。

技術要員に対する方針

専門技術者は、製造やR&D関連活動に従事しているか、あるいは、大企業では、安全性や保守のような側面的な部門にいるかもしれない。

意外にも、これら技術者個々人の努力を通して新しい発明を発見する機会は多い。結局、彼らは現在の製品や工程を現場で生み出していて、時に、新しい製品や工程を検証し、開発している者なのである。専門技術者は、新しい特許可能な概念、特に、文字どおり彼らの仕事を楽にするような新しいプロセスの発見への最前線となり得るのである。ときどきあなたは尋ねてみるだけでいいのだ。

開発の新概念の価値を見出してきたような鋭敏な個々人のために、あなたは日誌のシステムと方法論を紹介したくなるだろう。彼らは、価値があることが証明されるべき概念を評価し、実行するPQM開発チームの重要な一部になるだろう。

製造技術者と製造要員にはまた、自ら退職を選んだ場合であろうと、いかなる理由で解雇させられた場合であろうと、すべてのトレードシークレット（製造営業秘密）と作業データは極秘で、決して使用したり、他人に明かしたりしてはならないということをはっきりと教えておかなければならない。これは通常入門文書の役割といえるが、書面で別途承認されるべきでもある。

管理者のための方針

管理者のPQM方針は二通りある。第一に、ほぼすべての管理者は、特許ポートフォリオに貢献するすばらしい機会を有する。なぜなら、経験は、新しい機会や概念を発見したり開発するのに重要な役割を演ずるからである。よって、彼らも同様に、日誌を用いたりPQM開発チームにも参加してもよい。

しかし、もしかすると、より重要な役割は、部門内の促進剤になることか

もしれない。よい管理者というのは、他者と彼らのよいアイデアを認めるということを意味する。いかなる従業員であろうと、新発明概念を提出したり議論する気持ちに水を差すべきではない。チームの取り組みを勧めるために、情報の自由な流れは欠かせないし、それを勧めるのが管理者の責任である。

従業員評価

　従業員評価は依然、企業の文化を強化し、トップの才能を保持し、あらゆる企業目標を支持するのに最も効果的な方法と証明されたものの一つである。最近のフォーチュン500社の従業員の世論調査によると、「自分の上司は十分かつ効果的に評価を提供している」といったのは、そのうちの46％だけであった。言い換えれば、半分以上の従業員は、企業は自分の業績や組織への貢献を適切に評価していないと感じている。

　販売員に対する評価は、何十年にわたる企業の伝統に根付いている。企業が製造資産から販売や収入数量、そして無形資産を通じて価値を構築することへの移行を強調しているのであるから、従業員評価の測定基準も変わるべきである。

　従業員評価と報酬を混同しないことが大切である。歩合賞与や企業出資の週末の休暇のような報酬は、通常結果や達成目標（その月の販売目標を達成したり、予定より早く新店舗をオープンするなど）に関係している。一方、評価は結果指向ではなく、むしろプロセス指向である。それは、組織環境の中でより長期的達成精神を促進する。

　特許権取得のために、従業員を評価することは、人事部長に新しい問題を提起する。第一に、特許を取得することは販売目標に達するのと同じように結果であるが、特許に直接つながる財務上の報酬である必要はない。第二に、特許という結果にならない改革や発明に貢献した従業員を評価せずに、特許取得者を他の従業員から分離することは、実はあなたが当初築こうとした団結を崩すことがある。そこで、発明や企業の知的財産への貢献を報奨する従業員評価プログラムについて、人事はその革新的なプログラムの創造という仕事を課されている。明らかに、この本は人事のマニュアルを意図するもの

第9章　人事部における特許管理

ではない。おそらくあなたは、既に何らかの従業員評価プログラムを持っているだろうから、古い基礎を踏襲する必要はない。

　発明、特許、改善の業績に対する従業員評価プログラムを構築するための第一歩は、PQMチームと会見して達成基準、予算、評価プログラムの範囲、プログラムのゴールを開発することである。プログラムスポンサーとしての人事部長とともに、評価チームのメンバーは評価を考慮すべき改革と発明への貢献（技術者の特許に限らず）を客観的に査定することができる多部門の従業員から構成されるべきである。

　効果的な評価プログラムは、終了を待って報奨を始める必要はない。しかし、特許を取得することが終了を意味するとはいえ、特許は、従業員が発明をした何年も後に取得され、あるいは従業員が企業を去った後に取得されることも多い。したがって、改革や発明開発、ポートフォリオ価値強化や特許の商業的利用に向けて前進させている従業員を評価することが重要である。

TIPS & TECHNIQUES

従業員評価調査の指揮を執る

　伝達とフィードバックは、効果的な特許および発明評価プログラムの開発および管理に不可欠である。効果的な特許開発、管理、利用を通して株主価値を増加させるという新しい目標を考えると、PQMシステムに参加する全従業員が、彼らの価値ある貢献が適切に評価されていると信じることが重要である。従業員に評価プログラムに何を望むかを聞くことは、新しい発明評価プログラムを作るときに、人事ができる重要なことの一つである。

　企業規模で、従業員のために従業員評価プログラムについてのフィードバックを提供する、メール、内線番号、あるいは企業のウェブサイト上のフィードバックフォームによる、常時アクセスを実施すべきである。

特許の真髄

指名された発明者vsチーム評価

　発明者評価プログラムの別の問題は、特許を受けたとされる発明者従業員を評価するのと同時に、同じように試作の創作を手伝った者、背景調査を行った者、あるいは発明に顕著な貢献をした者などの発明者でないチームメンバーも同様に評価することの難しさにある。チームの士気の問題だけでなく、PQMシステムの精神においても、組織を通じて特許に関連する価値を作り上げるのは、特許取得者だけでなく、チームである。

　PQMシステムの企業目標は、全体的な株主価値を増加することであるのも忘れてはならない。新発明の特許は、株主価値への貢献だけではなく、財務チームが特許ポートフォリオの修得に成功したとき、あるいは法務チームが特許侵害訴訟の防衛に成功したときにもまた、株主は利益を得る。特許取得のみについて従業員評価プログラムを構築することは、明らかに発明者でない他の従業員の貢献を無視することになる。

　毎年恒例の従業員評価プログラムイベントの間に、特許取得者として発明者が評価されたとしても、評価は、チーム全体として株主価値を増加することに関して、チームの各個人を評価している構成要素であることをはっきりさせておくべきである。

財務報酬賞金

　従業員は、仕事をするために雇われている。もしそれが技術分野の仕事な

TIPS & TECHNIQUES

　あなたの評価授与式典のために発明報酬を探すのなら、Google.com（グーグル・ドット・コム社）で"**corporate inventor recognition**"をサーチされたい。これらの企業は、企業ロビーやビジネスの"有名人の壁"発明者評価センターも用意している。

ら、仕事の産物は、最終的に特許になり得る。技術職員は、職務により、発明と特許を創造して給料を貰っている。特許を受けた従業員に報酬を出すことは、PQMプランの企業規模への拡大を費用のかかる不公平なものにするような前例を作ってしまう（非発明者は特許を受けることがないので、特許報酬を受けることはない）。

　従業員は既に、発明譲渡契約を履行しているが、従業員から特許権を買ったりライセンスを受ける必要はない。それにもかかわらず、特許権の移転に対する公式評価として、発明者／従業員に報酬を支払う姿勢を取っている企業もある。その金額は、名ばかりの1ドルの企業もあれば、取得特許につき1,000ドルの報酬を設定している企業もある。その数字は大きくないが、発明の販売につながる主観的な補償額や報酬を作るシステムを設立するのに対して、固定金額の報酬により発明者を評価している。

　さて、報酬はいくら割り当てるべきか。1年間に従業員一人に対して100ドルの予算は、年間に特許および知的財産価値増進に貢献したすべての発明者と非発明者、従業員を評価して表彰するのに十分過ぎることがお分かりいただけるだろう。

殿堂入りの発明者を評価する企業

　あらゆる規模の企業がますます企業改革への貢献者と発明者の評価に対してより独断的アプローチを取るようになっている。以下の企業例は推薦できるが、PQMチームメンバーよりはむしろ発明者に焦点を合わせたものである。それでもやはり、これらの例は従業員発明評価プログラムを垣間見ることができ、より広い発明および改革評価プログラムへのモデルとすることができる。

Illinois Tool Works（イリノイ・ツール・ワークス社）（ニューヨーク証券取引所（NYSE）：ITW）

　2001年、ITW社は17,000以上の特許と出願中の特許を世界中に保有し、その中には3,000の米国特許と1,200の米国特許出願中の案件が含まれていた。

特　許　の　真　髄

ITW社は、常時米国特許取得数のトップ100リストに載っている。

1969年、ITW社は、商業改革と成功を称え、制度化し、報いるために、ITW特許協会を設立した。その年1回の授賞式の間、企業は製品デザインの特許貢献と技術者を評価する。協会の設立当初から、CEOから技術者や販売者にいたる562人以上の従業員が、特許協会の一員と認められた。特許協会内においても、企業は上位達成者を評価しようとしており、130以上のメンバーは、顕著な商業的成功を収めた製品の発明についての特許をもつことについて、特別会員として評価されている。

Delphi Automotive Systems（デルファイ・オートモーティブ・システムズ社）(NYSE：DPH)

デルファイ社は、驚くべき発明数を記録している。2000年には、デルファイ社は、世界中で597の特許を受け（毎就業日2特許以上）、技術者は2,400以上の発明を開示している（毎就業日約10発明）。しかしデルファイ社では、重要なのはその数だけではなく、人である。2年毎に、デルファイ社は最も才能ある発明者を祝賀式典において、同社の名声ある革新殿堂入りをさせる。殿堂入りは、デルファイ社の最高の技術の名誉である。デルファイ社の革新殿堂は1995年に設立され、370以上の誇り高いメンバーをも含むが、これは1万6千人以上の同社の技術者、科学者、専門職員のほんの一部にすぎない。

革新殿堂入りの名誉に加え、殿堂入りした者は、エジプトの力のシンボルである大理石のオベリスクを受け、その名前と写真が銀の壁額に入り、ミシガン州トロイにあるデルファイ社の世界本社とカスタマーセンターに一年中飾られる。

よって、人事部を除くほぼすべての部門で発明行動が起こることは明らかであるが、人事は、企業と株主の利益のため、また従業員によってなされるすべての知的資産の貢献のため、従業員方針を開発する責任の先陣を取らなければならない。人事はまた、従業員評価のみならず、従業員トレーニングの中心でもあり、どちらも企業PQMプログラムの非常に重要な構成要素である。

第10章

IT部門における特許管理

~本章を読んでわかること~

- 情報システム部門における特許マネジメントの役割
- 知的財産・知的資産管理（IPAM）システムの基本
- 社内の各部門（製造、マーケティング、財務、IT部門、さらには発送、受入、倉庫部門）においてソフトウェア特許がもたらす広範な影響
- 企業間の技術交換を有利に進める方法

　どうしてCTOやITマネージャーが特許に気を配らなければならないのだろうか？　そもそもIT部門の仕事は、単に会計システムや通信網を使える状態に保ち、ハッカーの侵入を防ぐことではなかったのだろうか？　そしてなによりも、ITマネージャーが特許と関わることで、果たして株主の利益を増加させることができるのだろうか？　だが、こうした第一印象にとらわれてはいけない。新しい時代のITマネージャーは、会社の電子的財産および知的財産の保護者であるとともに、新たな知的財産の創造者となるはずである。事実、頭のよいITマネージャーであれば、すぐに新型ソフトの選定、インストール、そして管理を任されることになるだろうが、これがまさに知的財産・知的資産管理（IPAM）ソリューションにほかならない。

　ITマネージャーは、会社の知的財産を把握・維持するシステムを管理するばかりでなく、ソフトウェアの見張り役となり、社員が作成した社内ソフ

トウェア、ウェブサイト、ルーチンなどについての特許がらみの問題を管理することがますます多くなってくるだろう。

　今日、ほとんどの企業はITインフラの構築や維持を独自の方法で行っているので、本書では、どのようにしてIPAMシステムやソフトウェア開発プログラムを組み入れるかについて提案するつもりはないが、ますます増加する法律上、技術上、そして管理上の問題について概観してみたい。PQMチームの他のメンバーと適切な計画の立案をするに当たり、ITマネージャーが事情を把握していることが会社の特許管理にとっていかに重要かを理解していただけるはずである。

知的財産・知的資産管理（IPAM）システム

IPAMシステムの種類

　IPAMシステムとは、文字どおり知的財産を管理するための企業レベルのソフトウェア・ソリューションである。ただ、これは技術的な定義とはとてもいえない。実のところ、IPAMシステムはまだまだ未熟な段階にあり、統合会計システムが25年前に経験したのと同じような模索と変化の時期を迎えている。その当時、統合会計システムの意味するところは、第三者のメインフレームにストアされた自社の集中データベースに時分割でアクセスするシステムから、発行した請求書を、注文書や売掛履歴に関連付けることができる、カスタマイズされた小規模な会計ソフトまで、非常に幅広かった。つまり、統合会計とは、完全に統合されてさえいれば何でもよかったわけである。

　統合会計システムが会計部門に導入されたというのも興味深い。その頃は、マーケティングやIT部門で会計学が必要になるとは全く考えられていなかった。だが、会計システムが成熟してくると、ITグループはシステムを管理し、マーケティンググループはそこに販売注文を入力し、製造部門は出荷を確認し、会計部門は顧客に請求するという具合に、ようやく統合が達成されたのである。

　会社の価値の90％以上が有形資産によるものであった時代には、会計システムは決定的なマネジメントツールであった。しかし、技術主導型企業にお

第10章　IT部門における特許管理

いて無形資産が会社の価値の80％以上に寄与している現在では、この無形資産を有形資産と同じように管理できなければ全く意味がない。

統合会計ソリューションの進化を目撃した人にとって、以下の議論はデジャブに思えるかもしれない。一方、より世代の若いITマネージャーにとっては、歴史の授業を受けるようなものかもしれない。いずれにしても、本章がIPAMの未来を形作るのに役立ってくれると幸いである。

次に、IPAMの概要について述べる。

IPAM：知的財産・知的資産管理システム

このところ、特許、商標、あるいは知財一般に関するソフトに関連するものすべてに「IPAM」マークがつけられ、IPAMはさながらキャラクター商品売り場のような様相を呈してきている。

知的財産に関して*管理*という場合、それは普通お金を意味する。このような管理ソリューションは、維持費やライセンス料（支出）、ロイヤリティ（収入）、または評価額（税の申告）などを把握できないと意味がない。これらの管理業務の多くは、これまで知財管理会社にアウトソーシングしていたが、こうした会社は、必要な支払いを代行し、知的財産に関する財務活動を調査・報告する代わりに、高額な委託料や活動基準費用をとっていた。

知的財産、つまり特許や商標を管理する上で非常に重要なのは、定期的な維持費を適時に支払って、特許権や商標権を有効にしておくことである。アメリカでは、特許の維持費は特許発行の3.5、7.5、そして11.5年後に支払わなければならない。ある会社が毎年百も千も特許をとっており、そのうちの半分については、維持費に関する制度が異なる外国でも特許を受けているとすると、知的財産を失わないようにするには、本格的な信頼性の高いソリューションが必要であることが分かるだろう。

IPAMにより、特許や商標データベースの検索、処理履歴やダウンロードした登録特許のデジタルコピーに関する「一時ファイルディレクトリ」の構築、およびコピー毎の支払いの把握、あるいは、その他の多くの機能毎のアドオンモジュールやプラグインモジュールの入手が可能となるだろう。

特許の真髄

　したがって、単一のIPAMソリューションへの完全な統合はできないとしても、新興企業が開発・サポートする一部の機能的モジュールを導入することで、会社を補助し、それまで外部の企業に支払っていた管理費を削減し、そして、社内の効率を向上させることができる。

IP-IDAMS：知的財産統合データ分析・管理システム

　すべての問題には解決方法がある。幾年も、マネージャーや特許顧問が欲していた特許関連分析は、知的財産の専門家またはコンサルティング会社に外注することにより可能であった。

　1990年代後半、2、3のソフトウェア会社がこのようなサービスの提供を始めたが、やや時期尚早だったきらいがある。彼らの特許分析ソリューションには10万ドル以上（プラス、多種のユーザー使用料）を要したが、彼ら先駆者の功績は、特許データの視覚化を紹介したことであり、これはその後急速に発展した。データ分析は、特許マッピング（*patent mapping*）または特許トポグラフィー（*patent topography*）という造語を生んだ。これは、特許データの分布が地形図のように表示されたことに由来する。

　種々の設定をすることにより、IP-IDAMSは部門のマネージャーによって(1)あなたの現存の特許を用いて新しいビジネスチャンスを見つけるため、(2)利用し得る競合の特許戦略の欠陥を発見するため、または(3)競合の最も重要な特許を封じる特許のピケを張る計画のために戦略的に使われ得る。

　データマイニングやデータ分析は当然データを必要とする。知的財産のデータの唯一の特徴は、すべてのデータが蓄積された場所はどこにもないということである。世界の国々のうち約200ヶ国は、商標、特許、意匠などに関する何らかの知的財産登録機関を持っている。これらのデータのすべてが、近い将来一つの場所から入手可能になるとも思えないので、IP-DAMSの評価の際には、データマイニングに利用できるデータの量、データソース（国）、または質に関する種々の部門の必要条件を理解することは重要である。検索可能な世界的な特許データとIPAMソフトウェアを組み合わせた最先端のソリューションはパテントカフェ社のERPソリューション（http://ERP.

patentcafe.com）である。

　種々の部門のマネージャーはIP-IDAMSのデータマイニング力や機能性を理解し、適用し始めており、自分達のアプリケーションに対する要求をPQMチームに持ち込むようになってきているので、ITマネージャーは会社レベルで最も良いソリューションの選定を補助すべきであろう。

誰がIPAMを所有するのか？

　ITマネージャーとCFOは統合会計システムについて標記の問題に取り組み、ITマネージャーとエンジニアリングVPは誰がCADシステムを所有するかという問題に取り組んできた。そして今度は、特許・商標・法律・無形資産マネジメントシステムが、エンジニアリング、マーケティング、法務、そして会計の各部門のマネージャーを後ろに従えてやってきた。

　これらの部門の各々が希望する、単一機能のすぐれたツールは存在するだろうが、誰もが使えるフリーサイズのソリューションでは全員を満足させることはできない。会社のIPAMソリューションのための購買委員を指名するのはCEOの役割であり、投資の費用便益分析を行うのはCFOの役目であり、システムの適性、ベンダーの適性、メンテナンス、ユーザーのアクセスおよびシステムの整合性を決定するのはITマネージャーの役目である。

　このように、所有者は一人ではないことは明らかである。そしてこのため、PQMチーム全体が一緒になって作業し、各部門のマネージャーのニーズを客観的に評価し、ソフトウェアの予算（ライセンス料、研修、ハードウェア、サポート要員などを含む）を評価し、そして、決定が、無形資産管理の総体的な目標である株主価値の増加に対する気配りを反映するよう保証することが重要となってくる。

システムの選択と機能的な適性

　一度各部門のマネージャーが希望する機能のリストを提示すると、今度はITマネージャーがソリューション／ベンダーに関する最初のレベルの適性判断を行う番である。これはいくつかの側面では新しい領域であろうが、ソ

特 許 の 真 髄

リューション評価に適用される原則と同じものがIPAMにも適用される。これはすなわち、機能的な要件に合致する能力、ハードウェア・ソフトウェアの要件、ユーザーの研修の要件、ライセンス料、アップグレード、技術・ユーザー・サポートおよび費用である。

以下は、IPAMのベンダーに尋ねるべき、より焦点を絞った質問である。

- IPAMソリューションは、特許または商標のデータサーチまたはデータマイニングが可能なものか。もしそうならば、どの登録官庁（国）から、どの程度の特許、商標データが利用可能なのか。一般的な計数方法では、約80ヶ国の国からの約4,000万件の検索できる特許データが、そしてオンラインのサーチで利用可能な2,000万件の商標データが存在する。
- システムを通してどのようなタイプのデータおよびメタデータが利用可能なのか。
- ユーザーが、特許や商標のサーチおよびデータマイニングのために外部のデータベースにアクセスするときのセキュリティやファイアーウォールの操作はどのようにするのか。
- システムは特許分析機能を有しているのか。もしそうならば、その機能はベンダーのアプリケーションサーバーにあるのか、それともファイアーウォールの背後にある、あなたの会社のサーバーにインストールされるのか。
- 今どのような機能モジュールが入手可能か、そしてどのようなモジュールが近い将来、または先々利用可能になるのか？（例えば、マーケティングマネージャーが競争相手のブランドマネジメント戦略の分析を行うための商標分析モジュールがあるのか、またはあなたの会社の顧問が外部の顧問に直接連絡をとることを可能にする統合された事件記録システムがあるのか。）
- そのシステムに習熟することがどのくらい簡単か。IPAMシステムにアクセスする必要があるすべての社員にユーザートレーニングが必要か。（ヒント：あらかじめ準備されたデモは無視し、デモアカウントを要求すべきである。そして、種々のユーザーやマネージャーを、トレーニン

グなしに座らせ、そのシステムで作業をしてもらうのである。分かりやすく、実用的なシステムが、最終候補リストのトップにランクインするだろう。)
- システムの支払いはどうなっているのか（価格決定モデルは何か？）ほとんどすべてのシステムは、おそらく何らかの月毎の、または、端末毎のライセンスコンポーネントはもちろん、特殊な機能、分析モデル、特許のダウンロード、そしてその他のオプション機能についての利用回数制のコンポーネントを有している。
- システムは、どのようなシステム・マネジメント／システム管理機能を有しているのか。(このシステムを管理するのは、あなたかもしれない)

必要な機能のリストを作成してベンダーに見せ、ベンダーのソリューションのどの部分がリストに合致し、どの部分が合致しないかについて尋ねるといいだろう。そして、PQMミーティングの際に、ベンダーから収集した情報を他の部門のマネージャーに配布して、どのIPAMが、利用可能な予算の中で必要な機能をもたらしてくれそうかを皆で決め、そのシステムをあなたの組織のために導入するのである。

システムモジュール

将来どんな機能がIPAMシステムに追加されるのを予測することは不可能だが、独立した製品として、または統合IPAMソリューションの一部として現在利用可能な機能の簡単なリストなら作成することができる。このリストは査定を始めるスタート地点となるだろう。
- 特許検索エンジン
- 商標検索エンジン
- 特許分析／特許マッピングおよび特許視覚化ツール
- 商標マッピングまたは商標分析ツール
- ライセンス料／年金管理システム
- 知的財産維持料支払いのスケジューリングシステム
- 法律事件記録システム

特許の真髄

- 特許または商標の電子出願システム
- ポータルサービス（すなわちストリーミング（イントラネットへ）、記事、リソース、第三者サービスまたは製品、例えば、知的財産保険、ローン、文書検索サービスなど）
- ウェブで配布するアプリケーション：特許のワークフロー
- 知識管理／IA：ユーザーの知識ベース／処理記録
- 特許、商標、または無形資産の評価額分析
- ウェブで配布するアプリケーション：特許製図システム
- 専門雑誌／非特許データベース検索、またはメタ検索モジュール
- 特許／技術ライセンシングモジュール（ライセンシングに利用できる技術を奨励するため）
- 顧客／サーバーの設定が使用できるアプリケーション

情報へのアクセスと責任

　特許関連データへのアクセスの管理は、PQMチームによって決定された会社の方針によって規定されるが、この方針は、特許や特許調査に関する会社の法哲学、会社の製品およびソフトウェアの開発の方法論（特許となる）、そして会社の予算までも含む、複数の要因に基づいて決定されることになるだろう。

内部アクセスの特権／セキュリティレベル

　ITマネージャーは、機密データへの社員のアクセスを制限または監視するための適切な措置について十分承知していると思われるので、ここで一から説明するつもりはない。しかしながら、現在あなたが持っているシステムと比較すると、いくつかの新しいアクセスレベルが設定され、いろいろなタイプの人がIPAMにアクセスするようになるため、この新たなIPAMシステム全体のセキュリティを監視する内部システムの開発が必要となる。
　統合された知的財産（IP）ソリューションは、一部の部門、マネージャー、または社員に特有のモジュールで構成されているので、当該モジュールは、

第10章　IT部門における特許管理

必要なときにだけ利用できるようでなければならない。例えば、マーケティングマネージャーは、競争分析レポートを作成するために特許分析ツールにアクセスすることが必要かもしれないが、法律事件記録システムにアクセスする必要はない。

　内部で設定しなければならない、当たり前のセキュリティアクセスレベルに加えて、IPAMシステムは組織内のユーザーを、エクストラネットのノード、例えば外部の企業弁護士や弁理士、外部のベンダーなどと結び付けることができる。そこで、許可されたアクセスを入念に監視することが重要となる。人事にとって社員が離れたとき（アクセスを無効にする通知）にITマネージャーに知らせるのはいくらか簡単ではあるが、パスワードでアクセスできる外部ユーザーの社員の減少を監視するのはほとんど不可能である。

　本書では、考え得るすべてのセキュリティアクセスシナリオに対処する方法を提示するつもりはないが、現在のセキュリティ対策とは異なる問題があるということに気づいていただきたい。

　IPAMによって利用可能となる機能の多くは直接法的な影響を与えるものであるから、あなたの組織が知的財産の損失を経験する前にそれに気がつくことが重要である。会社の顧問にとって重要なのは、IPAMの実施に関連した法的な影響や、労働法、あるいは業務上適用され得るその他の法律に関するセキュリティポリシーについて、すべてのマネージャーにアドバイスすることである。

知的財産責任のリスク

　あなたは法律家ではないし、法律家になる必要もない。しかしながら最終的に財務上の損失として計算されるリスクに会社が遭遇する可能性を減らすのに、ITがますます重要な役割を果たすようになってきているかを知っておく必要がある。IT部門全体で、会社の知的財産の潜在的な損失を減らすことができるような部門ポリシーを練り上げるには、ITマネージャーは会社の顧問と向かい合って、IPの損失が起こり得るすべてのリスクポイントについて議論する必要があるだろう。弁護士や弁理士にアドバイスを求める前

に、IT関連活動がどのように損失へのリスクを増やし、または減らすのかについて幅広い理解を得たいと考えるかもしれない。会社の顧問を考え得るリスクポイントについて教育することはITマネージャーの手に委ねられており、そこからすべての話が始まる。

　ここでは、知的財産マネジメントのポリシーがお粗末であるか、全く存在しないと、損失が発生し得るいくつかの分野の例を挙げる（会社の顧問はさらに多くのものを見つけることができるだろう）。

- *製品図面、新しい技術の概要、または会社の将来の技術的方向性に関するその他の情報が入っているIPAMシステム。特許ワークフローシステム、ウェブ配信製図プログラム、または電子特許出願システムがこのカテゴリーに分類される。***リスク**：社員による盗用、ハッカー

- *ライセンス契約に基づいて支払われた（または支払うべき）ロイヤリティの勘定を維持する、特許ライセシング／ロイヤリティ年金管理システム。* **リスク**：監査証跡の喪失、システムがライセンシーを失った場合のロイヤリティ収入喪失の可能性

- *特許および商標維持料支払スケジューリングシステム（または事件記録システム）。これらのシステムは、本質的には、適時のマネジメントや、次の活動、または次のオフィシャルフィーの支払いの予定が記載された法務カレンダーである。***リスク**：バグや、インストールの問題、カレンダーのデータの破損や消失は、支払いや応答スケジュールのミス、そして特許権や商標権の完全な無効や消滅をもたらす可能性がある。

- *特許侵害。*この話題については後の章でより詳しく論じるが、重要なのは、ソフトウェア特許の発行件数が信じられないくらい多いため、IT部門でさえそれ自身特許侵害訴訟に巻き込まれる可能性が増えているということを理解することである。IT部門の人員による一見したところ害のないプログラムの作成は、侵害への防御とはならない。半導体ウェハーの品質分析や、あなたの会社が製造する製品のロボット組立て用処理手順などの、重要な工場プロセスのために社内で作成したコードが、発行されているソフトウェア特許を侵害する可能性が増大している。**リ**

スク：製造ラインや内部処理の停止を余儀なくさせるような差止請求を伴う、特許侵害訴訟の提起、ソフトウェア製品の回収、財務上の損害裁定

ソフトウェアに関連した問題や知的財産の消滅の可能性に適切に対処するには、すべてのディスカッションに、人事、エンジニアリング、プログラマー、システム管理者、そして最も重要なのはあなたの会社の弁護士に加わってもらうのが賢明である。知的財産セキュリティへのこうしたチームによるアプローチがなければ、セキュリティ対策に大きな穴が残るとともに、株主が懸念する知的財産の価値の喪失に関連したあらゆる株式価値の喪失について、株主がアクションを起こすリスクが残ることだろう。

ソフトウェア特許

ソフトウェア特許は、通常、ドットコム・インターネット会社がコンピュータによって開発し、自分達のビジネスの基盤として使用するプログラムに関するものと考えられているが、ソフトウェア特許のこれ以外の環境への広がりと影響力は、ますます明白になってきている。今日、ソフトウェア特許は、製造、マーケティング、財務、ITの各部門、そして出荷、受領、および倉庫部門までも含む、組織内のすべての部門に波及し、影響を与える可能性がある。

ITの景観を変える特許

有能なITマネージャーであればアマゾン・ドット・コム社のワンクリック法や、Priceline.com（プライスライン・ドット・コム社）のname-your-own-price特許（「あなた自身が値付けする」特許）について聞いたことがあるだろうが、ソフトウェア特許はIT分野の多くの人にとって、珍しく、また、目新しいものであろう。ITマネージャーが、一刻も早く特許に精通することは極めて重要である。特許は、マルチ商法や、日用品（例えばウールのソックスやアイスクリーム）の製造などの非技術的ビジネスにおける多くのITマネージャーにとってはなじみのない概念かもしれない。しかし、

215

特許の真髄

特許は、ビジネスツールとして大きく立ちはだかり、産業分野やビジネスタイプにかかわらず、ITの景観を変えてしまうかも知れない。

特許権者が所有することができるソフトウェアの機能の広さを説明すべく、"Real World"で、最近発行されたソフトウェア特許から幾つかのクレームをピックアップした。プロセス、方法およびアルゴリズムに関する発行特許について学び、ソフトウェア特許の領域で起こっていることに慣れていただきたい。

ソフトウェア特許に関する書籍はごまんとあるので、ソフトウェア特許に関連する技術的、法律的、または社会的問題を一つの章で論じるつもりはない。ソフトウェア特許についてもっと学びたい方には、学習材料は豊富に転がっている。しかしながら、すべてのITマネージャーに、ソフトウェア特許、またはその欠如が、いかに会社の全体的な活動や株主価値に重要な影響を与え得るのかということについて、本章で理解していただきたい。一度ITマネージャーが、ソフトウェア特許が組織にどのように適合するのかを理解したならば、彼らは会社の顧問や、上級スタッフとの会合を計画し、組織におけるソフトウェア特許に関連した潜在的な脆弱性やチャンスを議論すべきであろう。

適切な法律とビジネスの顧問とともに、ITマネージャーは特許ソフトウェアポリシーの作成を始めることができる。

攻撃／防御

会社の顧問は、ITマネージャーにソフトウェア特許の法的なニュアンスをアドバイスすることができる。だが、ここでは差し当たり単純に、ソフトウェア特許をビジネスの観点から論じるつもりである。これは会社が特許について防御態勢または攻撃態勢を確立するのに役立つ。

*防御態勢*とは、ITマネージャーが開発を計画しているソフトウェアプログラムに関連する発行特許についてITマネージャーが入念に調査し、さらに、会社の特許顧問にも調査をさせるような態勢である。この防御態勢は、ITマネージャーが、顧客がeコマース取引を行うことができるユニークな方

第10章　IT部門における特許管理

法の開発を試みようとしているような場合には、ウェブサイトの機能に関する特許の調査を含むだろうし、また、IT部門が考えついたプログラムが、他社の特許を侵害する結果とならないように、工場の組立てライン制御装置に関する発行特許を分析することを含むだろう。

プログラミング部門全体がソフトウェア特許をもっと知っておくことにより、起こり得る特許侵害問題を避けることができるだけではなく、ソフトウェア特許は多くのソリューションを教示するものであるため、しばしば次世代のソフトウェア機能の開発を促進することが可能となる。

*攻撃態勢*とは、ITマネージャーが、新しいプログラムが本当に新規で機能的であり、かつ自明ではないだろうと判断し、そしてそのプログラムについて特許を取得することを選択する態勢である。ITマネージャーが、あるプログラムが特許を受けることができると考えたなら、PQMチームを集め、プログラム（すなわち製造ラインをスピードアップさせる方法、eコマースの顧客インターフェースに関するユニークな方法、または何らかの競争上の優位性をもたらすことができるその他のプログラム）が、会社にもたらすことができる潜在的な利益を割り出す必要がある。もし利点が明確で、特許出願の準備および出願のための予算を正当化できるものである場合には（ビジネス面での正当化）、会社の弁理士は発明の必要書類を集め、そして特許出願の準備を始めることとなる。

ITマネージャーは、会社のプロセスまたはソフトウェア製品が特許保護の対象となり得るということだけでなく、自由裁量で開発した発明的なプロセス（例えば広告用のロゴの使用やスクリーンセーバー）でさえ、会社の知的財産ポートフォリオへの、重要で価値ある付加物になり得ることを心にとどめるべきである。

最後の検討材料は、特許が防御ツールとして有し得る付加価値である。ある企業が、別の企業を特許侵害で訴えたが、骨の折れる法的な駆け引きの後、両企業がそれぞれの特許をクロスライセンスするというのはよくあることである。つまり、もしあなたの会社が価値あるソフトウェア特許を持っているなら、その特許は、既に論じたような特許権の種々の利益をもたらしてくれ

217

るばかりでなく、ある会社が特許侵害を主張してきても、それをライセンス交渉の切り札とすることができるのである。

企業の技術交流

企業がライセンスできる技術へのインターネットアクセス

百聞は一見にしかず。ゼネラル・エレクトリック社の特許ライセンシングウェブサイトwww.GEpatents.comをざっと眺めると、1冊の本になるくらいの技術が掲載されている。これは、企業がその特許ポートフォリオのライセンシングを促進するために、いかにインターネットを活用することができるのかを示す具体例である。

ウェブサイトの開発は、IT部門の管轄となることが多いため、IT部門が主導権を発揮するかもしれない。ライセンスできる技術をウェブを介して宣伝するかどうかを決定するのはITマネージャー以外の者の役割だろうが、ITマネージャーが議論に参加する余地はある。

- マーケティングと宣伝。インターネットが、ライセンス可能な技術を宣伝するための、信じられないくらいコスト効率のよいマーケティングチャンネルであることは事実だが、実際には、ウェブサイトが主要なサーチエンジンに適切に広告され、リストアップされ、掲載されない限り、興味を持っているライセンシーに技術を紹介することはまず不可能である。もしあなたの組織が、IBM社、HP社、GE社などの大企業のように、アクセス件数の多いウェブサイトを持っていない場合には、スタッフに、以下のような代替的なインターネットマーケティング手段を探すよう勧めるべきである。
    - 既に多くのアクセス件数のあるウェブサイト（知的財産のライセンシングを促進するために特別に設計されたウェブサイト）に技術を登録する。以下は、現在稼動している有名な技術移転ウェブサイトのリストである。www.2XFR.com、www.uventures.com、www.pl-x.com、www.yet2.com、www.patex.com、www.ipex.com、www.techex.com

IN THE REAL WORLD

ウェブサイトを特許化する

　1998年7月、連邦巡回控訴裁判所（CAFC）がState Street Bank & Trust（ステート・ストリート・バンク＆トラスト社）vs Signature Financial Group, Inc.（シグネチャー・ファイナンシャル・グループ）の事件の判決を下した際、"Hub and Spoke Financial Services Configuration"（ハブ・アンド・スポーク財務サービスシステム）のためのコンピュータープログラムは、特許の対象になり得ることが支持された。State Street Bank事件の発明は、ソフトフェア特許への扉を大きく開くきっかけとなった。より多くのソフトウェア特許の明細書を読むことはITマネージャーが特許意識を発展させる助けになる。以下は、アマゾン・ドット・コム社のワンクリック特許の第1クレームである。

米国特許第5,960,411

1．物品の注文を受ける方法であって、
顧客のシステムの制御下において、
物品を特定する情報を示すこと、および
ただ一個の動作が行われたことに応じて、サーバーシステムに対し物品購入者の識別子とともに物品を発注する要求を送ること、
サーバーシステムの一個の動作で発注する構成要素の制御下において、
要求を受信すること、
受信した要求中の識別子によって特定される購入者について、事前に記録された追加情報を取り出すこと、および
取り出された追加情報を使用して、受信した要求中の識別子によって特定される購入者のための要求された物品を購入する発注を発生させること、ならびに
発生させた発注を実行して物品の購入を終了し、これによりショッピングカート方式を使うことなく物品が発注されること、
を含む、前記方法。

特許の真髄

インターネットベースのソフトウェアについて特許を受けたのはアマゾン・ドット・コム社だけではない。サウスウェスト航空のウェブサイトwww.Southwest.comの予約画面（RESERVATIONS）を表示させ、下のほうに「Patent Pending（特許出願中）」の表示があるかどうか見てみるとよい。あなたは近いうちにオンラインオーダーフォームをプログラミングする計画があるだろうか。明らかに、ソフトウェア特許はすべてのビジネスに適用される。

- 商業的な技術移転ウェブサイトに登録するのは有利かもしれないが、ウェブサイトの但し書きに、同サイトによって特許がライセンスされた場合、サイトのオーナーに、5万ドルに及ぶ手数料や取引料を支払う契約を締結すべきことが記載されていることがままある。
- アクセス件数の多い技術移転ウェブサイトに、ブランドを付したフロントエンドを獲得する。この選択肢は、(1)サイト訪問者が一度あなたのウェブサイトを見つけると、あなたの技術とブランドを訪問者の目の前に留めることができ、また(2)ライセンス可能な技術がホストの技術移転ウェブサイトと同様に検索可能なため、あなたの技術が目に触れやすいという利益がある。
- *作り出すことと買うこと*。会社の特許ライセンシングウェブサイトを構築すべきか、あるいは既存の技術移転サイトに自社ブランドを付した、同サイトの自社バージョンを作成する技術移転ホストを獲得すべきかについては賛否両論があるが、ITマネージャーは、費用的、技術的な観点から、そして開発スケジュールを念頭におきながら、代替案を探索し、評価できるよう準備すべきである。より多くのアクセス数を得たい会社に、このような高度にブランド化されたレイアウトを提供できる会社としては、特許ライセンシング市場www.2XFR.com/branded.aspを有するパテントカフェ社と、www.pl-x.comを有するPLX Systems, Inc.が挙げられる。

第10章　IT部門における特許管理

　あなたの技術を既存の商業的な技術移転ウェブサイトのブランド化バージョンに統合することのもう一つの利点は、データベースや、業界標準の検索分類、直感的なユーザーインターフェース、および特許権者のための実績あるその他のデザインおよび管理機能を含み得る、強力な、テスト済みのデザインをそっくりそのまま利用できることである。

　もしITマネージャーが、インターネットを利用した会社の技術宣伝の責任者であり、既存の技術移転データベースのブランド化されたフロントエンドを選択した場合、単純な色の変化にとどまらず、似たり寄ったりのページとならないように留意すべきである。ITマネージャーは、データベースホストに、必要なすべてのナビゲーションボタンを組み込んだ会社ウェブサイトのテンプレートページを提供し、技術移転ページから会社ウェブサイトの他のページにシームレスに移動できるようにしておくべきである。

　この時点で、あなたはIT部門と関連のある特許システムに関する生きた知識を身につけたことになり、IPAMシステム、デジタルコミュニケーションプラットホームと関連する特許セキュリティ問題、ソフトウェア特許、責任およびリスクの軽減、そして、特許ライセンス取引を扱えるようになった。これで、あなたが貴重なPQMチームのメンバーになる準備は整った。

第11章

特許管理と企業／知財顧問

~本章を読んでわかること~

- 今日のビジネス環境における企業弁理士の役割の重要性
- 弁理士はいかにして企業のPQMイントラネットを強化することができるか
- 部門ニーズの支援における弁理士の役割

　この章では、企業の知財顧問へ向けて、今日のビジネス環境においてますます重要性が高まる企業弁理士の役割について説明する。これまでの何十年間、知財顧問は特許出願や訴訟のみを扱ってきたが、現在では、多くのハイテク企業において市場価値の85％以上を占め、ますます重要となる無形資産管理の支援を求められている。

　もしあなたがまだ実行していないのなら、まずはその新しい役割を引き受け、法的手段による企業情報や知識の価値、特に企業特許ポートフォリオの価値を（株主に対して）保証する上で考慮すべき問題に取り組むべきである。

　企業の特許資産管理の責任は、トップのCEOがPQM戦略を採用し、PQMチームをスタートさせることから始まる。それは、最初はビジネス上の決定として始まるが、企業顧問や特許顧問は、法的側面から重要な役割を担うことになるため、これらの活動に重要な助言を提供する。

特許の真髄

法的貨幣

　知的財産は、法的貨幣、すなわち技術主導型の企業にとっての新しい通貨単位としての色合いをますます濃くしている。そのため企業／特許顧問もまた、企業の知的財産／特許ポートフォリオや無形資産、株主価値への影響を見張る、法的な番人としての責任がますます大きくなっている。

実施基準の向上

　エンロン社の崩壊、米国証券取引委員会の会計基準調査、無形資産価値に関するFAS-142財務報告の発表、および訴訟、インターフェアランス、再発行、ライセンシングなどの戦術的、戦略的な利用を受けて、強い企業形勢を保ち、株主価値を保護するために企業知財顧問はどのような新しい業務基準を立ち上げるべきだろうか。

　新しい**法的な**業務基準（さまざまな連邦機関から提出された開示要件や報告要件に関する審議中の法律案）はまだ固まっていないが、もっと実際的な意味で、今日の企業知財弁理士は、株主からより高いレベルの仕事を期待されている。企業が会社規模のPQMプログラムを採用するという前提で、企業顧問が貢献を求められると思われる義務には次のようなものがある。

- 特許ワークフロー：発明プロセスの管理
- 企業収益、競争優位性、および株主価値のための知的財産の活用
- 戦略
- 競合他社の情報や焦点となる発明
- M&A、適正評価
- 企業の発明開発の促進

特許ワークフロー：発明プロセスの管理

　この章では、特許を無形財産保護の方法として用いた例に焦点をあてるが、この考え方は、トレードシークレット、商標、著作権、機密情報などの他の保護手段についても当てはまるか、またはほぼ同様である。企業という用語

第11章　特許管理と企業／知財顧問

は、通常営利目的の事業についていうものだが、この章における議論の多くは、大学のような、多くの非営利事業にも当てはまる。

　企業特許顧問は、発明の着想から特許出願、さらにはそれ以降の過程を教育し、促進し、監視する責任があるが、企業特許顧問の役割は、最も価値のある特許となり得る知的資産を捕捉し、定量化することである。

　今日、CEO、ウォール街のアナリスト、株主、そしておそらく技術関連の人すべてが、特許、そして企業情報や知識を保護することの重要性や価値を知っている。知財顧問は、企業が優れた特許によりその資産を確実に保護することや、ときには費用ばかりかかって無駄な、取るに足らない特許を放棄することについて責任の大部分を負っている。

　すべてではないが多くの場合、特許ポートフォリオの開発・管理チームは法務部内にある。この法務部、とりわけ知財顧問は、特許やその他の知財に関連する紛争の管理や遂行を求められる。知財顧問は、ほとんどの場合弁理士だが、企業において要求される能力レベルはこの7年から10年間に劇的に高まってきた。特許などの知的財産を、営利企業がビジネス資産として活用するための能力やニーズが増すことによって、知財顧問にはさらに幅広い責任が求められている。

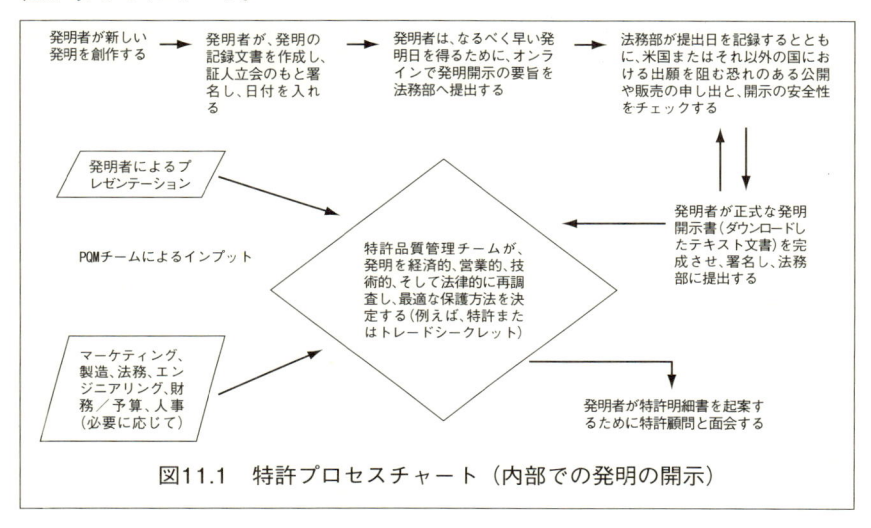

図11.1　特許プロセスチャート（内部での発明の開示）

図11.1は、PQMチームが調査分析できるような形で発明者の発明を捉える、典型的な発明開示プロセスを示したものである。

企業収益、競争優位性、および株主価値のための知的財産の活用

概して、企業の知財顧問とその直属チームの任務は、競争優位性のために戦略的に企業発明を宣伝し、捕捉し、管理し、攻撃的および防御的に保護することである。

● *宣伝*

　企業顧問はライセンスイン、ライセンスアウト、クロスライセンシングなどの場合に、特許の宣伝を支援する役割を果たす。したがって、質の高い特許に適切な広がりと範囲を確保する企業顧問の責任は非常に大きい。

● *捕捉*

　雇用期間中、従業員は、知的財産あるいは知的資産となることも多い自らの貢献や業務に対して、補償金を得る。特許顧問は人事と協働して、従業員が生み出す知的資産を企業が捕捉し、その従業員の退職後もこの知識的な貢献が企業に残存するようにしなければならない。

● *管理*

　特許は、適切な時期に出願しなければならない。また戦略と戦術は、企業PQM目標と一致させなければならない。特許出願は、必要に応じて、応答、PCT出願、CIP出願、そして審判請求をしなければならない。法務顧問が特許の維持料を支払うのであれば、それを監視する必要がある。これら要素のすべては、法的に期限が制限されており、期限を遵守しないと、特許権を永遠に失うことになる可能性がある。

● *保護*

　企業顧問には、侵害請求から会社を守るばかりでなく、侵害者を見つけ出して訴えることも求められている。これには、侵害やその他の紛争への客観的なアプローチが必要となる。なぜなら、場合によって訴訟費用が、侵害の対象となる知的財産の価値よりも高くなることがあるからである。

戦略

いかなる組織においても、その組織の目標が全活動中にどれだけ統合されているかが成功を決める要因となる。企業知財顧問にとって、知財機能の戦略と実際の戦術は、企業全体のビジネス目標に密接につながり、それに貢献し、それを実現するものでなければならない。この目標を達成するには、統合されていないことの多い企業や事業上のビジネス機能との、積極的で頻繁なコミュニケーションが必要となる。

知財顧問自身はよくわかっているかもしれないが、あるグループ間で知識をやりとりできるポジションにあるのは唯一知財顧問だけである。すなわち、企業目標についてビジョンを持ち、それをよく理解した知財顧問は、より効果的で創造的な方法で目標を達成するために、極めて重要な役割を果たすことができる。第3章で詳しく述べたように、企業が展開する戦略は、企業顧問の決定と行動に反映されるべきである。

競合他社情報と、的を絞った技術革新

知財顧問は、現在の競合他社や潜在的な競合他社の発明を発見するため、そしてさらに重要なことは、その発明の分析をするために必要な専門知識を持たなければならない。競合技術や潜在的な競合技術の知識を得るために、多くの情報が一般に利用でき、それには、特許検索や、IPAMのソフトウェアやその解析法などがある。競合技術が見つかった場合は、その特許権の範囲を判断しなければならない。PQM戦略に合致した、企業株主の利益になる決断をするための権限を、知財顧問は持つことになる。またあなたは、ある競合技術がライセンスインできることに、一部はLESなどのライセンシングエージェンシーに基づき、または単に自分の分野において盛んであることにより気づくようにもなるかもしれない。

企業の技術革新の促進

ちょうど、知財機能が企業のビジネス目標と一致していなければならないのと同じように、最も成功するには、技術革新が促進され、企業の利益のた

めに発明する人々が称え尊敬され、報酬を得られるような風土を組織が形成し、維持しなければならない。この主張を支持し、重役にも製造レベルの管理者にも擁護者として協力を得て、教育するのは、知財顧問である。管理を引き受けることは、多くの知財顧問にとって大きなハードルとなってきた。なぜなら、技術革新は長期的な展望でなされるため、なかなか気づいてもらえず、四半期の収益を成功の指標としているような企業では、重要であっても急を要する事ではないと考えられてしまうからである。果たして、新財務会計基準審議会（FASB）規則や米国証券取引委員会報告要件、そして株主からの要望がともに触媒となって、ついにはCEOの注意をひきつけ、PQMプログラムをトップダウンで実施させるようになるのだろうか。

株主と企業の成功

　知財顧問は、知的財産の保護だけでなく、特許ポートフォリオ管理の戦略・プロセスの開発についても、それが経営上適切であることを明らかにし、説明できなければならない。そして教育や認識トレーニングを、重役、マネージャー、そして発明者となり得るすべての者に対して実施すべきである。また、企業における利点を明確にする必要がある。以下に、そのような利点とそれによるチャンスのいくつかを挙げるが、それぞれ、個々の組織に合わせて、戦術的に実施する必要がある。

- 競争優位性の背後にある、または競争優位性に具現された発明について特許出願することにより、その優位性を守り、保つ。
- 創出された知識を独占的なビジネス資産に変換することによって、R&Dへの投資を包括的により簡単に保護する。
- 企業の新旧にかかわらず、同じような課題に取り組んでいる企業の刊行物（特許公報や論文）を調査することにより、特許権を有する第三者から特許侵害の請求を受ける可能性のある、無駄なR&D努力を最小限にする。開発の早い時期にこうした情報が分かれば、R&Dの方向を変えたり、次善策を検討することができる。収集した情報によって、他社特許のライセンスを得たり、顧問が特許の非侵害や無効についての見解を

第11章　特許管理と企業／知財顧問

IN THE REAL WORLD

PQMプラン

　株主報告に掲載できる包括的な報告を提出するようにCEOから求められて初めて、理論から実践に移ることになるが、これが肝心な点である。構築した知財プログラムをスタートさせるにあたって、いくつかのレベルに応じて取り組むべき項目や問題点を簡単なリストをまとめてみたのでチェックされたい。

- 定期的に企業の知財ポートフォリオ（知財監査）の棚卸をしているか
- 市場価値に基づいて評価、格付けを行っているか
- ウェブベースの発明公開フォームに記入しているか
- 発明公開に意思決定基準を用いているか
- イノベーションを補足するためにstage-gate法を用いているか
- 価値ある知的財産をより効率よく創出するためにイノベーションや開発の絞込みを行っているか
- 自社と競合他社の技術的弱点が特定できているか
- 自社ビジネスに関わる発明に対してインセンティブを与えているか
- 所有権や秘密情報の漏洩を最小限にしているか（情報保護）
- 重要ではない知的財産を放棄することにより維持費用を削減しているか
- 重要ではない知的財産をまとめて、売却またはライセンスしたり、コア分野以外の知的財産をライセンスしたりすることにより収益を得ているか
- 特許や商標の訴訟費用を、企業内で処理することにより最小限にしているか
- 競合他社のイノベーションに関する情報を、R&Dに提供しているか
- 競合他社特許を設計回避するために、R&Dと協働しているか
- 競合他社の技術開発動向を予測するのに、特許解析ツールを用いているか
- 営業や販売グループの知財訴訟意識を高めているか
- 第三者の知的財産の侵害警告や不正利用に対して最善の防御体勢を整えているか

得たり、次に狙うべきターゲットまでもみつけることができる。
- 業界誌や会議で内部の技術革新や発明を発表することにより、設計、開発の自由を確保する。パブリックドメインにすれば、その企業は、発明に対する独占的権利を失うことになるが、他社も、同様の独占的地位を得られなくなる可能性がある。
- 技術をクロスライセンスする機会を提供する。技術を基盤とした産業の多くでは、特許ポートフォリオが緊張緩和の手段として用いられている。特許侵害請求の脅威は大きいが、当事者がその特許ポートフォリオの一部を互いにライセンスし合うことにより和解するケースは多い。ポートフォリオが貧弱な企業は、そのような申し入れに応えることもできず、ロイヤリティを払うか、特許侵害訴訟を提起するかの選択に悩むことになるだろう。
- 技術革新に対する企業の評判を高める。企業の革新性を表す指標の一つが、その企業名義の毎年の特許登録件数である。この数は米国特許商標庁により毎年報告される。そのリストの上位企業は、その企業仲間だけでなく、顧客からも業務上の信用を得、評判を上げることができる。公平な第三者によるこのような認識の獲得は、営業や販売のための追加のツールとなる。
- ロイヤリティ収入を得ることができる。製品（装置）、プロセスあるいは方法の実施から他社を排除する力は、その産業での成功を可能にするもの、あるいは成功に最適なものと考えられ、クレームされた発明を実施することに関して競合他社を完全に排除するか、ロイヤリティを課すかの選択権を特許権者に与える。要するに今日では、特許権者あるいは企業は、自社による販売努力の成功だけでなく、ある程度は他社の成功によっても、市場に参加することができるようになった。したがって、特許権者が、幅広く応用できる技術に関する特許にもかかわらず、その発明をすべての市場に向けて提供できない場合には、その特許によって他者すべてを排除するよりも、特許を広くライセンスして、より多くのロイヤリティ支払者を得るほうが財務的に賢明だろう。第3章と第7章

第11章 特許管理と企業／知財顧問

では、製品を業界標準化するPQM戦略について深く議論している。標準化には、自社特許技術のライセンスアウトが最も収益性のよい方法である。
● 利用されていない特許と特許による収入について認識することができる。特許ポートフォリオ管理は1990年代半ばから注目され始めたが、その重要な役割の一つとして知られているのは、特許ポートフォリオの掘り起こしである。これには、次の二つが前提となっている。(1)企業は、ポートフォリオにおける個々の特許の関連性を度々見失うこと、そして(2)それら個々の特許のいくつかは、もはや現在のビジネス目標と関連がなくなっていることである。全特許ポートフォリオは実体を再チェックされ、もはや関連がないと判断された特許については、他者にライセンス、譲渡、または寄贈することになるだろう。最低でも、無駄な出費を避けるため、次の維持料支払い時に国毎に特許を放棄することになるだ

IN THE REAL WORLD

特許取得件数トップ10企業（2001年）

順位	特許数	企業
1	3,411	IBM社
2	1,953	日本電気株式会社
3	1,877	キヤノン株式会社
4	1,643	マイクロン・テクノロジー社
5	1,450	サムスン電子社
6	1,440	松下電器産業株式会社
7	1,363	ソニー株式会社
8	1,271	株式会社日立製作所
9	1,184	三菱電機株式会社
10	1,166	富士通株式会社

出典：米国特許商標庁

特 許 の 真 髄

ろう。企業の特許ポートフォリオに基づくライセンシーの監査も同時期にブームとなった。この監査の目的は、ライセンシーが企業に支払うべきロイヤリティが、実際にライセンシーによって支払われているということを確認することである。これらのロイヤリティは、基本的にはそのまま最終的な収益に直結するものである。

プロモーション：インセンティブ

多くの成功した知的財産管理プログラムは、R&Dに向けられた経費、そして実際には、着想から最終的な商品化までの全商品化プロセスに対する当然の結果として発明が期待されるという環境を育み、また、そうした環境に支えられている。当然、この期待が組織のすみずみまで行き渡っているために、ますます価値の高まるポートフォリオに、技術革新や特許を継続的に供給し続けることができるのである。これとは対照的に、他の多くの企業は、着想から商品化までの製品開発について標準的なアプローチ方法を有してい

TIPS & TECHNIQUES

知的財産をよりうまくコントロール・管理するのに役立つ、新世代の知的財産管理ソフトがあることをご存じだろうか。充実した国際特許調査から、特許解析やパテントマップ作成、競合他社の動向分析、特許ワークフロー管理、事件処理記録、特許出願準備ソフトまで、必要な優れたツールが利用できるようになっている。試しに以下のウェブサイトを閲覧されたい。

www.firsttofile.com　デジタル特許ワークフロー
www.foundationIP.com　デジタル特許ワークフロー
www.IPSearchEngine.com　グローバルな特許調査や分析・評価
www.IPDox.com　ウェブベースの事件処理記録プログラム
www.pl-x.com　IP管理、評価、資産発掘
www.2XFR.com　企業名義特許のライセンス交換

るが、その理解の度合いによりその成果もさまざまである。

　今企業が、どのような方法で技術革新に向かっているかにかかわらず、徹底的なPQMアプローチはより効果的であり、明確な成果が得られるだろう。適切なPQM戦略においては、知財顧問はいくつかの発明ポイントで、そのワークフロー上重要な役割を果たす。例えば、所定の開発段階でプロジェクトマネージャーに、「この段階では、どのような競争優位性がプラスされましたか？　またそれによって有利になる理由は何ですか？」というような簡単な質問をしてもよいだろう。この質問への答えについて、プロジェクトマネージャーと知財顧問は実際に会って、議論すべきだろう。

　知財顧問は、発明者やその発明者の管理者に対して、企業が十分なインセンティブを与えることを保証しなければならない。発明の開示は、プロセスの終わりというよりもむしろ始まりであって、発明者の貴重な時間を幾分か費やしてもらうことになる。従業員は、組織の優先順位に従って正当に優先され、その優先順位は、具体的にはボーナス、管理目標、昇進という形で伝えられる。もし発明が有用な活動とみなされ、部門マネージャーによってPQMチームに技術革新の余地が与えられるような場合は、知財顧問は、そのプロセスを開発し、推進するマネージャー達を支援しなければならない。

　発明者は、特許プロセスを加速させ、出願日あるいは発行日を早めるために、特許顧問と作業するかどうかを選択するような状況に陥るべきではない。こうした協力はPQMの方針として予定されるべきである。ほとんどの企業が、特許のインセンティブや表彰方針として、一定の段階で発明者にボーナスを支給している。例えば、結果的に特許となる発明の開示あるいはトレードシークレットの提出、特許出願時（特許顧問の出願書類作成を手伝った後）、そしてその出願の特許発行時である。

　第9章（人事）では、発明者表彰制度やインセンティブプログラムの設立、伝達、運営、維持について述べた。

イノベーションウェブサイト：PQMイントラネット

　エンタープライズレベルの企業が、企業イントラネットの構築と維持の利

点について学ぶのに時間はかからなかった。「イントラネット」とは、企業従業員向けに開発された「インターネット」ネットワークであり、多くは企業設備内部のものである。イントラネットによる恩恵は、新しい用途とともに増える一方だが、イントラネットによって、401プログラムの変更、健康および歯科プログラム、在宅勤務、源泉徴収フォームの更新について、人事から従業員へ即時に伝達できるようになった。

　イントラネットは、白書、技術刊行物、雑誌、内部調査ノートなどを保管する知識拠点としての役割も果たす。

　企業にとって知的財産管理の重要性が増すにつれて、イノベーションウェブサイト、すなわち知的資産と発明の開発、捕捉、保護、利用に関する情報を集めたポータルサイトの構築と維持がさらに必要となってきている。

　イノベーションウェブサイトは、他にも、特許やライセンシングに特化した記事、最新の知的財産の本や雑誌、オンラインフォーム（秘密保持契約、従業員秘密保持契約、特許の様式など）や、IPAMソフトへのアクセス、ファイアーウォールを介した特許検索データベースへのゲートウェイなども備えるべきである。

　PQM環境においては、イノベーションウェブサイトは教育やトレーニングの一つの重要なツールにとどまらない。営業、製造、販売、技術、法務、および財務部門のすべてが、PQMシステムに勢いを維持するためのサポートや、奨励策を絶えず必要としている。また、これらの部門は、イノベーションウェブサイトをPQM活動における知識の中心として頼るようになるはずである。

研修と教育

　顧問は、代理人の実務上の第一原則に反して、従業員の研修や教育においては、アドバイスや指示を文書で示さなければならない。最もよい文書管理方法の一つは、簡単に管理や変更ができる単一の場所、すなわち企業のイノベーションウェブサイトに入れておくことである。知財顧問は、イノベーションウェブサイトに貢献することによって、新PQMシステムにおいて非常に

第11章　特許管理と企業／知財顧問

大きな役割を果たすことができる。

　ある発明者が、会社に検討してもらうために発明を提示することをマーケティングマネージャーに提案してきたとしたら、そのマネージャーはどうするだろうか。皆さんは、ライセンスできる技術を識別するための特許解釈に関する情報を、特許文書の法的側面に触れさせることなく、いかにして技術グループに提供するのだろうか。営業グループは、特許権、著作権、商標権の表記を営業や販売用の材にどのように組み込むべきだろうか。

　今日、このような問題に出くわした従業員は、場当たり的にその場をしのいでいることが多いようだが、これは危険な習慣である。なぜなら、たった一つの失敗が企業を訴訟に巻き込み、株主価値に悪影響を与えることになるからである。

　侵害の構成要件は何か、どのように秘密情報を保護するのか、どのように競争優位性のための知的財産を活用するのかについて、営業や技術系の社員を教育することは、一度きりのものではなく継続的な任務である。それは、企業にPQMシステムが創設され始動すれば、自然に得られる成果の一つである。例えば、発明開示、提案書や非機密文書、従業員書式（人事部門用）、調査のための特許データベースアクセス、知的財産関連のニュースや出来事、ライセンス用知的財産リストなどの、ダウンロードすることができるマスターフォームの組み込みは、組織全体に提供されるべきコンテンツの例である。

　明らかに、企業の知財ウェブサイトが必要となっている。営業、技術、人事、オペレーション、財務部門から構成されるPQMチームメンバー全員が知財ウェブサイトのコンテンツ構成に携わる一方、法的コンテンツとその更新については企業顧問が最終的に仕上げ、承認する。

技術革新の捕捉

　発明者の頭の中から発明を捉え、特許やトレードシークレット、防御のための公表などの、何らかの保護に値するかどうかを決定するプロセスへと移行させるプロセスが明瞭かつ簡潔でなければ、このプロモーション活動や啓

特 許 の 真 髄

蒙の訓練はすべて無意味なことになりかねない。それ故、企業の人事部門は、新従業員と現従業員が直ちに利用でき、企業顧問によって確認され、または提供された適切な法的書式を備える必要がある。

表11.2　発明保護／出願決定チャート

競合者を排除する能力				
競合他社への適合性：大 クレームの範囲：広い （周辺発明困難） 実施可能性／実施予定：あり 侵害発見：容易 代替手段：ほとんどなし	高	競合他社の活動をコントロールするための攻撃的出願 幅広いライセンシングが可能	出願優先順位 2	出願優先順位 1
競合他社への適合性：中 クレームの範囲：中程度 （努力すれば周辺発明可能） 実施可能性／実施予定：あり 侵害発見：可能 代替手段：いくつかあり	中	競合他社の活動をコントロールするための攻撃的出願 選択的なライセンシングが可能	出願優先順位 3	出願優先順位 2
競合他社への適合性：小 クレームの範囲：狭い （周辺発明容易） 実施可能性／実施予定：不明 侵害発見：困難 代替手段：多数あり	低	トレードシークレットとして保持 防衛的公表 税金控除の為の寄付 ノウハウのライセンス	防衛的出願（活動の自由） トレードシークレットとして保持 事業領域外での実施に限ったライセンス	防衛的出願（活動の自由） トレードシークレットとして保持 事業領域外での実施に限ったライセンス
発明の自社における実施必要性／可能性の判断				
低		中		高
市場性／規模：小 実施：見込みなし 追加製品：少 代替手段：多 クレームの範囲：他の特許が優位 実施期間：短		市場性／規模：普通 実施：選択的 追加製品：多 代替手段：ある程度存在する クレームの範囲：関連製品に最適化 実施期間：一製品のライフサイクル		市場性／規模：大 実施：幅広い 追加製品：最も多い 代替手段：少 クレームの範囲：広く、優位 実施回数：一回 実施期間：長

第11章　特許管理と企業／知財顧問

分析的決定プロセス

　どの発明を積極的に権利化し、どの発明を放棄する（あるいは公開して競合他社の特許化を防ぐ）べきかは、独断で決定されるべきではない。PQMチームと企業顧問は、客観的なプロセスがなければ、各発明を一貫性をもって評価することはできないだろう。保護する発明と保護しない発明の決定は、四半期利益、企業の規模縮小、他社（とそのポートフォリオ）の買収、あるいは独立したPQMチームとはほとんど関係のない他の多くの要因によって影響されることもある。表11.2は、ほぼすべての企業環境に対応できる決定プロセスを示したものである。右上のボックスは最も緊急な知的財産活動（特許出願）を示しており、左や下に行くほど急を要しない活動項目を示している。

部門ニーズのサポート：様式、方針、システム

　企業特許顧問の職務は、特許および知的財産管理に関する、他の機能横断的な部門のニーズをサポートすることである。もちろんそれはそれでいいのだが、多くの企業特許顧問（およびCEOやICO）は、いまだに弁理士を単なる特許検索者、明細書作成者、アドバイザーであると考えている。しかしながら、PQMチームのメンバーの役割は拡大しており、以下のように他の部門長と関わることがでてくるだろう。

- *人事*
　職務発明契約書／著作、トレードシークレット、知的資産の譲渡に関する雇用方針の用語集と様式の提供。
- *財務*
　FASB報告、ポートフォリオ分析、ライセンシングの計算、他社から獲得した特許や知的財産のための特許評価方法におけるサポート。
- *マーケティング*
　ライセンシングのアドバイス、営業がライセンスインのチャンスを識別するための補助、ライセンス契約の見直しやアドバイス、新製品提案の契約、そしてクロスライセンスや紛争回避の問題に関する営業の教育。

237

特許の真髄

- *CEOまたはICO*

　訴訟リスク分析、潜在的な侵害者の同定、訴訟およびライセンス戦略の提案。週例あるいは月例スタッフミーティングでのさまざまな部門長から報告される知的資産関連のメトリクスの確立。

- *技術*

　適切な文書コントロールポリシー、技術ノートの維持・整理・アーカイブへの保管、特許明細書の読み方のトレーニング、特許化機会の維持と防御的開示のそれぞれのリスクと価値の教育。

- *他のすべての部門*

　PQMチームの本質である、特許権、商標権、著作権またはトレードシークレットとして保護に値する知的資産を創造、捕捉、開発、利用、保護するための方針と実践方法の策定についての部門毎の知的財産審査指導。

- 様式、方針、システム
- 重役および取締役会用の企業レポート
- 内外のウェブサイト調査と教育用資料
- 外部特許顧問の管理方針
- 特許の質的向上に向けた継続的な教育訓練
- 常に変化し続ける法の遵守のアドバイス

第12章

CEO・ICOのための特許管理のあり方

~本章を読んでわかること~

- 特許プログラムにおける全体的な責任に関するCEOの役割
- 株主の期待に応える使命を創造し、実行すること
- ICO（知的資産責任者）の役割
- PQM（特許品質管理）システムの開発、実施、管理方法

　米国のハリー・S・トルーマン大統領（当時）が"The buck stops here."（責任は私が取る）という名句を作ったとき、大統領責任本位制ができた。

　現在、エンロン社、Global Crossing（グローバル・クロッシング社）、ワールドコム社やその他の企業のビジネス崩壊の影で、株主は社長やCEOにその全本位制を要求している。責任を取る立場にいるのはあなたなのだ。

　もしすべての重要なトップレベルの役職を設立する理由があるなら、まずは、知的資産責任者ICOを任命すべきである。会社の特許、商標、資産管理に関する問題について、ICOが責任転嫁を止めるだろう。

　つい最近まで、先端技術に従事している組織を率いる企業のトップは、夢想家だと呼ばれていた。しかし時代は変わった。今日、鋭い視点をもつ企業のトップだけが、企業の技術、法律、ビジネスの集合を適切かつ有益に管理することができるのである。この集合は、ビジネス経済における新しい価値

をはっきりと示した。それは、知的資産管理（IAM）である。この統括的管理手法を、特許品質管理あるいはPQMと呼んでいる。

さて、あなたはいまだかつてない騒然とした経済環境を経てきたわけだが、全体的なビジネス業務に、特許を基本的価値観として、どのように創造、開発、管理、活用すればよいか、全く見当もつかないだろう。こうした状況の下で、株主価値をますます高めることは、あらゆる管理者にとって厳しいことである。しかし、賢明で、先見性のあるCEOであれば、全組織に特許の開発と営利化を奨励することによって、この集合を管理し、最適化することができるだろう。

早い話が、あなたが知りたいことは、どのように、何を、なぜ自身の特許管理プログラムを立ち上げるのかということだろう。プロセスを推し進めるためにはまず、この本のコピーを各部門長に手渡しなさい。なぜなら、この本は、各部門長を部門全体における特許品質管理の開発をするために導くので、組織全体に一貫性をもって管理プロセスを導入するのは、比較的簡単なのである。

CEOやICOはそれぞれに、各ビジネス分野に適した特許管理プログラムについて、独自の考えを持っているだろうが、別の章が、経営幹部それぞれ全員に向けて書かれている。カギとなる管理者はそれぞれ、人事部、情報システム部、製造部門であれ、各々の部門において、特許を創造、管理、そして活用することができる。

特許中心の管理姿勢は、あなたたちの奮闘している相手企業を、業界の最前線から離れた競争者に変えてしまうが、あなたがトップダウンの特許管理の実施をすることにより、競合他社をさらに引き離すことができ、収入や収益性に直接的な効果があり、要求の厳しい株主を満足させることができるだろう。

2002年、ビジネスルールは劇的に変わった。新しい知的資産管理規定を学び、新しいゲームをすぐに始め、そしてそのゲームに勝つことは、今やCEOの仕事（企業が知的資産責任者を雇用している場合はICOの仕事）なのである。

第12章　CEO・ICOのための特許管理のあり方

　いくつかの最近の本によって、企業ポートフォリオ内の昔の忘れられた特許を現金化するという考えが一般的になった。現実に、企業の市場価値の65％以上、そして多くの場合90％以上は、無形資産によるものであり、株主は、企業のトップがこの莫大な価値のプールをどのように管理しているのか知りたがっている。ほとんどのCEOが、企業の無形資産管理に費やす時間が、65％よりも大幅に少ないことを知っても、あなたはショックを受けないだろうが、株主はたちまちショックを受けるだろう。今まさにこの段落を読んだCEOのほとんどが、この時間管理責任を残念ながら果たしていないのではないだろうか。

　2002年といえば、疑わしい会計実務や巨大企業の失敗があり、そしてあらゆる機能が低下し、株式市場に上昇傾向が見られなくなった年だった。消費者の信頼は常に低く、マネジメント倫理に対する株主の信頼は急落し、犯罪告発の新たな波によってアメリカの崇拝された大企業のいくつかのベールが剥がされたのだった。

　9月11日以降のビジネスは、通常のビジネスでしかなく、米国証券取引委員会は、新財務会計基準審議会（FASB）規則142（分離バランスシートによる無形資産報告）を企業が遵守しているかどうか監視を始めた。

　今日、株主は管理する立場に戻り、行動を要求し、そして今回は、長期の精査に耐えられる管理実務に伴った四半期毎の進歩も求めている。

　世界のこの絶え間ない変化が多少は落ち着いた頃、米国特許商標庁（USPTO）による21世紀戦略計画が始まる。この戦略計画によって、特許経費は企業の予算計画をはるかに超え、特許申請や出願への投資は、天を突き抜けるほどになるだろう。

　月間の管理スローガンとして通常のビジネス業務に特許意識を持ったところで、株主価値を押し上げることにならず、無論、年長のスタッフが必要としている重大な特許管理知識を教え込むことにもならない。しかし、経営幹部を通してPQMを推し進めることによって、あなたの企業は事実、知識経済における地位は有利なものになり、長期的に株主価値を押し上げることができ、従業員は地位に関係なく、新しい特許価値に集中した組織に貢献する

241

特許の真髄

社員を結集するだろう。

より高い基準へ

　今日の大手の企業の多くの市場価値が、65％以上無形資産に起因していることから、古い企業管理や財務管理方法では全く対応できない。業績への圧力が増すにつれ、株主、監査機関、そしてビジネスパートナーが、CEOについ先日よりもさらに高い実績基準を守らせている。

　この数年、世界中の特許データを収めた莫大なデータベースによって、ますます多くの特許データが利用できるようになった。利用できる特許データが多くなるにつれて、より多く技術を見つけ出し、新しい技術をより適切に評価し、ライセンスインする新技術を見つけ出し、侵害訴訟を即座に有益な結果に終わらせる切り札となる特許を発見するという義務が、特許調査員にある。多くの新しい技術分析ツールは、競争者の技術投資傾向、R&Dの焦点、そして知的財産の不足点を定めるのに助けとなるだろう。

　CEOならば、統合会計ソフトに頼らずに企業を経営したりはしないだろう。知的財産資産管理（IPAM）システムソフトウェアがすぐに入手できる今、CEOは、最も組織に合ったIPAMツールの導入を考えるべきである。お粗末な経営体制はさておき、企業全体で急激に進化しているソフトウェアツールを使っているCEOは、たちまち競合他社を追い越すだろう。

　無形資産管理に関する行動基準の高まりに応えられなければ、組織とともにCEOの未来が危険にさらされるだけでなく、さらには、CEOが民事、もしかすると刑事責任にさらされることにもなりかねない。

　特許品質管理は、企業の競争力、収益力、そして長期的な株主価値の構築に、直接的で信頼できる大きな影響を与える。

株主の期待に応える使命

　株主価値の構築は、一番の企業目標であるから、特許および知的財産の管理計画は、株主価値創出の構築や支援に合わせなければならない。

　この新たな経済活動は、株主価値の長期的な維持や発展と同様に、競争的

第12章　CEO・ICOのための特許管理のあり方

な企業の位置付けのために非常に重要であるので、新しい会社綱領は、企業のあらゆるレベルにおいて高まりつつある特許や無形資産のてこ入れの重要性を反映したものであるべきだ。あなたが最後に会社綱領を見直したのはい

IN THE REAL WORLD

攻撃的な知財管理によりCEOのリスクを軽減できるか？

　2002年1月、Kmart（ケーマート社）は、第11章の破産保護申請を行った。2ヶ月後、ケーマート社の株主はCEOのChuck Conaway（チャック・コナウェイ）氏に対して集団訴訟を起こし、投資家はケーマート社株を、誤情報を基に購入したと主張した。

　ケーマート社は唯一の特許、米国特許4,659,000号*"一対の器具用運搬ケース"を保有しており、発明者はWayne Sales（ウェイン・セイルス）氏とR.L. Thomasson（トマソン）氏で、1987年4月21日に発行された。

　そこで質問だが、より多くの特許の開発、実施、利用に基づいた、より攻撃的なビジネス戦略によって、ケーマート社は業績低迷から逃れることができただろうか？

　ケーマート社の特許戦略を世界一の小売業者であるウォルマート社の知財戦略と比べてみよう。他社の特許、トレードシークレット、商標、トレードドレス、著作権を無視するようにも見えるウォルマート社の倫理観を疑問視する見方も多いのだが（TEVA社、Tommy Hilfiger（トミー・ヒルフィガー社）、Samara（サマラ社）、Vanmoor（ヴァンモア社）、アマゾン・ドット・コム社、ナイキ社、Precise Exercise Equipment（プリサイス・エクササイズ・エクイプメント社）などとの間で訴訟があった）、ウォルマート社が財務的に活発であり、株主価値も上昇を続けていることは明らかである。

*米国特許商標庁の特許データベースにおけるケーマート社を譲受人とした検索によると、USPTOへの特許譲渡の登録は必要でないとはいえ、ケーマート社へ譲渡された特許はたった一つであることが判明した。

特許の真髄

つだっただろうか。

ほとんどの人にとって（もしかするとあなたでさえ）、特許というのは実際理解し難い、曖昧なものかもしれない。特許出願中という言葉は誰もが知っている。特許係争訴訟が起こったときに、株主に与える負の影響について理解している人もいくらかはいる。しかし、特許の捉えにくい性質上、特許の実績に関する明確で簡潔な年次報告書を提出することは極めて難しい。情報は分かりやすく、株主が簡単に理解できる書式で提出しなければならない。

株主が、特許ポートフォリオを適切に管理していないとか、知的財産資産報告はおかしいと感じたら、あなたにその責任をとらせるだろう。さらに要求が増える株主の期待に応えるために、今こそ、社員にツールを提供し、これらのツールを実行するときである。特許や知的財産管理を会社綱領に組み込むことによって、新しいビジネスパラダイムが実践され、あなたがすべての従業員に知的財産意識と勤勉さを求めているというメッセージを組織中に明確に知らせることになる。

特許意識や特許管理はトップから始まる

年長のスタッフに倣わせるには、CEOあるいはICOが、知財管理プログラムに賛成しなければならない。トップダウンで独裁的な生産構造には、成長や進歩の余地はほとんどない。総合品質管理（TQM）の生みの親であるデミング博士は、権限をトップダウン管理方式で与えることによって、生産構造をボトムアップ方式に変えた。新しい会社綱領と結びついたトップダウンによる権限付与は、組織に新しいリーダーシップ基準を設定する。

PQMは、多くの主任クラスの社員にとってなじみのない管理概念になるだろうから、トップダウンの期待は早く確立し、PQMシステムを試行し、構築する権限付与が支援され、ボトムアップのPQM行動プログラムが認識され、評価されることが重要である（表12.1参照）。

PQMは、チームによる取り組みである。この本はあなたの社員である各部門長に、特許管理が彼らの部門に与える影響について紹介している。すべ

第12章　CEO・ICOのための特許管理のあり方

てのチームにはリーダーが必要であるから、今こそあなたが一歩前に出て影響力を発揮するときなのである。あなたは個人的に、この新しいチームでの取り組みを始める責任があり、それは、あなたの企業のCEOとしての、今までの中で最も重要な決断となるだろう。覚悟はできただろうか。

知的資産責任者

　新しい千年が成熟し始めるにつれて、新しいスタッフである"知的資産責任者"に、知的財産や無形資産の経営管理を任せることが有益であることに、ますます多くのCEOが気づき始めている。知的資産責任者（ICO）とは何だろう。この経営幹部は、新しい経済においてどのような新しい重要なそして力強い役割を果たすのだろうか。CEOや委員会としては、実行への期待や権限のレベルを含め、この知的資産責任者の職務内容を、どのように明記すべきだろうか。

　無形資産には特許、商標、トレードシークレット、著作権、トレードドレス、従業員の秘密、設備のセキュリティ、そして従業員／競合者のスパイ活動、内部デジタルセキュリティ、知財訴訟戦略、予算組み、株主価値の創造

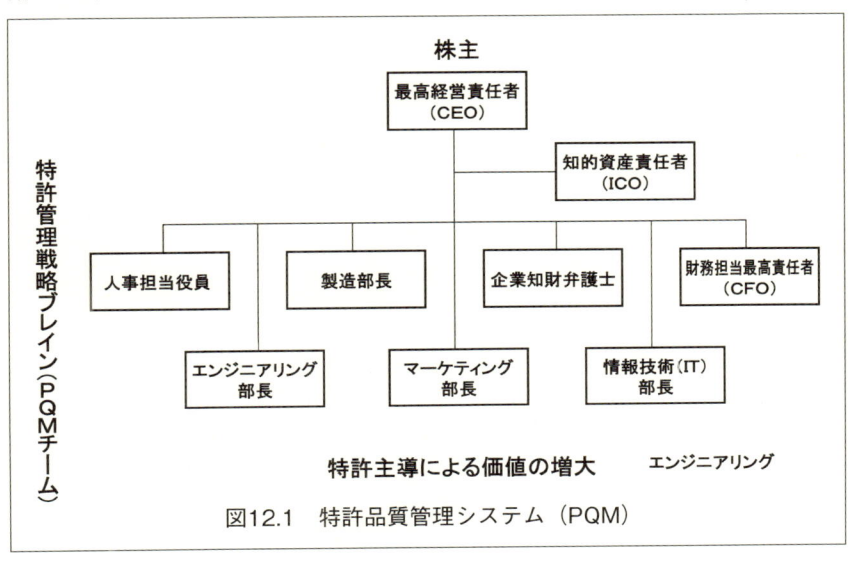

図12.1　特許品質管理システム（PQM）

も含まれるのであるから、フルタイムの仕事として知財の管理すべてを見ることは、当然のことといえる。

　このことに加え、知的財産および無形資産が、平均して企業の時価総額の65％以上を管理することに等しいという事実とを考え合わせれば、この知的資産責任者が、企業構造と組織の分布にもよるが、CEO、COO、あるいは社長と同等のトップレベルの地位であることは明らかである。

　企業弁護士、知財弁護士、重役会とともに働き、そして必要によっては株主承認の下に働いているCEOであれば、ICOの包括的な職務内容記述書を作成し、ICOの採用に取り掛かることができる。

無形資産増大に向けて

　CEOは、無形資産の増大と発展をどのようにして管理するのだろうか。それは、生産や販売を５％増やすための管理とは異なるものである。知的財産管理を、生産ラインプロセス（工程の短縮化が費用削減や利益になる）のように視覚化するよりもむしろ、新しい革新の探求という使命を企業全体に意識付けるものとして捉えるべきである。

　知的資産管理（IAM）は、ビジネスにおいて比較的新しい概念であり、新しいツールや新しい語彙、そして新しい管理手法を必要としている。特許価値、ライセンス収入、国際的な保護および特許の投資、侵害訴訟リスク、競合他社特許分析、そしてライセンスインが、特許価値創出プログラムの全要素である。

　そのようなプログラムには、戦術的な知財プログラムを始めるために、熱心で聡明なチーム、戦略、そして財源が必要である。PQMシステムの大枠の構造ができたら、すぐにあなたの顧問、できれば重役、そしてもちろんあなたのカギとなるスタッフにも、そのプログラムを順に回して見てもらうときである。今こそこの重要な新プログラムへの賛同を得るときである。

PQMシステムの確立

　知的資産管理システムは、ばらばらには管理できない。最低限でも効果を

得るには、企業全体でPQMシステムを実施することが、実際必要条件である。そのような品質システムによって、企業内のあらゆるスタッフ、部門または部門間グループへの要求事項に対する業績メトリクスと定期的な報告とを一体化させることができる。

最近広まっているさまざまな管理スタイルには、単純に、特許や知的財産と同様に重要な、無形企業価値項目について作業するのに必要な焦点、正確性、動機、そして責任が欠けている。しかし、PQMを適切に立ち上げ、確立すれば、いかなる立場の管理者も知財資産を管理できるシステムになる。

あなたの会社にPQMシステムを確立することは、PQM運営チームの任命から始まる。そのときから、PQM運営チームは、社内のさまざまな部門における、会社のPQM目標を引き継ぎ、略述する。あなたたちの多くは、最近TQMシステムに取りかかられているだろうから、PQMシステムにどのように取りかかるか、既にお分かりの方も多いだろう。PQMシステムも、同じチーム構築、業務監視主義に従う。

我々は、この本を通して、あなたが組織内で迅速かつ効果的、能率的にPQMシステムを設立するための土台作りを示してきた。明確な目的がなかったり、あるいはその目標に反した業務を追跡できないようであれば、PQMは他の月間スローガンと変わらない。組織それぞれに、特許管理がぴったりと当てはまった独自の目標があるだろうが、あなたが採用、修正して実施するために選ぶいくつかの人気のあるPQM業績メトリクスの概略を用意した。

カギとなる第一歩

NIHをなくすことから成長が始まる

古きを一掃し、新しきを迎えるといわれるが、あなたの組織の中で、PQMの主導権を最も決定的に損なっていくものは、"not invented here（自社外技術排斥）"症候群（NIH症候群）である。発明や投資を抑える領域保護政策的、利己的な管理スタイルだともいわれているNIHは、あなたの新しいPQMプログラムが定着する前に、根こそぎなくさなければならない。

NIH退治に聖域を設けるべきではない。CEOは決して、将来の収益性につ

特許の真髄

いては無論のこと、企業特許ポートフォリオの将来を、管理者の自尊心によって決定させてはいけない。

NIHのテスト

　NIH症候群かどうかをテストするには、どのような方法があるだろうか。技術・技術開発員の笑顔や自信も、その下に有害なNIH問題を完璧に隠していることがよくある。原因を直接探しだそうとするよりも、その症状を見つけ出すのがよいだろう。

　NIH症状調査の手始めは、営業部門がよいだろう。営業のプロは最前線にいて、度々彼らなりに、製品の差別化や品質、優れた機能に重要であると信じている特長を識別することも多いため、営業グループが製品設計を推進することはよくある。もし営業が、自分たちこそが製品開発者であると信じているような頑固な技術者といつも衝突しているようであれば、技術部門のNIHの症状を暴いたことになる。

　もしあなたの会社に、外部からの製品提案（顧客からの発明やアイデア提案）を受け入れるプロセスがあるなら、その提案プロセスの業務を見直してみてはどうだろうか。以下のようにして、NIH症状を探してみよう。

(1) ここ5年か10年間におけるすべての製品提案を、信頼できる社員に再調査させ、そのうちのいくつが受け入れられ、採用されたか（受け入れ率）を図表化させる。

(2) この10年間に提案された製品と、あなたの会社から市場シェアを奪った同時期の競合他社製品とを比べる。

　あなたの会社がある一つの提案を却下したら、その製品あるいは技術が直ちに、競合他社に活路を見出されることも多いだろう。あなたのPQM運営チームが集まり、NIH症状だけでなくさらに重要な、NIHを排除するプログラムを見出すことで、会社を、積極的なPQMシステムを実行し始める体勢にすることができる。

第12章　CEO・ICOのための特許管理のあり方

チームでの取り組みの開始

　PQMプログラムの開始は、価値創出に関する新しい企業の前途を構築するにあたって、最も興奮する出来事の一つとなるだろう。最初はトップダウンで始まるが、直ちに、構造、使命、綱領、目標、そしてシステム実施の詳細など、経営幹部レベルの開発活動に参入する。

　既に知っているだろうが、新システムを効果的に管理する方法は、以下のとおりである。
(1) 達成したいゴールおよび目標の設定
(2) システムを立ち上げる中核スタッフの任命
(3) システムを成功に導く業績メトリクスの確立
(4) 目標の達成に秀でた者にスポットライトを当てる、報奨あるいは表彰制度の確立

TIPS & TECHNIQUES

　3M社には、新しいマジックテープタイプ（stick-tight）製品について、その開発の初期に権利化するチャンスがあった。しかし何年も後になって、他の企業が自分たちの代わりに成功を享受することになり、3M社の面目は丸つぶれだった。3M社が背を向けてしまった製品は今日、ヴェルクロとして知られている。

　これに負けじと、3MはNIHを一掃する最も積極的なプログラムの一つを採用した。そして今日、3M社は、優れた外部製品提案開発プログラムを持つことで知られている。3M社は、ヴェルクロの却下以降、何千もの新製品を市場に送り出してきた。

　あなたの会社で、ここ最近NIHによってヴェルクロのようなチャンスが却下されていないかどうかを調べるために、会社の製品提案記録をチェックしなさい。

特許の真髄

目標

すべてのPQMシステムの目標は、知的財産の開発や利用によって株主価値を創出し、成長させ、保護することである。そしてこれらの目標は、会社綱領に反映されるべきである。

しかし、管理者が具体的な目標を持つような場合は、これらの目標も特定する必要がある。これらのさらに特定した目標としては、以下のような業務目標が挙げられる。

- 外部革新の獲得による市場シェアの増加
- 非競合他社への特許ポートフォリオのライセンスによる収益の増加
- 自社技術部門からの特許出願数XX件、あるいは出願率XX％の増加
- 自社製造グループからの革新や特許開発の育成と、少なくとも年に二つのプロセス特許出願
- 今から15ヶ月後から始める、四半期毎に少なくともXX個の独占的な新製品の発売

これらの例は任意に挙げたもので、企業の目標全体を満たすものではないが、あらゆる部門に到達可能なゴールを明示することの重要性を示している。

CEOは、幹部社員にしっかりと、企業目標を受け入れさせ、それからPQM運営チームとともに、より特定したあなたの部門の月間、四半期、そして年間の無形資産関連のゴールと目標をさらに特定し、明示しなければならない。

従業員評価

業績に基づいた雇用には、その業績に対する評価が必要となる。企業内の特許取得者をどれだけ評価するかはCEO／ICOによって決められる。そして発明者が、企業中くまなく、よりよく見えるほど、より高品質で、より多くの発明活動が行われるだろう。半導体企業のXilinx（ジリンクス社）は、発明者の企業財産への貢献を非常に高く評価していて、各々の発明者を発明者の殿堂という、企業内の巨大な専用スペースで承認している。

この形式的な評価にかかるコストは確かに安くはないが、この種の投資は

第12章　CEO・ICOのための特許管理のあり方

経費以上に利益があり、成功裡に実践したPQMプログラムの本質のよい例である。

適切（かつ手頃）な発明者および革新者の評価プログラムを、あなたの人事部長とともに開発し、このプログラムが全組織に効果的かつ継続的に伝えられるようにしなさい。同僚の評価は、秀逸な業績への活力となる最も強い動機要因なのである。

数的指標（メトリクス）と評価

評価できなければ管理できないと、管理者の間ではよくいわれている。知的財産の業績も同じである。PQMにおける継続的な改善プロセスに同意することは、知的財産創出の開発および開拓業績を監視し、評価するための仕組みを整備する経営を要求している。

これまでに、あなたの組織に役立つかもしれないメトリクスの概要をいくつか説明してきたが、最終的にあなたが実施するメトリクスは、あなたの企業の知的財産開発への投資、あなたの産業や企業に関連のある費用対利益率、そして知財管理プロセスに起因する株主価値の全体的な増加に応じたものであるべきである。

部門や企業の取りまとめ

部門の財務予算や業績数字が企業報告書にまとめられ、週または月例会議で発表、議論されるように、PQM活動もCEOレベルの報告書にまとめる必要がある。CEO／ICOは社員と協働して、企業にとって最も重要な知的財産メトリクスや、予算や管理上の決定に役立つ情報の特定にあたることができる。

PQMチームが取り組む必要がある最初の任務の一つは、業績メトリクスを知的財産管理目標と照合することである。これには、人事、製造、財務、情報技術、法務、技術の主要な部門長すべてが参加すべきである。すべての部門長は、自分の部門のための知的財産管理に関する最も重要なメトリクスを見つけなければならないし、CEOは、この情報が日常的に簡潔にあなた

に報告されることを確認する必要がある。

　しかし、どのメトリクスが知財と関係があり、メトリクスが明確に示され、実行されていることはどのように示すことができるだろうか。あなたの組織にいくらかは意義があるであろうメトリクスをいくつか説明してきたが、これらのメトリクスは、あなたの組織の目標にしっかり一致していなければならない。

市場価値に対する無形資産の比率

　まずは財務メトリクスから始めよう。新FASB-142会計規則の下、CFOは既に無形資産の監視と別々の報告に向けて動いているだろう。既述のとおり、多くのハイテク企業では、株式市場価値の65％以上が無形資産に起因している。

　CEOはCFOと協働して、特許や知的財産が市場価値、簿価、そして時価資本総額に占める比率を明確にすべきである。この比率は、独立数値による絶対的データよりも、CEOが月毎の変化を追うことができる相対的なデータがよいだろう。

知的財産による資産の増加

　メトリクスの多くは、既存のデータと大差なく、抜粋されて報告書形式にまとめられただけである。FASB-142の下で、今、無形資産は分離して評価し、報告されることになっている。従って、無形資産／知的財産に関する賃借対照表の値は、メトリクスの一つである。報告された値の土台となった財務予測は一致し、すべての報告において一貫しているべきである。

採用率vs内部発明・提案数

　すべてのメトリクスにおいて、科学的な計算が必要となるわけではない。一ヶ月や四半期といった一定期間に、社員は新しい発明提案、実際の発明開示、または新しい特許出願の数を報告することができる。これらの数字は、人事部の発明提案箱、生産ラインのプロセス改善提案箱、技術部門あるいは

第12章　CEO・ICOのための特許管理のあり方

外部の製品提案プログラムなどから生じたものである。

　あなたの組織内にまだNIHが生き残っているかどうかを監視する一つの方法は、新しいアイデアや発明が採用されつつあるかどうかを見ることである。これまでに採用された新しい提案はいくつあるか。これは成長や進歩的な考えの基準となるのだろうか。きちんと職責を果たしているCEOやICOなら、あなたの組織に対して、どの程度の発明採用率が期待できるだろうか。

発明のライセンスイン／ライセンスアウトの数

　簡単に報告できる具体的な数字としては、ライセンス数、現在のライセンスの増減、そしてライセンスによる収入がある。あなたの組織にとって最も意味があるものはどの数字だろうか。そしてその数字をもたらす責任はどの部長にあるのだろうか。これは簡単な数字であるが、驚くほど奥深いのである。

実行

カギとなる部長にこの本を持たせなさい

　この本では、組織内で部門間協力をするすべての部長に広く期待されることを概説している。これは、CEO／ICOに、組織のすみずみにおいて責任と実行の領域を開拓し、実行は特許品質管理と無形資産の開発と利用による株主価値の増大を強調するきっかけとなる。

　あなたの部門長は、この本を学ぶにつれ、企業の中で自分に何が求められているか、すなわちCEO／ICOおよびPQM運営チームから何が求められているかを知らず知らずのうちに学んでいくだろう。そして、あなたの企業がPQMシステムに着手したとき、あなたの部門長はあなたの目標をはっきりと理解しているだろう。

PQMを含んだ会社綱領

　これまでにも、あなたの会社綱領に、知的財産の保護、利用、そして増加する株主価値を統合することの重要性について述べてきた。今こそ、このゴー

ルをあなたの行動リストにいれるべきである。

　次回の重役会議において、時価総額や管理目標、従業員の維持にとって、特許や無形資産価値は非常に重要なので、会社綱領は、企業の知財開発への責任を反映するよう修正すべきだと提案しよう。

　結局、市場獲得の観点からすると、無形資産は企業のそれ以外の資産全体よりも、より多くの価値がある。これは、全組織にわたり、より高い透明性と責任を保証することにならないだろうか。

PQMの任命

　なぜあなたがPQMチームの編成を任命しなければならないのか、どのようにして創設チームメンバーを選ぶのか、どのようにプログラムを開始するのか、そしてそれをどのように管理するのかを示す文章をここに記すことができたが、PQMは詰まるところ、一つの重大な結論に要約できる。それは、あなたがただシステムを始めることである。

組織名索引

ア

アイサーフティービー社（isurf TV）　55
IBM社（International Business Machines）　21、30、55、56、59、121、164、193、231
アップル・コンピュータ社（Apple Computer）　10、30、43、98、107、124
アマゾン・ドット・コム社（Amazon.com）　143、215、219、243
イーストマン・コダック社（Eastman Kodak Company）　2
イーライ・リリー社（Eli Lilly）　177
yet2.com　218
イリノイ・ツール・ワークス社（Illinois Tool Works）　203
インターメディクス社（Intermedics）　177
インテル社（Intel Corporation）　188
wisdomain.com　72、96
ヴァンモア社（Vanmoor）　243
ウイラメッテ・インダストリーズ（Willamette Industries）　192
winslab.com　72、96
ウェスティンハウス社（Westinghouse）　1、2
ウォルマート社（Wal-Mart）　50、243
AIG社（AIG）　179
SBCコミュニケーション社（SBC Communications Inc.）　162
エンロン社（Enron）　2、224、239
オデティクス社（Odetics）　177

カ

カップレス社（Cupples）　192
カリフォルニア大学（University of California）　177
カルディアック・ペースメーカーズ社（Cardiac Pacemakers）　177
ギダント社（Guidant）　177
キヤノン（Canon Inc.）　231
キンバリー・クラーク社（Kimberly-Clark）　177
グローバル・クロッシング社（Global Crossing）　239
ケーブラー社、ナビスコ社、フリト・レイ社（Keebler, Nabisco, Frito Lay）　177
ケーマート社（Kmart）　243

特許の真髄

コカ・コーラ社（Coca Cola）　32

サ

財務会計基準審議会（Financial Accounting Standards Board）(FASB)　18、59、158、241
サッポロビール（Sapporo Japan）　105
サマラ社（Samara）　243
サムスン電子社（Samsung Electronics Co. Ltd.）　177、231
C.R. バード社（C.R. Bard）　177
ジーメンス社（Siemens）　177
ジェネンテック社（Genentech）　177
ジェムスターティービー・ガイド・インターナショナル社（Gemster-TV Guide International Inc.）　55、177
シグネチャー・ファイナンシャル・グループ（Signature Financial Group, Inc.）　219
シスコ・システムズ社（Cisco Systems）　158
ジョンソン・コントロール社（Johnson Controls, Inc.）　162
ジリンクス社（Xilinx）　250
シンガーミシン社（Singer Sewing Machine）　1
スタンフォード大学（Stanford University）　21
ステート・ストリート・バンク＆トラスト社（State Street Bank & Trust）　219
ストレージ・テクノロジー社（Storage Technology）　177

3M　43、249
セービン社（Savin）　43
ゼネラル・エレクトリック社（General Electric Co.）　1、50、95、218
ゼネラル・モーターズ社（General Motors Corporation）　127
ゼラーバック社（Zellerbach）　192
ゼロックス社（Xerox）　10、11、18、43、96、106、145
ソノコ・プロダクツ社（Sonoco Products Company）　99
ソニー（Sony Corporation）　43、107、124、231

タ

ダウ社（Dow Chemical）　60、96
チャブ社（Chubb Group）　179
TEVA　243
ディズニー（Disney）　165
テキサス・インストゥルメント社（Texas Instruments）　177
デビッド・ボーイ（David Bowie）　166、167
デルファイ・オートモーティブ・システムズ社（Delphi Automotive Systems）　204
トミー・ヒルフィガー社（Tommy Hilfiger）　243
トリニティ社（Trinity）　192
ドルビー研究所（Dolby Laboratories, Inc.）　164

組織名索引

ナ

NASA　144
ナイキ社（Nike）　100、243
日本電気（NEC Corporation）　231

ハ

ハートフォード・グループ（Hartford Group）　179
パテントカフェ社（PatentCafe）　72、167、179、185、208、220
パラゴン・トレード社（Paragon Trade）　177
フィービッド・ドット・コム社（FeeBid.com）　170
日立製作所（Hitachi, Ltd.）　231
ヒューレット・パッカード社（HP社）（Hewlett-Packard）　43、56、177、218
ヒュンダイ社（Hyundai）　177
P&G（Proctor & Gamble）　177
PLX Systems　185、220
ピトニイ・ボーズ社（Pitney Bowes）　177
フーバー社（Hoover Vacuum）　96
フォード社（Ford Motor Company）　32
富士通（FUJITSU LIMITED）　231
プリサイス・エクササイズ・エクイプメント社（Precise Exercise Equipment）　243
プリンストン社（St. Regis）（Princeton）　192
プルマン・グループLLC（Pullman Group LLC）　166
ブロードコム社（Broadcom）　188
米国司法省反トラスト局（DOJ）（U.S. Department of Justice）　11
米国証券取引委員会（Securities & Exchange Commission）（SEC）　161、184、224、241
米国商務省（DOC）（U.S. Department of Commerce）　11
米国森林管理部門（U.S. Department of Forestry）　26
米国特許商標庁（USPTO）（U.S. Patent & Trademark Office）　12、80、121、134、150、230、241
米国著作権庁（U.S. Copyright Office）　102
米連邦取引委員会（FTC）（U.S. Federal Trade Commission）　11
ヘルシー・チョイス社（Healthy Choice）　103
ヘルツ社（Hertz）　32
ポラロイド社（Polaroid Corporation）　2、103
ボルボ自動車（Volvo）　103

マ

マイクロソフト社（Microsoft）　30、43、158
マイクロン・テクノロジー社（Micron Technology, Inc.）　231
マクロビジョン社（Macrovision Corp.）　164

257

特許の真髄

松下電器産業（Matsushita Electric Industrial Co., Ltd.）　231
三菱電機（Mitsubishi Electric corporation）　231
ミラー社（Miller Brewing）　105
メドトロニック社（Medtronic）　177
モービルケミカル社（Mobil Chemical）　56

ヤ
ヨーロッパ特許庁（EPO）　71

ラ
ライセント・キャピタルLLC（Licent Capital LLC）　166
ランバス社（Rambus Inc.）　44
リーバイス社（Levi's）　1、11
リコー（Ricoh）　43
ロイズ社（Lloyds of London）　179
ロングビュー社（Longview）　192

ワ
ワールドコム社（Worldcom）　239

事項索引

A
AIPA 88、89
American Inventors Protection Act 87

B
Black-Scholesモデル 185

C
CEO 163、239～243、245～247、250～253
CFO 245、252
CIP 77、80、87、92
　──出願 78

D
design-arounds 129

E
EPS 158、160、162
ERPソリューション 208

F
FAS-142 157、159、160、162、163、168、170、184

FASB 59、158
FASB-142 252
Festo 93

H
Hilton-Davis 93

I
IAM 240、246
ICO 239、240、245、246、250、251、253
IPAM 180、206～209、242
　──ソフトウェア 182
　──ソフトウェアのコスト 179
　──ソリューション 210
IP価値評価 184
IP分析 180
IT 26、27、68、183、205、206、209、212～215、218、221
　──部門 205、206、214、218
　──マネージャー 205、207、209、212、213、215～219、221

259

J
JDA　53、67

M
M&A　224

N
NIH　29、119、249
　―症候群かどうかをテスト　248
　―症状　248
　―の方針　119
　―を生む原因と条件　120
　―をなくすことから成長が始まる　247
　―を引き起こす　120

O
one-year-on-sale bar　107

P
Patent Quality Management　19
PCT　68、89、175、226
PPA　15、53、65、81、86、87、107
　―出願　64、66
PQM　5、15、38、54、61、98、253
　―イントラネット　234
　―管理チーム　196
　―計画　179
　―事業計画　157
　―システム　27、58、97、102、103、
　　105、106、109～112、133、166、
　　196、235、244、246
　―システムの確立　246

―戦略　131、223、227、233
―大使　133
―チーム　28、171、175、176、178、
　186、189、217、238、254
―の一部としてのエンジニア　122
―のミーティング　112
―の目的　135
―プラン　203、229
―方針　163
―目標　247
―を実行　151

R
R&Dコスト　31、32、168
R&D部門　36、128
ROA　36、164
ROI　40、110、150

S
SEC　161

T
TQM　18、190、244、247
　―システム　111、145
　―システムでのエンジニア　122
　―のミーティング　112

U
USPTO　243

ア
アセスメント　114、152

事項索引

新しいPQMシステム　59
アメリカの特許の歴史　1
新たな知的財産の創造者　205
安全　97、197
　―関連の発明にアイデアを与える　153
　―性　103、115、132、149、152、199
　―性に関するスーパーバイザー　153
　―性の改善　141
　―性は主要な関心事　132

イ
維持　178、186
　―手数料　185
　―費　171、172、207、229
　―料　214、226、231
位置付け　243
1年条項　13
1年販売制約　13
一部継続　77
一般的な管理手法　81
一般に公開　81
意図的な侵害行為　38
インセンティブ　232
インターフェアランス　14、90、91、224

ウ
ウェブサイトを特許化　219
ヴェルクロ　106、250
迂回技術　129
迂回デザイン　130

エ
影響　57、78、168、235
営業形態　159
営業権　160、162
エンジニアリングの活動　132
エンジニアリング部門　36、96、97、120、
　126、128、133、138
エンジニアリング部門の責任　127
エンジニアリングマネージャー　115、
　118、123
エンドユーザー　113、120、124、127、
　130、131、134、198

オ
公のもの　3

カ
外国　87
　―出願　41
　―特許　41
会社　213、216
　―綱領　243、244、250、253
解析　71
　―法　227
開発　50、61、65、67、94～96、122、
　174、191、193、232
回避　39、55、70
　―する　133
改良　9、99、109～111、122、154
　―特許　8、10、99、125
カギとなる部長にこの本を持たせなさい
　253

261

特許の真髄

獲得　36
瑕疵のある　86
カスタマーサービス要員　194
加速　86
価値　184、201、223、224
　　―強化　186
　　―評価　183、185
　　―評価手法　163、184
合衆国憲法　11
活用　186
株主価値　4、59、168、226、235、240、251
　　―――の構築　242
　　―――の増加　24、159
　　―――の創出　182
　　―――の増大　162、253
　　―――への影響　224
　　―――も上昇　243
　　―――を最大化　163
　　―――を最大限にする　175
株主と企業の成功　228
借入能力　159、165
仮出願　16、63
　　―――でない出願　86
仮特許出願　15、53、63、80
刊行物の提出　88
完全報酬制の弁護士　49
管理　226、228、231、244
　　―者　199
　　―者の責任　200
　　―手法　92
　　―プロセス　240

キ

機械特許　9
期間の延長　80、87
企業　198、223〜227、235〜237、246
　　―顧問　180、223
　　―内のどこからも起こり得る　197
　　―の技術革新の促進　227
　　―弁護士　27
　　―ポジション争い　54
　　―レポート　238
危険な　29
技術
　　―および科学的手法　157
　　―交流　218
　　―者　198
　　―水準　129
　　―と科学　183
　　―の公開　175
　　―のライセンスイン　133
　　―部門　194、252
　　―分析　242
　　―要員　194
　　―を開発しテストする時間　125
基準　158
既存の事業やマーケットシェアを守る　45
機能　181、182、211、213
　　―的な　180
　　―のリスト　211
キャッシュフローと比較した資産創出　163
休止時間　131
強化　28

262

事項索引

業界標準　42、103、105〜107、129、
　　164、221、231
競合　24、208、229
　　―他社の情報　224、227
　　―分析　180、189
行政手続き　83、91
業績　242、243、250
競争
　　―相手　75、88
　　―で肩を並べ　97
　　―的　242
　　―的情報　97
　　―的地位　35
　　―的ポジション　28
　　―に関する情報やフィードバック　129
　　―ビジネス環境　59
　　―ビジネス社会　32、51
　　―優位性　226
　　―力　19、180
　　―力のある知識　182
共同開発契約　53、67
業務　247
　　―基準　224
　　―上の信用　230
切換時間　131
記録　198
記録保存　62
均等論　48、92、93

ク

クレーム　92、94、216
　　――戦術　76

――の範囲　70、236
クロスライセンス　21、25、51、102、
　　105、176、217
訓練　195

ケ

恵国待遇　41
係属期間　86
係属中　24
　　――の期間　108
　　――の特許　39
　　――の特許出願　55
継続的トレーニング　190
経費　175
　　―の削減　30、171
欠陥　146
　　―ゼロ　130、146、148
欠落部分　79、87
原価理論　186
現在の市場シェアを維持　193
検索　207
研修　234
権利　62

コ

故意の侵害　77、178
合意書　115
公開　16、81、85、88、89、175
　　―された出願　89
高額訴訟を避ける　49
公共財産　194
攻撃　216

―態勢　216、217
公衆への開示　63
工場生産性　36
交渉戦術　25
行動　242
国際出願にかかる追加の費用　172
国内保護と国際保護　60
個人発明家　35
コスト　168
　　――の削減　141
固定金額　203
個別機能IPAMツール　180
雇用　187、189

サ

最新　118
　　―技術　73
再審査　89、161
　　――請求　16
最適なタイミング　39
再発行　82、92、224
裁判所における特許審判　82
財務
　　―会計基準　157
　　―管理者　171
　　―向上　186
　　―担当最高責任者　245
　　―担当マネージャー　157
　　―部長　24
　　―部門長　27
　　―報告の発表　224
　　―報酬賞金　202

　　―明細書の開示　160
採用率　252
査定ツール　161
サポート役　194
参画　54
産業基準　163
参入可能かつ持久力ある市場　40

シ

時価総額　158
資金　78
事件記録　211
試作　14、63、65、91、198、202
資産　163、223
　　―管理　159、205〜207
　　―収益率　36
　　―創出　159
自社外技術排斥　29、119
自社技術の業界標準化　42
市場価値に対する無形資産の比率　252
市場価値評価　157
市場
　　―シェアの増加　250
　　―シェアを奪われる　126
　　―占有率における損失　177
　　―創造タイプの販売要員　194
システム特許　5、6、95、98、124
システムの選択　209
システムモジュール　211
実行　112、151
　　―するためのツール　22
実施　190

事項索引

　　―化　14、91
　　―権者　23
質的モデル　186
ジップロック　11、60
実用特許　100、127
支払い　36、167、180
　　―額　24
シャーマン反トラスト議定書　18
社内エンジニアリング　36
収益としての特許　159
従業員　187～189、191、196、236
　　――契約　188
　　――雇用　191
　　――書式　235
　　――トレーニング　132
　　――に対する評価　135
　　――認識　153
　　――の慣行　189
　　――の認識　110、150
　　――の能力　120
　　――の発明　189
　　――発明評価　203
　　――評価　200～202、250
　　――ファイル　196、197
　　――方針　204
　　――用書式　151
収入　167
18ヶ月　87
　　――公開　79
18ヶ月後の公開　85
　　―――の特許出願公開を遅らせる　87
授賞　204

出願　93
　　―決定チャート　236
　　―後18ヶ月で公開　77、87、88
　　―コストを削減　171
　　―中の特許　15
　　―人　17
　　―日から18ヶ月後　86
　　―料　15～17、65、69、79
出訴期限　48
取得　161、184、200
　　―原価　27
障害　130、136、141、146
　　―を減らすことが重要　146
消極的権利　4
譲渡　17、196、197、203、237、243
　　―形式　153
承認システム　138、154
消費者　6
商標　159、165
　　―権　24
　　―検索　211
　　―はより高い価値を持つ　95
　　―分析　211
商品開発　97
情報　229
　　―技術　26
　　―技術（IT）部長　245
　　―へのアクセスと責任　212
使用方法特許　5、98、124
植物特許　4
職務発明　237
書式　196、236

265

ショットガンアプローチ　56
処理履歴　207
書類　196
城と堀の論理　54
侵害　48、72、108、177
　　—しないことの調査　146
　　—者　177
　　—請求　226
　　—訴訟　48、49、175、176、186、242、246
　　—となる技術を使用していることを自覚　133
　　—と法的解決　47
　　—の主張　89
　　—の調査　72
　　—発見　236
　　—保険　178、179
　　—保険にかかるコスト　159
　　—問題を避ける　217
審査　33
人材　187
新財務会計基準　159
新財務会計基準審議会　59、158
審査費用　86
審査料金　107
人事部　189
　　——長　188、189、191、195、197、198、201、251
新製品　66
　　——開発　119
　　——の上市　8、45、58、102
　　——マネジメントグループ　36

　　——を売り出す　95
真の発明者　17

ス
衰退　130
スケジューリングシステム　211

セ
税　157、159、168
正規の　83
　　——特許出願　15、82
精査を実施　179
生産コスト　29
生産コストの削減　35
生産ライン　122
製造　146、199
　　—コストへの効果　39
　　—の欠陥　146
　　—の部門長　27、36
　　—部門　145
　　—部門のマネージャー　115、150
　　—プロセス特許　146
　　—プロセスの改善　130
　　—分野のトレードシークレット　144
　　—要員　191
　　—ライン　2、96
正当な発明者　13
製品　47、95、102〜106、109、123
　　—群の拡大　96
　　—寿命の延長　104
　　—特許　123
　　—にかかる特許保護　97

事項索引

　　―の売上げ　32
　　―のサイクル　106
　　―の販売　19、28、32、59
　　―や技術　36
　　―ライフサイクル　33、59、180
　　―ライン　7、27～29、35～37、44、
　　　45、53、108、122、191、192
　　―ラインの拡大　35
製法　35
税理士　168
世界　62
責任のリスク　213
セキュリティ　210、215、221、245
　　――――ポリシー　213
　　――――レベル　212
設計回避　56、229
　　―変更　177
セミナー　195
先願主義　12
先出願　14
宣誓　80
全体的な責任　239
宣伝　226
先発明　13、81
　　――者　91
　　――主義　12、61、62
　　――の地位　14
戦略　53、54、227

ソ

増加　251
早期審査請願書　84、85

総合品質管理　9、190、244
総資産収益率　164
創出　163
ソース　129
組織　187
訴訟　18、47、108、175、245
　　―にかかる予算　186
　　―の決着　25
　　―費用　175、226
　　―費用の削減　190
　　―やインターフェアランスの手続き　63
　　―リスク　163
　　―リスク分析　238
組成　54
　　―物　4、9
その他の部門間幹部　190
ソフトウェア　10、205、210、214～217、
　　219～221、242
　　――――・セキュリティ　183
　　――――特許　10
存続期間　4
　　―――制限　162

タ

大企業　48、170～172
大規模特許侵害訴訟の和解事例　177
第三者　16、88
　　――に先行技術文献の提出を許可　88
　　――による先行技術文献の提出　88
大使　139
大樹である特許を育み、森を切る　55
代理人費用　169、172、173

267

特許の真髄

ダウンタイム　131、142、147
高める　240
立ち上げコスト　40
多部門の従業員　201
保つ　134

チ
地域のセールスマネージャー　114
チーム開発　18
　──構築　247
　──での取り組み　58
　──評価　202
　──レビュー　114、137、152
チェンジオーバー　131、142、147
知財顧問　223、225
知識基盤経済　11
知的財産
　───および発明　197
　──価値　158
　──資産　244
　──資産管理　180、242
　───統合データ分析・管理システム　208
　──による資産の増加　252
　──の価値評価　183
　──の活用　226
　──の潜在的な損失　213
　──の創造　186
　──の保護　228
知的資産　246
　──管理　240、246
　──責任者　239、245

着想　14
注意すべき多くの精査点　29
中小企業　170～172
中小企業と決着　48
挑戦的　45
著作権　24、100、101、159、161、165、
　　224、235、243

テ
提案数　252
データベース　207
データへのアクセス　212
データマイニング　96、180、208、210
テコ入れ　28
デザイン特許　4、95、100、101、126、
　　127
デジタルコピー　207
デューディリジェンス　38
展開　59
電子出願システム　212

ト
同意書　154
統計　25
統合機能IPAMツール　181
投資利益率　40
導入　145、240、242
独占禁止　18
　──の訴え　18
　──法　10、176
独占権　3
独占的権利　10

268

事項索引

独占的ライセンスか、非独占的ライセンスか 40
独立クレーム 93、171
特許 4、5、94、171、172、200
　—vsトレードシークレット 142
　—維持期間にかかる費用 169
　—解釈に関する情報 235
　—解析 71、72、232
　—化機会の維持 238
　—が発行 77
　—管理 118、181、190、195、197、223
　—管理と人事部 187
　—管理トレーニング 195
　—関連予算 157
　—業務フロー 180
　—協力条約 68、175
　—検索 211、227
　—権者 3、10、11、17、49、53、166、176
　—権取得 200
　—権侵害訴訟 2
　—権侵害保険 178
　—権の維持費用 170
　—公正市場価格の確立 184
　—コスト 169
　—顧問 172、224
　—出願 14、77、169
　—出願中 24、66
　—出願の権利 62
　—出願費用 78
　—出願費用を抑制 76、86
　—取得 202
　—取得件数トップ10 231
　—侵害請求 230
　—侵害訴訟 38
　—侵害の回避 37
　—侵害の時効 109
　—侵害の請求 228
　—審査 16
　—請求の範囲 96、182
　—請求の範囲（クレーム）の広さ 39
　—請求の範囲の戦術 75
　—請求の範囲を文言上侵害 93
　—戦術 19、75
　—戦略 19、53、175
　—訴訟にかかるコスト 178
　—中のクレーム数と特許の数 39
　—調査 69〜73、83、173、212、232
　—データベース 182
　—となる条件 11
　—とは 3
　—トポグラフィー 208
　—に対する権利を得た所有者 23
　—による独占と独占禁止 10
　—の解釈 117
　—の価値 19、161、185
　—の価値評価 162、185
　—のクレーム 94
　—のクレームの文字どおりの解釈 94
　—の財務管理 157
　—の残存期間 161
　—の種類 4
　—の侵害 178
　—の絶対的価値評価 183

269

特許の真髄

―の存続期間　79
―の発行　16、75～77、83、86
―の読み方　123
―のワークフロー　212
―番号の表示　23
―評価　157
―品質管理　19
―品質管理システム　187
―品質管理チーム　187
―付与前における18ヶ月後の公開　87
―プラン　133
―プランの確立　149
―プロセス　225
―分析　210、211
―弁護士　70、170、180
―報酬　203
―法務実務　3
―ポートフォリオの取得　168
―マッピング　208
―明細書の読み方　238
―や知的財産ポートフォリオ　184
―予算　55、57、174
―予算編成　168
―料　16
―ワークフロー　214、224、232
―を侵害しない　42
独禁法　→　独占禁止法
トップダウン　249
　　――式　18
　　――による権限　244
　　――の特許管理　240

トレードシークレット　7、24、144、188、
　　196、199
トレードドレス　95、100、101、243、245
トレーニング　189、190、195、204、238
　　――プログラム　191

ナ
内部アクセスの特権　212
内部で開発　102
内部発明　252

ニ
日誌　198
任命　254

ハ
バイオテクノロジー　32、33、117、169、
　　176
廃棄物　35、132、148
　　――の削減　132
売却　159
買収　159
パスツール　7、45
発行　104
　　―された特許　70
　　―済特許か、係属中の特許か　38
　　―手数料　170
　　―の時期　78
　　―の遅延　80
　　―費用　172
　　―料　80

270

事項索引

発明
　―家が生命の危機に瀕して　84
　―教育　123
　―公開フォーム　229
　―者　13、197、203
　―者の供述　80
　―者の権利　17、198
　―者の宣誓書　15
　―譲渡契約　197
　―に関する意識　118
　―の開示　13、62、204、226、233、252
　―の周辺をデザイン　77
　―の成果　13
　―の流れ　4
　―のプロセス　3、118、224
パブリックドメイン　230
反トラスト　10
販売　41、95
　―／営業要員　193
　―の申し出　13

ヒ

非稼動時間　35
非仮出願　15
非自明　11
必須注意事項　38
一株当たり利益　158
秘密情報　196、197、229、235
秘密保持　234
　――契約　138、197
費用　41、63、86
評価額分析　212

評価手法　183、184
評価プログラム　201、203
評価方法　237
表彰　233
費用対利益率　251
品質の改善　141

フ

ファイアーウォール　234
フォーム　190、234
付加的要素　112
部分継続出願　80
部門間グループ　247
部門間チーム　196
部門ニーズのサポート　237
部門のマネージャー　27、137、209、211、233
プロセス　131、132、141、142、145、250
　――特許　7、9、125、126、142、143
プロダクト特許　5、8
分割出願　78
分析　246
紛争回避　237

ヘ

米国証券取引委員会　161、228、241
米国特許商標庁　170、241
米国発明者保護法　87
弁護士費用　65、77、109
弁理士　39、64、217、223、225
　――費用　57

271

特 許 の 真 髄

ホ

防衛 2
　—的な公への情報開示 64
　—特許 61
放棄 13、14、64、65、107、171、174
防御 38、216、229
　—態勢 216
　—的 45、226
　—のために公開 55、238
報告 158
報酬 202、203
方針 189、195、197、199、237
　—展開 190
　—の開発 53
法的貨幣 224
法的業務費用 170
方法 143
　—特許 7、143
法律の費用 86
ポートフォリオと資産買収当事者の視点 183
ポートフォリオ分析 237
他の出願のクレームと区別できないクレーム 78
保険金請求 149
保険料 132
保険料を抑える 149
保護 154、196、224、226、250
ポジション 19
捕捉 225、226、234、235
補足 229
ポリシー 63

本当に最初の発明者 90

マ

マーケットシェア 110
　　　　　　　　—の拡大 104、180
　　　　　　　　—の増加 28、34
　　　　　　　　—の保守 53
　　　　　　　　—を伸ばす 34
マーケティング 96、97、109、114
　　　　　　　—部長 189
　　　　　　　—部門 95、96、109、114、128
　　　　　　　—マネージャー 114、210、235
マジックテープ 11

ム

無形資産 59、157〜160、162、163、166〜168、190、207、212、241、242、245、246、252、254
　—価値 158、170
　—管理 242

モ

目標 110、202、249
モジュール 181、182、207、210、212
文言の広さ 92

ユ

有形資産 158、165、166、206
融資担保としての特許利用 167
輸入 23

272

ヨ

要員のファイル　197
様式　237、238
ヨーロッパ特許庁　71
予算　169、171、173、175
　―運営　186
　―計画　241
　―の制約　54
　―編成計画　174
　―編成は戦略を決定　174
　―を削減　134

ラ

ライセンシーの選択　44
ライセンシング　21、71
　―――――契約　186
　―――――のロイヤリティ　166
ライセンス　24、43、49、220、230、250
　――――アウト　26、30、31、42、44、47、106
　――――イン　26、29～35、39、120、227、242
　――――インが可能な技術　136
　――――インする技術　134
　――――インは製品群を伸ばす　105
　――――可能な技術　31、38、50、218、235
　――――契約　24
　――――契約の期間　41
　――――に価値　25
　――――に見合う技術　29
　――――のパッケージ化　49
　――――料　41、105

リ

リスク　214
利用可能な予算　211
量的モデル　185

ロ

ロイヤリティ　36、130
　――――支払　31
　――――収入　21、165
　――――による資金調達　165
　――――料率　41

ワ

和解　177
ワン・イヤー・オン・セール規則　63
ワン・イヤー・ルール　63、81、87

【翻訳者紹介】

田中義敏

学歴	1978年	東京工業大学機械物理工学科卒業
	1980年	東京工業大学大学院原子核工学専攻修士課程修了
	1988年	米国カリフォルニア大学ロサンゼルス校在外研究員
職歴	1980年	特許庁入庁 審査官、総務部総務課企画調査室
		科学技術庁研究開発局宇宙企画課、特許庁総務部国際課 等
	1992年	特許庁退官
	1992年	日本テトラパック株式会社 知的財産権部長、人事・総務・法務部長
		人事・環境・コミュニケーション統括部長 等
	2002年	東京工業大学大学院 社会理工学研究科 経営工学専攻 特任助教授
	2005年	同大学院 イノベーションマネジメント研究科 技術経営専攻 助教授
		吉備国際大学 知的財産マネジメント学科 客員教授
		ホーチミン市立法科大学 知的財産権法センター 客員教授
	現在に至る	
資格	弁理士登録（1994年）、特定侵害訴訟代理業務付記登録（2004年）	

葛和清司

学歴	1973年	東京農工大学工学部繊維高分子工学科卒業
	1979年	ミュンヘン大学法学部、マックス・プランク無体財産権研究所留学（～80年）
職歴	1973年	特許庁入庁 審査官、総務部工業所有権制度改正審議室、
		審査第２部審査基準室室長補佐、日米交流審査官、審判官 等
	1992年	特許庁退官
	1992年	スイス・サンド社（現ノバルティス社）特許商標本部勤務
		（サンド薬品㈱特許室長兼務）
	1995年	南・葛和国際特許事務所副所長弁理士
		葛和国際特許事務所に名称変更と同時に同所所長弁理士
	2004年	千葉大学 特任教授
	現在に至る	
資格	弁理士登録（1992年）、特定侵害訴訟代理業務付記登録（2004年）	

ESSENTIALS of Patents
by Andy Gibbs
and Bob DeMatteis
Copyright © 2003 John Wiley & Sons, Inc.

カバーデザイン：昭和情報プロセス株式会社

特許の真髄

2005年（平成17年）6月15日　初版発行

著　者	アンディ・ギブス ボブ・マシウス
翻　訳	田　中　義　敏 葛　和　清　司

Copyright © 2003 by
John Wiley & Sons, Inc.
Translated by
Yoshitoshi Tanaka
and Kiyoshi Kuzuwa

発　行　　社団法人　発　明　協　会

発行所　　社団法人　発　明　協　会

〒105-0001
東京都港区虎ノ門2-9-14
電　話　東京　03（3502）5433（編集）
電　話　東京　03（3502）5491（販売）
Ｆ Ａ Ｘ　東京　03（5512）7567（販売）

乱丁・落丁本はお取替えいたします。印刷：昭和情報プロセス株式会社
Printed in Japan

ISBN4-8271-0813-7　C3032

本書の全部または一部の無断複写複製を
禁じます（著作権法上の例外を除く）。

発明協会HPアドレス：http://www.jiii.or.jp/